Heide Barmeyer
Andreas Hermes und die Organisationen der deutschen Landwirtschaft

QUELLEN UND FORSCHUNGEN ZUR AGRARGESCHICHTE

Begründet von
Günther Franz und Friedrich Lütge

Herausgegeben von

Professor Dr. Wilhelm Abel und Professor Dr. Günther Franz
Göttingen   Stuttgart-Hohenheim

BAND XXIV

Andreas Hermes und die Organisationen der deutschen Landwirtschaft

Christliche Bauernvereine, Reichslandbund, Grüne Front, Reichsnährstand 1928—1933

Von

Dr. phil. Heide Barmeyer

Hannover

GUSTAV FISCHER VERLAG · STUTTGART
1971

Gedruckt mit Unterstützung der Vereinigung der Freunde und Förderer der Landwirtschaft, Hannover

ISBN 3-437-50155-0

© Gustav Fischer Verlag, Stuttgart, 1971
Alle Rechte vorbehalten
Druck: Grammlich, Pliezhausen
Einband: Sigloch, Künzelsau
Printed in Germany

Inhalt

Vorbemerkung ... 1

Einleitung ... 1

Hauptteil:

    Einleitung: Die Lage der Landwirtschaft in der Weimarer Republik ... 19

    1. Hermes als Präsident der Vereinigung der deutschen (christlichen) Bauernvereine, ein Beitrag zur Geschichte des landwirtschaftlichen Organisationswesens in der ausgehenden Weimarer Republik (1928-1933) ... 24

        a) Die Stellung der Vereinigung der deutschen (christlichen) Bauernvereine im landwirtschaftlichen Organisationswesen ... 24

        b) Die Geschichte der Vereinigung der deutschen (christlichen) Bauernvereine ... 25

        c) Die Wahl von Hermes zum Präsidenten der Vereinigung der deutschen (christlichen) Bauernvereine ... 29

        d) Weltanschauliche Profilierung der Vereinigung der deutschen (christlichen) Bauernvereine unter Hermes ... 31

            α) Programmatische Namensänderung ... 32
            β) Neuformulierung des Programms ... 35
            γ) Christliche Standeserziehung (praktische Bildungsarbeit, Bauernschulen und Katholikentage) ... 36
            δ) Propagandatätigkeit und Reform der inneren Organisation ... 40

        e) Das Verhältnis der Vereinigung der deutschen (christlichen) Bauernvereine zur Politik ... 42

    2. Das Problem der Einheitsorganisation in Schleswig-Holstein ... 46

    3. Die Einheitsbewegung im Rheinland ... 59

        a) Die Stellungnahme der Vereinigung der deutschen (christlichen) Bauernvereine zur Einheitsbewegung im Rheinland während der Präsidentschaft des Freiherrn von Kerckerinck ... 59

        b) Die Stellungnahme der Vereinigung der deutschen (christlichen) Bauernvereine unter der Präsidentschaft von Hermes

        c) Die Notkundgebung der rheinischen Bauern in der Kölner Messehalle am 20. Februar 1929 ... 75

4. Die Grüne Front 80
   a) Der Begriff "Grüne Front" und die Tendenzen in der Literatur 80
   b) Die Vorgeschichte der Bildung der Grünen Front 83
   c) Das Selbstverständnis der Führer der Grünen Front 86
   d) Das Programm der Grünen Front 89
   e) Die erste Phase der Tätigkeit der Grünen Front (Febr./März 1929 - März 1930) 94
   f) Die zweite Phase der Tätigkeit der Grünen Front unter den Reichsregierungen Brüning-Schiele, v. Papen - v. Braun, v. Schleicher - v. Braun 111
   g) Die Agrarpolitik der Reichsregierung Hitler-Hugenberg (- v. Rohr) und die nationalsozialistische Machtergreifung innerhalb der Landwirtschaft im Bereich der berufsständischen landwirtschaftlichen Organisationen 120

5. Das landwirtschaftliche Genossenschaftswesen 129
   a) Einleitung 129
   b) Das landwirtschaftliche Genossenschaftswesen in der Weimarer Republik bis zum Ende der Stabilisierungsperiode 129
   c) Die Rationalisierung des landwirtschaftlichen Genossenschaftswesens und die Zusammenarbeit von Klepper (Preussische Zentralgenossenschaftskasse) und Hermes (Vereinigung der deutschen (christlichen) Bauernvereine) 131
   d) Grundsätzliche Einstellung von Hermes und der Vereinigung der deutschen (christlichen) Bauernvereine zur Vereinheitlichung des landwirtschaftlichen Genossenschaftswesens 136
   e) Die Gründung des genossenschaftlichen Einheitsverbandes (1929/30) 138
   f) Der genossenschaftliche Reichsverband 1930-33 (Reichsverband der deutschen landwirtschaftlichen Genossenschaften - Raiffeisen e. V.) 141
   g) Darré's "Machtergreifung" im landwirtschaftlichen Genossenschaftswesen 145
   h) Prozess und Urteil gegen Hermes 146

Schluss 150

Quellen- und Literaturverzeichnis 160

Namensregister 175

Vorbemerkung

Der hier vorliegende, für die Veröffentlichung leicht überarbeitete Teildruck meiner weit umfangreicheren Dissertation (1), die als Beitrag zu einer Biographie über Andreas Hermes die markanten Epochen seines beruflichen und politischen Lebens behandelt, umfasst nur einen sachlich und zeitlich eng begrenzten Abschnitt. Es scheint angebracht, zur Orientierung des Lesers in einer Einleitung bis an den hier behandelten Zeitraum heranzuführen und in einem abschliessenden Kapitel die Zeit nach 1945 zu skizzieren. So wird die Untersuchung in den Rahmen einer Kurzbiographie eingeordnet, in der die über diese Veröffentlichung hinausgehenden Ergebnisse meiner weiteren Untersuchungen mitgeteilt werden. Auch sollen dabei die an Hand einer Biographie über Andreas Hermes auftauchenden Probleme zur Sprache kommen und ihre Bedeutung für die Zeitgeschichte aufgezeigt werden.

Ich möchte an dieser Stelle allen denen danken, die in ganz unterschiedlicher Weise geholfen haben, dass diese Arbeit entstehen konnte. Mein verehrter Lehrer, Herr Professor Dr. Wilhelm Treue, hat die Untersuchung nicht nur angeregt, er hat darüber hinaus auch die verschiedenen Stadien ihres Entstehens mit seiner Kritik und Geduld begleitet. Daher gilt ihm mein erster, herzlicher Dank.

Von denen, die durch ihre Hilfsbereitschaft vieles erleichtert oder erst ermöglicht haben, können hier nur drei namentlich genannt werden: Herr Dr. Dr. Ferdinand Jacobs, der so grosszügig war, mir seine wertvollen Quellen, ergänzt durch zahlreiche Auskünfte, zur Verfügung zu stellen, Herr Dr. Heinrich Muth, der mir vor allem durch Hinweise auf Archive und Literatur half und der mich durch seine häufig abweichende Deutung zum Überdenken meiner Resultate zwang, Herr Regierungsdirektor Martin Knaut, der als stets kritischer Gesprächspartner mir die Möglichkeit gab, durch "allmähliche Verfertigung der Gedanken beim Reden" Unklarheiten zu beseitigen.

Nicht erwähnen kann ich alle die, die in den angeführten Archiven stets selbstlos und freundlich ihre Unterstützung gaben.

Den Herausgebern der "Quellen und Forschungen zur Agrargeschichte", insbesondere Herrn Professor Dr. Günther Franz, bin ich für die Aufnahme meines Manuskriptes in diese Reihe sehr zu Dank verpflichtet.

Schliesslich habe ich dem Gustav Fischer Verlag, Stuttgart, zu danken, der überaus zuvorkommend die Drucklegung besorgte.

Gewidmet sei dies Buch meiner Mutter.

(1) Andreas Hermes. Seine Bedeutung für die deutsche Landwirtschaft in der Weimarer Republik und für den parteipolitischen Neuanfang in Berlin 1945, phil. Diss. Hannover 1969.

Einleitung

Geboren am 16. Juli 1878 in Köln als Sohn einer Familie des Kleinbürgertums - die Mutter stammte von einem Bauernhof, der Vater war Packmeister bei der Bahn -, entschloss sich Andreas Hermes nach dem Abitur auf der Oberrealschule in Mönchen-Gladbach zum Studium der Landwirtschaft. Zur Vorbereitung ging er für zwei Jahre als landwirtschaftlicher Eleve auf das Gut des Freiherrn von Solemacher-Antweiler, Schloss Wachenhof im Kreis Euskirchen. 1898 begann Hermes das Studium an der Landwirtschaftlichen Akademie Bonn-Poppelsdorf, nahm von dort an landwirtschaftlichen und kulturtechnischen Studienreisen nach Belgien, Holland und England teil und schloss 1900 sein Studium mit einem Diplom ab. Nach kurzer Tätigkeit als Feldverwalter auf dem Rittergut Stechau bei Schlieben in der Provinz Sachsen trat er darauf eine Stelle als Lehrer an der Landwirtschaftsschule zu Cloppenburg (Oldenburg) an. Schon im Frühjahr 1902 jedoch wurde er durch Vermittlung seines ehemaligen Lehrers Prof. Dr. Ramm Assistent am Poppelsdorfer Institut für Tierzucht, wo er mit Prof. Dr. Hansen an einem Werk über die Förderung der Rindviehzucht im In- und Ausland arbeitete. Das Ergebnis war ein mit Professor Hansen 1904 veröffentlichtes Werk über "Die Rindviehzucht im In- und Ausland" und für Hermes persönlich das Examen als Tierzuchtinspektor. Eine 1903 vorausgegangene längere Studienreise durch Frankreich, finanziert mit einem jährlich der Akademie Poppelsdorf verliehenen Stipendium des preussischen Ministeriums für Landwirtschaft, Domänen und Forsten, gab die Grundlage für eine in Jena unter dem Nationalökonomen Geheimrat Dr. Pierstorff geschriebene Dissertation über den "Teilbau in Frankreich". Als Dr. phil. trat Hermes 1905 als Hilfsarbeiter bei der Deutschen Landwirtschaftsgesellschaft in Berlin an, wo er bis 1911 blieb. Seine sechsjährige Tätigkeit führte ihn auf ausgedehnten Studienreisen häufig ins Ausland: so nach Dänemark, Schweden, Österreich-Ungarn, in die Schweiz, nach Argentinien, Uruguay, Paraguay, Chile, wobei er seine Sprachkenntnisse erweiterte, sich zum Fachmann für internationale Agrarfragen entwickelte und eine Vielzahl von Kontakten zur internationalen Landwirtschaft aufnahm. Dies wurde für seinen späteren beruflichen Werdegang von Bedeutung. 1907 und 1911 nahm er an den internationalen Agrarkongressen in Wien und Madrid teil. 1910 verbrachte er fast ein Jahr in Argentinien, wo er die landwirtschaftliche Abteilung Deutschlands für die Weltausstellung organisierte. Während der Jahre bei der Deutschen Landwirtschaftsgesellschaft fand Hermes noch Zeit für Veröffentlichungen in den Mitteilungen der Gesellschaft und in den Berichten über Landwirtschaft. (1)

Am 27. Oktober 1911 begann er, nachdem er andere Angebote abgelehnt hatte, eine dreijährige Tätigkeit als Direktor der Technischen Abteilung des Internationalen Agrarinstituts in Rom, die mit dem Ausbruch des Ersten Weltkrieges endete. Seine in Rom gewonnenen Erfahrungen bei der Herausgabe einer in fünf Sprachen erscheinenden monatlichen Zeitschrift kamen Hermes während des Weltkrieges zugute. Nachdem er sich als Kriegsfreiwilliger gemeldet hatte, wurde er auf Empfehlung des ihm

---

(1) Vgl. Reichardt, Fritz: Andreas Hermes, Neuwied 1953, S. 28ff.

bekannten Generalfeldmarschalls Freiherr v. d. Goltz in den Stellvertretenden Generalstab berufen, wo er unter v. Herwarth die Zeitungsstelle mit einem täglichen Informationsdienst für das Hauptquartier aufbaute. 1916 für kurze Zeit als Kanonier an der Front, wurde er schon bald auf Veranlassung der Kriegsrohstoffabteilung des Kriegsministeriums nach Rumänien und Bulgarien gesandt, um dort die heimische Wirtschaft, speziell den Ölfruchtanbau in Bulgarien und der Dobrudscha, zu organisieren. Erst nach dem Zusammenbruch kehrte er über Bukarest nach Berlin zurück.

In der Reichshauptstadt begann in der Weimarer Republik die dreijährige politische Karriere von Hermes als Reichsernährungs- und -finanzminister.

Im Kaiserreich hatte es keine zentralen Reichs-, sondern nur einzelne Länderministerien gegeben. Erst die Kriegsnotwendigkeiten führten zur Errichtung von Reichsämtern als Vorläufern der Ministerien. Auch die Angelegenheiten der Ernährung und Landwirtschaft waren nicht auf Reichsebene koordiniert worden. "Die Förderung der Landwirtschaft war Angelegenheit der Bundesstaaten; sie bedienten sich dazu entweder, wie in Preussen, eines eigenen Landwirtschaftsministeriums oder sie beliessen die verwaltungsmässigen Fragen der Landwirtschaft in ihren Innen- oder Handelsministerien. Die Zollpolitik dagegen war Reichssache; und da die Zölle in den Jahrzehnten vor dem 1. Weltkrieg das wichtigste, wenn nicht das einzige Steuerungsmittel für den Aussenhandel mit landwirtschaftlichen Erzeugnissen und ihres Preisniveaus waren, spielten sich die grossen Auseinandersetzungen über die dabei berührten Grundsatzfragen auch auf der Reichsebene ab." (2) Aber schon vor dem 1. Weltkrieg gab es gewichtige Stimmen, "die ein Eingreifen des Staates in die Nahrungsmittelversorgung als dringlich erklärten. Bis 1914 waren solche Forderungen sowohl von den Bundesstaaten wie den Gemeinden abgelehnt worden. Der ernährungswirtschaftliche Ausgleich von Angebot und Nachfrage war ausschliesslich dem freien Spiel der Kräfte, also vornehmlich der Tätigkeit von Handel und Genossenschaften, überlassen." (3) Ernährungswirtschaftlich unvorbereitet trat das deutsche Reich aus einer relativ ruhigen ernährungswirtschaftlichen Lage in einen Krieg ein, der nach Dauer und Bedeutung von der Reichsregierung erheblich unterschätzt worden war. Einzelaushilfen konnten, das wurde spätestens 1916 deutlich, der Probleme nicht mehr Herr werden. Nach provisorischen Hilfsmassnahmen in den ersten Jahren des Weltkrieges - das dem Reichskanzler unterstellte Reichsamt des Innern hatte, ursprünglich mit nur einem Referenten für landwirtschaftliche Angelegenheiten, eine Sonderabteilung mit einem Stab von Fachkräften aufgebaut - wurde am 22. Mai 1916 ein Kriegsernährungsamt neu gebildet, an dessen Spitze anfangs ein Präsident (v. Batocki), später ein Staatssekretär stand (August 1917). "Somit war einerseits ein einheitlicher organisatorischer Aufbau der Kriegsernährungswirtschaft geschaffen worden, andererseits war zum ersten Male für das Reichsgebiet eine ernährungs- und damit auch weitgehend produktionspolitische Zentralinstanz entstanden. Der Krieg hatte also

---

(2) 50 Jahre Reichsernährungsministerium - Bundesernährungsministerium, hrsg. vom Bundesministerium für Ernährung, Landwirtschaft und Forsten, Bonn 1969, Verf. Haushofer, H. und Recke, H. J., S. 7 (im Folgenden zitiert als: 50 Jahre).
(3) Ibid.

eine Entwicklung in zwei Jahre zusammengepresst, die im Frieden im bundesstaatlich organisierten Reich wahrscheinlich sehr viel längere Zeit in Anspruch genommen hätte - für die es aber schon vor 1914 Anzeichen gegeben hatte." (4) Nach Kriegsende, am 19. November 1918, wurde diese dem Reichskanzler unterstellte oberste Reichsbehörde in "Reichsernährungsamt" umgenannt. "Dieser neue Name zeigte, dass auch nach dem Wegfall der durch den Krieg bedingten besonderen Aufgaben zur Sicherstellung der Ernährung des deutschen Volkes eine Oberste Reichsbehörde für den Bereich der Ernährung erforderlich schien. Die Aufgabe des Reichsernährungsamtes bestand denn auch in der Fortführung der ernährungswirtschaftlichen Zwangswirtschaft, soweit dies unter den vielfach chaotischen politischen Verhältnissen des Winters 1918/19 überhaupt möglich war. .... Die verfassunggebende Deutsche Nationalversammlung in Weimar beschloss am 10. Februar 1919 das Gesetz über die vorläufige Reichsgewalt und schuf damit die provisorische Grundlage für Aufbau und Tätigkeit der Reichsregierung. Aufgrund dieses Gesetzes wurde am 21. Mai 1919 das Reichsernährungsministerium errichtet, in welchem das bestehende Reichsernährungsamt aufging. Sowohl in personeller wie in fachlicher Hinsicht blieb damit die Kontinuität der Arbeit gewahrt. Wenn der Kreis der alten "klassischen" Ministerien damit um ein neues Fachministerium erweitert wurde, so bestätigt das nur die furchtbare Ernährungslage, in der sich das deutsche Volk zur Zeit des Friedensvertrages von Versailles - er wurde am 28. Juni 1919 unterzeichnet - befand. Die Lebensmittelblockade der Alliierten war als Druckmittel zur Unterschrift. aufrechterhalten worden. Zu den ersten Aufgaben des Reichsernährungsministeriums gehörte die Durchführung der im Friedensvertrag vorgesehenen landwirtschaftlichen Reparationen, wie u. a. die Lieferung von Zuchttieren. Der Name des neuen Ministeriums bestätigte im übrigen, dass sich seine Zuständigkeit zunächst im wesentlichen nur auf die bisherigen Aufgaben der Ernährungssicherung, also auf die Bewirtschaftung des Mangels, beschränken musste." (5) Ergebnis der in diesen Monaten geführten Grundsatzdebatte um das wirtschaftspolitische System der Republik, welche von Rudolf Wissell und Wichard von Möllendorf (6) dominiert wurde, war die Eingliederung des erst ein halbes Jahr alten Reichsernährungsministeriums als Sektion in das von Wissell geführte Reichswirtschaftsministerium (15. September 1919). Als Abteilung Land- und Forstwirtschaft leitete sie der bedeutende Agrarwissenschaftler und Verwaltungsmann Geheimrat Professor Ramm. Sein Poppelsdorfer Schüler Andreas Hermes, durch ihn als Mitarbeiter gewonnen - anfangs Sektionsleiter, nach dem Überwechseln von Professor Ramm als Unterstaatssekretär in das preussische Landwirtschaftsministerium Ministerialdirektor (Dezember 1919) und Abteilungsleiter -, beobachtete während dieser Tätigkeit die Entwicklung der Institution und des Ernährungssektors. Die zunehmende Zerrüttung der Ernährungswirtschaft, begleitet vom Verfall der Währung, brachte Hermes zu der Überzeugung, dass nur stärkste politische und agrarische Bemühungen der Reichsregierung einen grundsätzlichen Wandel würden herbeiführen können. "Der Rahmen der bisherigen Abteilung Land-

---

(4) Ibid. S. 8.
(5) 50 Jahre, S. 10/11.
(6) Möllendorf, W. v.: Der Aufbau der Gemeinwirtschaft. Konservativer Sozialismus. 1932.

und Forstwirtschaft im Reichswirtschaftsministerium mit ihrer überwiegenden Aufgabe, die Zwangswirtschaft auf dem Gebiete der landwirtschaftlichen Erzeugung und der Verteilung von ernährungswirtschaftlichen Gütern aufrechtzuerhalten, genügte dafür nach seiner Ansicht nicht. Darüber hinaus ging es auch um eine grundsätzliche Entscheidung: Sollte der Versuch fortgesetzt werden, die Zwangswirtschaft der Kriegsfolgejahre in eine friedensmässige Planwirtschaft etwa im Sinne Wissells und Möllendorfs überzuleiten oder musste nicht schnellstens die Privatinitiative der landwirtschaftlichen Erzeuger angesprochen und freigesetzt werden? Hinzu kam, dass die breite landwirtschaftliche Praxis, vor allem die organisierte Bauernschaft, in allen ihren Stellungnahmen die unverzügliche Befreiung von den kriegswirtschaftlichen Fesseln verlangte. In dieser Lage machte Hermes als zuständiger Abteilungsleiter im Reichswirtschaftsministerium im Winter 1919/20 verschiedene Vorschläge, das Gewicht der Agrarpolitik des Reichs mehr in Richtung einer Förderung der landwirtschaftlichen Erzeugung zu verlegen. Der Erfolg blieb dabei zunächst aus, weil es sich nicht nur um eine rein organisatorische Frage, sondern um eine Grundsatzfrage der Wirtschaftspolitik handelte. Erst nach der Umbildung der Reichsregierung nach dem Kapp-Putsch im Frühjahr 1920 gelang es der Initiative von Hermes, das selbständige Ministerium wiederherzustellen. Durch Erlass des Reichspräsidenten Ebert vom 30. März 1920 - also fast genau ein Jahr nach der Errichtung des ersten Reichsernährungsministeriums - wurde das Reichsministerium für Ernährung und Landwirtschaft neugegründet." (7) Bezeichnend für die Hermessche Konzeption, die - später durch negative Erfahrungen mit dem entgegengesetzten Experiment in Grossbritannien gewissermassen indirekt bestätigt - eine Trennung von Ernährung und Landwirtschaft in zwei Ministerien ablehnte, kam programmatisch im neuen Namen zum Ausdruck.

Daran, wie Hermes dem Ministerium Geltung verschaffte und wie er es personell besetzte, zeigt sich, dass er hier geschickt die seinen sachlichen Intentionen und persönlichen Ambitionen günstige Konstellation nach dem Kapp-Putsch nutzte. Obwohl nicht offizielles Zentrums-Mitglied, stand Hermes dieser Partei seit seiner früheren Zugehörigkeit zum Windthorstbund nahe. (8) (9) Über den einflussreichen Zentrumsabgeordneten Herold (10) gelang es Hermes, sein Sachprogramm bei der notwendigen Regierungsumbildung im März 1920 durchzusetzen. Bei der Personalauswahl mag ausser den genannten Empfehlungen für das Zentrum die Befürwortung seiner Anwartschaft auf das neue Reichsministerium durch seinen späteren Schwiegervater mitgesprochen haben. (11) Hermes war in vier aufeinan-

(7) 50 Jahre, S. 12/13.
(8) Reichardt, S. 64.
(9) BA R 43 I/927: Z-Denkschrift vom Herbst 1919, die eine Beförderung von Hermes empfahl.
(10) Zu Herold: Morsey, Rudolf: Die Deutsche Zentrumspartei 1917-23. Beiträge zur Geschichte des Parlamentarismus und der politischen Parteien, Bd. 23, Düsseldorf 1966; (zitiert als: Morsey, 1917-1923); Bachem, Carl: Vorgeschichte, Geschichte und Politik der Deutschen Zentrumspartei, 9 Bde., Köln 1927/31; vgl. Bd. 8, S. 347; Jacobs, Ferdinand: Deutsche Bauernführer. Schriften zur ländlichen Bildung, Bd. 2, Düsseldorf 1958, S. 100.
(11) Reichardt, S. 78 und Memoirenmanuskript Frau A. Hermes S. 133 und S. 147.

der folgenden Kabinetten unter drei Reichskanzlern Reichsernährungsminister: in der Reichsregierung Hermann Müller (27. März - 8. Juni 1920), der Regierung Fehrenbach (25. Juni 1920 - 4. Mai 1921) und den Kabinetten Wirth (10. Mai 1921 - 14. November 1922). Dabei führte er gleichzeitig seit dem 26. Oktober 1921 kommissarisch das Reichsfinanzministerium, dem er sich seit der Niederlegung des Reichsernährungsministeriums am 10. März 1922 ausschliesslich widmete; d. h. Hermes war ziemlich genau zwei Jahre Reichsernährungsminister.

Wie schwierig die Arbeit von Hermes als Reichsernährungsminister war, wird deutlich, wenn man sich vergegenwärtigt, wie eng der Entscheidungsraum war. Auf der einen Seite befand man sich in einem ernährungswirtschaftlichen Engpass. Zwischen den divergierenden Interessen von städtischen Verbrauchern und landwirtschaftlichen Erzeugern - die einen politisch von der sich als Arbeiterpartei verstehenden SPD, die anderen u. a. vom Hermes stützenden agrarischen Flügel des Zentrums vertreten, gekoppelt zudem mit unterschiedlichen wirtschafts- und gesellschaftspolitischen Programmen - waren nur Kompromisse möglich. Auf der anderen Seite wurde jede Bemühung, die Agrarproduktion anzukurbeln, durch die fortschreitende Geldentwertung in Frage gestellt. "Es fehlte ein fester Massstab oder ein erster Kristallisationspunkt für eine Stabilisierung. Infolgedessen gehörten die regelmässigen Verhandlungen über die Festsetzung der Erzeugerpreise für die wichtigeren landwirtschaftlichen Erzeugnisse zu den qualvollsten Aufgaben des Reichsministeriums. Jede Neufestsetzung, die praktisch eine Erhöhung der Verbraucherpreise nach sich zog und damit zum Politikum wurde, wurde binnen kurzem von der Erhöhung der Verbraucherpreise eingeholt. Das Ministerium hatte in dieser Lage eine von Sachverständigen und Vertretern der Verbraucher gebildete Indexkommission (12) einberufen, um eine Methode der Produktionskostenberechnung zu erarbeiten und danach den Versuch zu unternehmen, "gerechte" Erzeugerpreise festzulegen. Aber wenn das Ministerium den Standpunkt vertrat, dass diese Preise für ein ganzes Wirtschaftsjahr gelten müssten, wurde allen solchen Berechnungen schon innerhalb weniger Monate, gegen Ende der Inflation in Wochen und Tagen, die Grundlage entzogen. Die Folge war wiederum die schwindende Ablieferungsbereitschaft der Landwirtschaft. Die Tätigkeit des Ministeriums und seiner zahlreichen, aus der Kriegswirtschaft ererbten Reichsstellen, Reichsausschüsse und Kriegsgesellschaften glich mehr und mehr einem Fass ohne Boden."(13) Trotz dieser Schwierigkeiten versuchte Hermes, das Programm, mit der er angetreten war, nämlich Abbau der Kriegszwangswirtschaft und Überleitung in eine freiere Nachkriegswirtschaft, durchzuführen. Dabei kam es zu heftigen Auseinandersetzungen zwischen dem kompromissbereiten, aber prinzipiell auf dem Boden der freien Marktwirtschaft stehenden Hermes und den Reichstagsabgeordneten der USPD. (14) Die Auseinandersetzung lässt sich besonders deutlich am Beispiel der Düngemittelfrage aufzeigen, an der die USPD die prinzipielle Forderung nach der Sozialisierung von Grund und Boden, speziell des Grossgrundbesitzes, aufhing. Hier

---

(12) Der Streit um einen "gerechten" Preis und der Versuch, ihn mit Hilfe einer Indexberechnung festzustellen, spielte in der Krise der späteren Weimarer Republik eine grosse Rolle. s. u.
(13) 50 Jahre, S. 14.
(14) RT Bd. 346, RT-Debatten vom 6./7. November und 7. Dezember 1920.

nun zeigte sich in der Debatte, wo die Grenzen der Verständigungsmöglichkeiten und der Hermesschen Kompromissbereitschaft lagen. Bereit, zwangswirtschaftliche Massnahmen zeitweise zu akzeptieren, konnte er irreversiblen Eingriffen in das Privateigentum, der Grundlage der freien Wirtschaft, nicht zustimmen. Wenn es zu dieser Forderung kam, gab es für Hermes keine Kompromisse mehr. Für diese Überzeugung, die für Hermes 1945 zu einer persönlichen Schicksalsfrage wurde, war er bereit, alles einzusetzen. Andererseits konnten aber auch die linken Angreifer des Reichsernährungsministers in dieser Prinzipienfrage nicht durch Widerlegung konkreter Einzelfragen besiegt werden. Konsequenz des unaufhebbaren Gegensatzes zwischen Hermes und seinen Gegnern im Parlament war deren Ausweichen in persönliche Angriffe. Geht man den Vorwürfen der Gegner von Hermes nach - Einzelheiten interessieren hier nicht - (15), so gewinnt man den Eindruck, der sich später bei der ausführlichen Behandlung des Prozesses von 1933/34 erhärten wird: zwar Bagatellfälle, denen im Einzelfall keine grosse Bedeutung beizumessen ist; aber die Häufung der Fälle, in denen dem Reichsminister Hermes Vorwürfe angehängt werden konnten, wobei immer etwas zurück blieb, hätte von Hermes vermieden werden müssen. Es ist unverständlich, dass er nach den ersten Erfahrungen nicht die notwendigen Konsequenzen zog und sich auch in Verfahrensfragen peinlich korrekt verhielt, zumal er bei der Gegnerschaft der USPD jedem Schein eines begründbaren Vorwurfs hätte aus dem Wege gehen müssen. Man sollte bei der Beurteilung der Anklagepunkte nicht wie die parteipolitischen Gegner von Hermes vorgehen, die formal angreifbare Handlungen im Zuge ihrer Attacken sachlich masslos aufbauschten. Vielmehr sollte man die provisorischen Zustände der Nachkriegszeit und die improvisierten vorläufigen Hilfsmassnahmen während des Aufbaus des neuen Reichsernährungsministeriums berücksichtigen. Dann kommt man zu dem Urteil, dass es sich zwar nicht um Verfehlungen in der Sache handelte, Hermes jedoch auch als Beamter nicht "preussisch korrekt", sondern nach privatwirtschaftlichen Gepflogenheiten vorging und sich auch nach den ersten Erfahrungen reichlich unvorsichtig und grosszügig verhielt.

Insgesamt lässt sich feststellen, dass Hermes sein Ziel im Rahmen des Möglichen erreichte. Bis auf weniger wichtige landwirtschaftliche Erzeugnisse wurden die seit dem 4. August 1914 bestehenden Einfuhrerleichterungen beibehalten und das Zollsystem der Vorkriegszeit nicht wieder eingeführt. "Bei allen wichtigen Agrarprodukten blieb die seit Kriegsbeginn bestehende Zollfreiheit im Interesse der Verbraucher erhalten. .... Mit der Steigerung der einheimischen Erzeugung und dem allmählich anlaufenden Aussenhandel konnte die Zwangswirtschaft auf den meisten Gebieten schon 1921 abgebaut werden. Nur die Getreidebewirtschaftung wurde im Interesse einer geordneten Versorgung und wegen der politischen Bedeutung des Brotpreises aufrechterhalten. Das Umlageverfahren mit Ablieferungskontingenten wurde für die Ernte 1922, also vier Jahre nach Kriegsende, zum letzten Male angewandt." (16)

(15) Am 15. Dezember 1920 wurde auf Antrag der USPD vom 2. Dezember ein parlamentarischer Untersuchungsausschuss zur Klärung der Vorwürfe eingesetzt. RT Bde. 346/7, 353, 364/65, 376, Aktenstück Nr. 5485, S. 6014 ff.
(16) 50 Jahre, S. 14/15.

Neben den prinzipiellen Grundfragen ging es in der innerdeutschen Praxis für den neuen Reichsminister darum, sich den verschiedenen älteren Landwirtschaftsministerien der Länder gegenüber durchzusetzen und zu einer fruchtbaren Zusammenarbeit mit ihnen zu gelangen. Hermes führte periodische Konferenzen mit den Ernährungs- und Landwirtschaftsministerien ein, die abwechselnd an verschiedenen Orten ausserhalb Berlins stattfanden; so z. B. am 15. Januar 1921 in Dresden (17). Ebenso bemühte sich Hermes um das Gespräch zwischen Landwirtschaft und Wirtschaft, so dass z. B. am 2. August 1921 eine Besprechung in Ludwigshafen stattfand (18). Als Reichsernährungsminister hat Hermes vielfältige Anregungen gegeben und Neu- bzw. Wiedergründungen vorgenommen. An die vorausgegangene Gründung des Reichsforstwirtschaftsrates schloss sich die des Reichsausschusses für Technik in der Landwirtschaft an (heute Kuratorium für ....), welcher der Technisierung und Rationalisierung der Landwirtschaft durch Zusammenarbeit von Industrie, Landwirtschaft und Wissenschaft dienen sollte. Weiter widmete sich Hermes der Landarbeiterfrage, mit der sich eine Arbeitsgemeinschaft, an der die landwirtschaftlichen Unternehmer beteiligt waren, beschäftigte.

Das besondere Verhandlungsgeschick von Hermes und seine Erfahrungen aus den Jahren 1905 - 1914 bei der Deutschen Landwirtschaftsgesellschaft in Berlin und dem Internationalen Agrarinstitut in Rom kamen bei dem Wiederanknüpfen internationaler Kontakte auf den Konferenzen von Spa (5. - 16. Juli 1920) (19), London (deutsch-englische Ernährungskonferenz am 24. August 1920) und Stresa (deutsch-italienische Ernährungskonferenz vom 6./7. September 1920) zur Geltung.

Bei einer Rückbesinnung auf die Tätigkeit von Hermes als Reichsernährungsminister drängt sich mir, wie so häufig in seiner Laufbahn, der Eindruck auf: Da Hermes immer mehr Anreger und Initiator als konsequenter Vertreter einer Linie über einen langen Zeitraum hinweg war, war es eine glückliche Entscheidung, ihn mit dem Neuaufbau des Reichsernährungsministeriums zu beauftragen. Hier wie in der Anbahnung des abgerissenen Gesprächs mit den Alliierten fanden die Fähigkeiten von Hermes ihren angemessenen Wirkungskreis.

Noch während Hermes den Posten des Reichsernährungsministers innehatte, wurde ihm im Kabinett Wirth II am 26. Oktober 1921 erst kommissarisch, am 10. März 1922 endgültig (20) auch das Reichsfinanzministerium übertragen. Im Reichsernährungsministerium löste ihn am 31. März 1922 Anton Fehr vom Bayerischen Bauernbund (21) ab, mit dem Hermes später, in den Jahren der ausgehenden Weimarer Republik, in der Grünen Front eng zusammenarbeitete. Nachdem das Kabinett Wirth am 14. November 1922 zurückgetreten war, erhielt Hermes den Finanzministerposten auch in der folgenden Regierung Cuno (Demission am 12. August 1923). Hermes war also fast zwei Jahre für die Finanzen des Deutschen Reiches verantwortlich.

(17) Schulthess' Europäischer Geschichtskalender. Hrsg. Stahl, Wilhelm, ab 1921 Hrsg. Thürauf, Ulrich. N. F. 34. Jg., Bd. 59, 1918 ff. München; (zitiert als: Schulthess, 1921).
(18) ibid.
(19) Vgl. Bergmann, Carl: Der Weg der Reparation. Von Versailles über den Dawesplan zum Ziel, Frankfurt/Main 1926, S. 52 ff.
(20) Schulthess, S. 33/34.
(21) Laubach, Ernst: Die Politik der Kabinette Wirth 1921/22. Historische Studien Heft 402, Lübeck/Hamburg 1968, S. 159 Anm. 186.

Wie sah diese Zeit aus? Es waren die Jahre, die durch Anwachsen der Inflation und ungeklärte, steigende Reparationsverpflichtungen gekennzeichnet sind. Eng mit beiden Problemen verbunden und sie verschärfend trat 1923 der Ruhrkampf hinzu. Fachlich auf das Amt des Finanzministers nicht vorbereitet, übernahm Hermes den undankbaren Posten zu einer Zeit, als alle Haushaltsberechnungen mit dem grossen Fragezeichen, dem Unsicherheitsfaktor noch nicht festgelegter Reparationszahlungen versehen waren. Schon vor Hermes war bei der Behandlung des Problems der Geldentwertung auf deutscher Seite viel versäumt worden. Als dann im Januar 1923 noch erschwerend der Ruhrkampf hinzutrat, der - Ausdruck einer Verhärtung der Fronten bei den Reparationsverhandlungen - nicht nur eine finanzwirtschaftliche, sondern, derart auch gerade von Hermes so aufgefasst, als passiver Widerstand eine stark national-politische Seite hatte, sah sich der Reichsfinanzminister der unlösbaren Aufgabe gegenüber, gleichzeitig der Inflation Herr werden und die Finanzierung des Ruhrkampfes gewährleisten zu müssen. An dieser Aufgabe ist nicht nur Hermes, sondern das Kabinett Cuno gescheitert.

So weit der Überblick. Nun zu den Einzelheiten Hermesscher Finanzministertätigkeit.

Mit dem Auftrag angetreten, die Reparationsfrage nach dem Londoner Ultimatum zu lösen, hatte sich Wirth in der Doppelfunktion von Kanzler und Finanzminister zum Erfüllungspolitiker par excellence entwickelt. Um die Grundgedanken der Erfüllungspolitik in die Wirklichkeit umzusetzen, unterbreitete Wirth ein Wirtschafts- und Reparationsprogramm. Dieses umfasste den Ausbau von Steuern, Massnahmen zur Importdrosselung und Exportsteigerung, was qualitative und quantitative Höchstleistungen von Industrie und Landwirtschaft voraussetzte. Gerade die den agrarischen Sektor betreffenden Massnahmen sollten der Intention Wirths dienen, allen Bevölkerungskreisen die Grundgedanken seiner Erfüllungspolitik zu demonstrieren (22). Reichsernährungsminister Hermes vertrat die von Wirth vorgezeichnete Linie in der Agrarpolitik.

Durch die Oberschlesienfrage zum Rücktritt gezwungen, bildete Wirth im Oktober 1921 ein um nur wenige Posten verändertes "Kabinett der Persönlichkeiten" (23). Während er selbst neben dem Kanzlerposten auch den des Aussenministers übernahm, wurde Hermes, weiter Reichsernährungsminister, zusätzlich kommissarisch das Finanzministerium anvertraut. "Hinter den so geringfügig aussehenden Veränderungen des Kabinetts gegenüber seinem Vorgänger verbarg sich indessen eine nicht unbedeutende Abwandlung der politischen Konzeption. Symptomatisch war dafür der Austausch des Ressorts, das der Kanzler im Nebenamt verwalten wollte. Wirth war im Sommer sein eigener Finanzminister geblieben, um dafür Sorge zu tragen, dass auf finanzpolitischem Gebiet alles getan wurde, um die Erfüllung des Ultimatums zu ermöglichen. Mit den Steuergesetzvorlagen, die er gerade in den Tagen, als seine Regierung nur geschäftsführend war, dem Reichstag zuleiten konnte, war die wichtigste Phase dieser Arbeit abgeschlossen. Die Durchpeitschung im Reichstag und die notwendige Intensivierung der Steuereintreibung konnte er einem anderen überlassen. Hierfür mochte, nachdem die Regierungsbeteiligung der Deutschen Volkspartei hinfällig geworden war, Hermes am geeignetsten erscheinen, der sich bei jener, wenn auch nicht bei den Arbeiterparteien, auf Grund seiner Agrar-

(22) Laubach, S. 40.
(23) RT Bd. 351, S. 4759, Abg. Breitscheid.

politik eines gewissen Vertrauens erfreute" (24). Gerade weil Besitz, Kapital und Unternehmertum den als "katholischen Sozialdemokraten" apostrophierten Wirth ablehnten und negative Auswirkungen der Linksorientierung befürchteten (25), mochte es diesem geraten erscheinen, zur Beschwichtigung dieser Kreise einen Exponenten der Zentrumsmitte in die Regierung mit aufzunehmen.

Hermes wusste, dass er in seiner Finanzpolitik weitgehend durch die Situation und die Grundlinien der alten und neuen Regierung festgelegt war. Er selbst verwies in seiner ersten Rede als Reichsfinanzminister vor dem Reichstag anlässlich der ersten Lesung sämtlicher Steuervorlagen (4. November 1921) ausdrücklich auf den von Wirth am 1. Juni abgesteckten verpflichtenden Rahmen, als deren Konkretisierung er die vorliegenden Steuergesetzentwürfe verstand (26). Da diese fertig vorlagen, als Hermes sein neues Amt antrat, war er nicht nur in den Grundzügen, sondern auch in den Einzelheiten ihrer Ausführung gebunden. Er konnte nicht neu anfangen. Mit seiner Tätigkeit beginnt kein neuer Abschnitt in der Finanzpolitik der frühen Weimarer Republik, sondern er setzte vorgegebene Entscheidungen durch.

Das jedoch war kein leichtes Unterfangen. In heftigen Auseinandersetzungen im Reichstag (27) begründeten die Redner der MSPD und der USPD ihre prinzipielle Kritik, wobei auch der neue Finanzminister nicht geschont wurde. Hertz von der USPD bezeichnete es als die Hauptaufgabe der Regierung, den Sturz der Mark aufzuhalten. Alles andere sei Herumdoktern an Symptomen. Weder die Regierung Wirth mit dem Reichsfinanzminister Hermes noch die beiden folgenden Reichsregierungen waren in der Lage, diese im Kern berechtigte Kritik mit konventionellen finanzpolitischen Massnahmen zu widerlegen. Erst als das zweite Kabinett Stresemann mit Reichsfinanzminister Luther den Mut zu unorthodoxen Entschlüssen fand, gelang es, dem Grundübel der Finanzpolitik, der Inflation, Herr zu werden. Mit dem "Wunder der Rentenmark" wurde die innere Voraussetzung für eine solide Reparationspolitik geschaffen. Allerdings kann man den Regierungen Wirth, Cuno und Stresemann (I) rückblickend nicht einfach Versagen vorwerfen mit der Forderung, was man im Herbst 1923 tat, hätten sie auch schon früher durchführen können. Die Schaffung der Rentenmark war erst möglich, als man die Erfahrungen des Jahres 1923 gemacht hatte und "die Zeit reif" war, eine völlig neue Finanzpolitik einzuleiten.

Nicht bereit, die von der USPD geforderte radikale Neuorientierung der Finanzpolitik vorzunehmen, konnte es der bürgerlichen Minderheitsregierung Wirth trotz der zu erwartenden Schwierigkeiten nur darum gehen, eine parlamentarische Mehrheit für ihr Programm zu gewinnen. Das gelang, indem Wirth die Zusammenarbeit mit der SPD, Hermes die mit der Deutschen Volkspartei sicherte.

"Die gleich danach erfolgende Ernennung von Hermes zum vollamtlichen Finanzminister (28) wurde allgemein als die Gewährleistung der von der Deutschen Volkspartei verlangten "persönlichen Garantien" verstanden und war auch wohl so gemeint; denn Hermes hatte dank seiner guten Beziehungen zur Deutschen Volkspartei erheblich zur definitiven Eini-

---

(24) Laubach, S. 106.
(25) Morsey, 1917 - 1923, S. 423.
(26) RT Bd. 351, S. 4820 ff.; Schulthess, S. 309 ff.; vgl. Laubach, S. 119 ff.
(27) Vgl. Anm. 26.
(28) Am 10. März 1922, Schulthess, S. 33/4.

gung beigetragen und sah selbst seine Aufgabe darin, jene möglichst nahe an die Regierung heranzubringen " (29). Das durch Zustimmung von SPD, Deutscher Demokratischer Partei, Zentrum, Bayerischer Volkspartei und Deutscher Volkspartei zustandegekommene Steuerkompromiss (9. März 1922) (30), vom Reichskanzler im Reichstag als "integrierender Bestandteil der auswärtigen Politik" (31) bezeichnet, passierte in Form von Steuergesetzen den Reichstag. (32)

Nachdem diese innerdeutschen Bemühungen für den praktischen Beweis des guten Willens und der prinzipiellen Unerfüllbarkeit des Londoner Ultimatums erbracht waren, setzte sich die Reichsregierung nun verstärkt auch für die theoretische Anerkennung ihres Standpunktes ein. Denn erst, wenn ihr dies gelungen war, konnte sie ihre Verhandlungen mit den Alliierten über eine Anleihe oder ein Moratorium mit Aussicht auf Erfolg weiterführen. Zwei Theorien standen sich gegenüber. Im Londoner Ultimatum hatte man sich an die englische Theorie gehalten, Ursache des Währungsverfalls sei primär die Unausgeglichenheit des Staatshaushalts. Erst nachdem dieser in Ordnung gebracht sei, könne an die Gewährung von ausländischen Krediten gedacht werden (33); d. h. die Alliierten erklärten sich erst dann zu finanziellen Unterstützungen für den deutschen Staat bereit, nachdem dieser erwiesen hatte, dass er selbst alle inneren Massnahmen zur Währungsstabilisierung ergriffen habe. Dem stand die deutsche Auffassung gegenüber, primäre Ursache der deutschen Geldentwertung sei die hoffnungslos negative Zahlungsbilanz. Daraus ergab sich, dass ausschliesslich innerdeutsche Massnahmen nie dem Übel an seiner Wurzel beikommen konnten und es wichtiger war, "zum Ausgleich der Zahlungsbilanz zunächst die Anleihe und in weiterer Sicht die Revision der Reparationen überhaupt zu betreiben." (34)

Die Weltwirtschaftskonferenz von Genua war der wichtigste Versuch, dem deutschen Standpunkt zu internationaler Anerkennung zu verhelfen (35). Dies, nicht mehr und nicht weniger, setzte die deutsche Delegation, deren wichtigste Teilnehmer Rathenau, Hermes, Reichsbankpräsident Havenstein und Staatssekretär Schroeder waren, durch, trotz der vorübergehenden Unterbrechung und Verschlechterung der Konferenzatmosphäre durch den unerwarteten Abschluss des Rapallo-Vertrages (16. April 1922). Es ist hier kein Raum, auf die einzelnen Etappen des Verhandlungsganges in Genua einzugehen. Nur das Ergebnis kann hier erörtert werden. Bei der abschliessenden Beurteilung ist dem Urteil Erdmanns zuzustimmen, der eine Verbindung zwischen Genua und dem Dawes-Plan sieht und feststellt, der theoretische Erfolg der Finanzkommission in Genua habe die

(29) Laubach, S. 158 f.; vgl. dazu Morsey, 1917-1923, S. 445, Anm. 10 und 11.
(30) Schulthess, S. 32/3.
(31) Schulthess, S. 40 ff.; RT Bd. 353, S. 6613 ff.
(32) 2. Lesung: 20. - 24. März 1922, 3. Lesung: 31. März-4. April 1922; Schulthess S. 36 und S. 45.
(33) Vgl. Erdmann, Karl Dietrich: Deutschland, Rapallo und der Westen. VjHZG 11. Jg. 1963, S. 102.
(34) ibid. S. 105 ff. und S. 121-125.
(35) Vgl. zum heute als gegen die damalige deutsche Auffassung wissenschaftstheoretisch und praktisch entschiedenen Streit zwischen der "Wechselkurstheorie" und der "Zahlungsmittel- und Kreditschöpfungstheorie" Fischer, Wolfram: Deutsche Wirtschaftspolitik 1918-1945, Opladen 1968, S. 22 f.

Voraussetzung für die zwei Jahre später eingeleitete Praxis der Reparations- und Schuldenregelung geschaffen. Ohne die Erfahrungen des Jahres 1923 gering anzuschlagen, kommt Erdmann zu dem Ergebnis: ohne Rapallo kein Locarno, ohne Genua kein Dawes-Plan. " Die Konferenz (= Genua) hatte das Ergebnis, das sie, vom deutschen Standpunkt aus gesehen, bestenfalls überhaupt haben konnte. Es war ein Ergebnis im Bereich der Theorie. Aber es wäre wahrhaftig unerlaubt, es deshalb in seiner historischen Bedeutung gering zu schätzen. Mit der auf dem grossen internationalen Forum bestätigten These, dass Deutschland und damit auch im Grunde der in Unordnung geratenen europäischen Wirtschaft nur zu helfen war, indem man an die Frage der Zahlungsbilanz, d. h. der internationalen Verschuldung, d. h. der Reparationen heranging, wenn auch zunächst nur auf dem Umweg über Anleiheverhandlungen, war ein Standpunkt gewonnen, an dem praktische Bemühungen anknüpfen konnten. .... Die unter so starker amerikanischer Beteiligung zustande gekommene neue Regelung der Reparationsfrage im Dawes-Plan des Jahres 1924 und die ihm nachfolgende internationale Reparationsanleihe für Deutschland haben dann schliesslich verwirklicht, wofür in Genua dank der erfolgreichen Arbeit der deutschen Delegation die theoretischen Grundlagen gelegt werden konnten. " (36) An diesem Erfolg hatte Hermes keinen geringen Anteil.

Schon bald nach Genua bewies er erneut sein Verhandlungsgeschick, und zwar in Paris. Dort begann er den soeben errungenen Sieg der deutschen Theorie in die Praxis umzusetzen. Dabei erwies er sich wieder als ein äusserst geschickter Taktiker. Es gelang ihm, den deutschen Standpunkt trotz grosser Widerstände im eigenen und im fremden Lager konsequent zu vertreten und ihm nach der theoretischen Anerkennung (Genua) auch praktische Gültigkeit zu verschaffen (Paris). Er verstand es, bei Festhalten an der prinzipiellen Grundauffassung dennoch so geschmeidig zu bleiben, dass er im entscheidenden Augenblick die Konzessionen bewilligen konnte, ohne die die Konkretisierung des deutschen Standpunktes nicht möglich gewesen wäre.

Trotz der massgeblich von Hermes mit erstrittenen Erfolge in Genua und Paris hoffte die deutsche Regierung vergeblich auf konkrete Hilfe in Form einer Anleihe oder einer Neuregelung der Reparationsfrage. Die wenn nicht erfolglose, so doch nach aussen wenig glanzvolle Erfüllungspolitik machte es der Regierung Wirth immer schwerer, innenpolitisch Resonanz für eine Finanz- und Wirtschaftspolitik zu finden, deren Ergebnis - ob auch von ihr verschuldet, mochte noch dahingestellt bleiben - offensichtlich die steigende Inflation war. So ist es nicht zu verwundern, dass die innerdeutsche Kritik an der Finanz- und Wirtschaftspolitik der Reichsregierung immer häufiger geäussert wurde und schliesslich im November 1922 den Bruch der Koalition herbeiführte.

Cuno, dem Direktor der Hapag, gelang es am 22. November 1922, ein bürgerliches parteiloses Fachministerium, auch "Kabinett der Arbeit" (37) oder Kabinett der Männer "mit diskontfähiger Unterschrift" (38) genannt, zu bilden. Die Probleme dieser Regierung waren prinzipiell die gleichen

---

(36) Erdmann, S. 164/5.
(37) Fischart, Johannes (= Pseudonym für Dombrowski, Erich): Das Alte und das Neue System. Die politischen Köpfe Deutschlands, 4 Bände, Berlin 1919-1925, Bd. 4, S. 117.
(38) Gebhardt, Bruno: Handbuch der deutschen Geschichte, Bd. 4: Die Zeit der Weltkriege, von K. D. Erdmann,[8] Stuttgart 1960, S. 130.

wie die der vorigen. Ganz wesentlich verschärft wurde die Situation jedoch seit der Ruhrbesetzung und dem dadurch hervorgerufenen Ruhrkampf. Wie Morsey belegt, taten sich die Zentrums-Politiker "in der uneingeschränkten Unterstützung der Politik des passiven Widerstands .... als besonders angriffslustig" hervor, begrüssten diesen überschwenglich, da er "die zeitweilige Überwindung aller Partei- und Klassenunterschiede" herbeiführe, und sahen "in der planmässigen Fortsetzung des passiven Widerstands .... die einzige Möglichkeit, den Kampf für die Freiheit und Einheit des Reiches erfolgreich bestehen zu können." (39) Einen prominenten Platz nahm Hermes unter den Zentrums-Politikern ein. Das lässt sich durch seine Verordnungen als Reichsfinanzminister belegen, durch seine Äusserungen im Reichstag (40), eine Rede vor dem Reichsausschuss des Zentrums (Hagen, 11. März 1923: Unser Kampf gegen Gewalt und Willkür) (41) und durch sein Verhalten im April 1923 bei den Verhandlungen zwischen Gewerkschaftsführern und Vertretern der Reichs- und der preussischen Regierung. (42) Interessant sind diese Gespräche, weil sie sich um zwei Grundfragen drehten, die von nun an bis zum Sturz der Regierung Cuno und der Beilegung des Widerstandes nicht mehr zur Ruhe kamen: die Möglichkeiten für Verhandlungen mit Frankreich und die Frage der Finanzierung des Ruhrkampfes. Von den Gewerkschaften wurde aus konkretem Anlass der alte Vorwurf gegen die Reichsregierung Cuno-Hermes erhoben, mit den prinzipiell falschen Mitteln den Kampf gegen die Inflation zu führen. Die von den Gewerkschaften schon im April 1923 heraufbeschworene Konstellation, nämlich Koppelung der Probleme Finanzierung des Ruhrkampfes bzw. Auffangen der Inflation und Umbildung bzw. Neukonstituierung der Regierung, führte im August 1923 zum endgültigen Scheitern der Regierung Cuno.

Hermes hat als Finanzminister versucht, sowohl den Ruhrkampf zu finanzieren als auch die Inflation zu stoppen. Von einem umfassenden Sanierungsprogramm ausgehend, hat er, gleichzeitig national- und wirtschaftspolitische Gesichtspunkte in seinem Finanzkonzept vereinigend, zwei Marktstützungsaktionen eingeleitet. Vor der Öffentlichkeit politisch begründet, sind beide schon bald finanziell gescheitert.

Das einhellige Urteil über die beiden Stützungsaktionen des Jahres 1923 ist ablehnend. (43) Jedoch ist es falsch, das Misslingen dem ressortmässig verantwortlichen Hermes allein zuzuschieben. Wie Bergmann in einer genau belegten Analyse überzeugend schildert, kam ein gerüttelt Mass von Schuld auf das Konto des Reichsbankpräsidenten und der übrigen Reichsstellen, so der Reichsverwaltung und des Reichswirtschaftsministeriums. Diese hätten das nationalpolitisch motivierte langfristige Konzept des Reichsfinanzministers, welches dem Ziel diente, eine allgemeine Gesundung der Finanzen einzuleiten und das deshalb gleichzeitig mit der Stützungsaktion eine sorgfältige Finanzwirtschaft des Reiches, eine Änderung der bisherigen Kreditpolitik der Reichsbank und eine Umstellung der Währung auf Goldbasis gefordert hätte, durch ihre inkonsequente Haltung und Nachgiebigkeit gegenüber akuten Problemen durchkreuzt. Nach anfäng-

(39) Morsey, 1917 - 1923, S. 506 ff.
(40) Schulthess, S. 15; vgl. die Reichstagsrede von Hermes vom 25./26. Januar 1923, ibid. S. 19 und in: RT Bd. 358, S. 9507 C ff.
(41) Veröffentlicht Berlin 1923.
(42) Wentzcke, Paul: Ruhrkampf. 2 Bde, Berlin 1930/32.
(43) d'Abernon, E. V. Viscount: Ein Botschafter der Zeitenwende, 3 Bände, Leipzig 1929/30, Bd. 2, S. 304 ff., und Bergmann, C., S. 229 ff.

lichem Erfolg sei daher die Aktion schliesslich versandet und finanzpolitisch letztlich negativ ausgegangen. Mit anderen Worten: ein teuer erkaufter Augenblicks- und Teilerfolg wurde aus Kurzsichtigkeit nicht, wie der Reichsfinanzminister es geplant hatte, zum Ausgangspunkt einer durchgreifenden Reform gemacht. Damit verfehlte die Aktion im Sinne ihres Initiators Hermes weitgehend ihren Zweck.

Am 18. April schlug die Aktion endgültig fehl. Hermes hatte es also nicht verstanden, sich den widerstrebenden Reichsstellen gegenüber mit seiner Politik durchzusetzen. Mit ihm scheiterte die ganze Reichsregierung Cuno am Finanzproblem. Die Kritik, im Juli 1923 auch vom Zentrum aufgegriffen (44), war der Grund für die im August erfolgende Demission des gesamten Kabinetts. Der Zentrumsabgeordnete Stegerwald kam am 20. August 1923 zu dem Urteil, das Kabinett Cuno habe zwar gewisse aussenpolitische Erfolge aufzuweisen - "im wesentlichen eine Fortsetzung der Wirthschen Politik" -, sehe aber finanz- und wirtschaftspolitisch ausschliesslich auf Misserfolge zurück (45).

Der Rückzug von Hermes aus der Politik, der mit dem Sturz der Regierung Cuno begann, entsprach der politischen Logik. Ob mit oder ohne eigenes Verschulden war Hermes nun einmal mit dem Odium des Finanzministers der Hochinflation belastet. Mit der Stabilisierung der Mark begann eine völlig neue wirtschaftliche und finanzielle Periode der Weimarer Republik, für die die Verantwortlichen der früheren Zeit nicht ohne weiteres verwendbar waren. Hermes war für Marx einfach aus diesem Grunde nicht kabinettsfähig. Die Besetzung des Reichsernährungsministeriums, für das Hermes in erster Linie in Frage gekommen wäre, stand nach 1923 - ausser während der kurzen Tätigkeit von Haslinde auf diesem Posten - während der Weimarer Republik für das Zentrum nicht mehr ernsthaft zur Debatte. Das politische Schicksal des Politikers Hermes steht ausserdem nicht isoliert da. Auch bei Wirth hat es bis zur Bildung der ersten Regierung Brüning gedauert, ehe er wieder ein Ministeramt übernahm.

Zum anderen kommt vielleicht ein persönliches Moment hinzu. Hermes war 1923 fünfundvierzig Jahre alt, finanziell nicht unabhängig und, wie er sich auszudrücken pflegte, ohne gesicherte "Profession". Berufspolitiker war nie sein Ziel gewesen; vielleicht fehlten ihm hierzu auch gewisse charakterliche Voraussetzungen. Nach dem Rücktritt der Regierung Cuno ging Hermes daran, sich eine beruflich gesicherte Existenz aufzubauen, die es ihm gegebenenfalls ermöglichen würde, finanziell unabhängig in der Politik die Ziele und Interessen zu vertreten, denen er sich verpflichtet fühlte.

Nach einer Studienreise durch die Vereinigten Staaten, deren Eindrücke in einer Artikelserie der Kölnischen Volkszeitung veröffentlicht wurden, begann Hermes 1924 auf Rat des Zentrums-Kollegen Marx als Mitglied des Preussischen Landtags die der parlamentarischen Praxis entsprechende Laufbahn nachzuholen, die ihm als Fachminister der Kabinette Müller, Fehrenbach, Wirth und Cuno gefehlt hatte. Neben dem Versuch, seine Rückkehr in die Politik vorzubereiten, begann Hermes in diesen Jahren, in verschiedenen Bereichen der deutschen Landwirtschaft Fuss zu fassen. 1926 wurde er in den Aufsichtsrat der Deutschen Raiffeisenbank gewählt. Noch im selben Jahr wurde er in den "Enquêteausschuss zur Untersuchung der Erzeugungs- und Absatzbedingungen der Deutschen Wirtschaft" berufen, deren landwirtschaftlichen Ausschuss er nach dem Ausscheiden Schieles als Vorsitzender übernahm. Auch an der Vorbereitung der Weltwirtschaftskonferenz in Genf (1927) war Hermes beteiligt.

(44) Morsey, 1917 - 1923, S. 512; Wentzcke II, S. 79.
(45) Vgl. Morsey, 1917 - 1923, S. 515, Anm. 28.

Der Höhepunkt des Hermesschen Einflusses auf Landwirtschaft und Politik lag in den letzten fünf Krisenjahren der Weimarer Republik.

In das Bewusstsein der breiteren Öffentlichkeit trat er erneut als Leiter der deutsch-polnischen Handelsvertragsverhandlungen, sodann durch die Machtposition, die er seit 1928 im landwirtschaftlichen Organisationswesen gewann - Thema dieser Untersuchung.

Hermes hat von 1927 - 1929 die deutsch-polnischen Handelsvertragsverhandlungen geleitet. Diese Verhandlungen sind nur ein Ausschnitt aus dem fast neunjährigen deutsch-polnischen Wirtschaftskrieg, der vom 15. Juni 1925 bis zum 7. März 1934 währte. Dieser wiederum ist der wichtigste Ausdruck für das gespannte deutsch-polnische Verhältnis in der Weimarer Republik. Die Wirtschaftsverhandlungen können daher nur auf dem Hintergrund der allgemeinen politischen Beziehungen der beiden Länder verstanden werden.

Das äusserst gespannte deutsch-polnische Verhältnis war im Versailler Vertrag teilweise vorläufig geregelt worden; nicht nur, was die Ostgrenze betraf, sondern in Teil X auch im Hinblick auf die wirtschaftlichen Folgen des Krieges. Die gesamte Gebietsregelung im Osten wurde einhellig von den Deutschen abgelehnt. Besondere Verbitterung rief die Regelung der Oberschlesienfrage in Deutschland hervor. Revision der Ostgrenze blieb erklärtes Ziel aller massgeblichen deutschen Politiker, vor allem auch Stresemanns. In den Kreis der von Wunschvorstellungen bestimmten Mittel zur Revision der deutschen Ostgrenze gehört der deutsch-polnische "Wirtschaftskrieg". (46) Auch hier muss man von den Bestimmungen des Versailler Vertrages ausgehen, und zwar von Teil X, § 264 - 269. Dort wurde Deutschland einseitig die Verpflichtung auferlegt, den Signatarstaaten, also auch Polen, bis zum 10. Januar 1925 die volle Meistbegünstigung zu gewähren. Das Jahr 1925 brachte einen Einschnitt im deutsch-polnischen Verhältnis. Denn die Versailler Meistbegünstigungsbestimmung lief am 10. Januar ab, etwa ein halbes Jahr später, am 15. Juni, endete die Genfer Oberschlesienregelung. Politisch und wirtschaftlich mussten Deutschland und Polen eine neue Einigung finden.

Das auf polnisches Drängen am 13. Januar 1925 zustande gekommene Provisorium, welches die Zeit bis zum Abschluss eines Handelsvertrages überbrücken sollte, wurde im Juni 1925 jedoch nicht von einer endgültigen Regelung der wirtschaftlichen Beziehungen, sondern vom deutsch-polnischen Wirtschaftskrieg (1925 - 1934) abgelöst. Während seiner Dauer wurden immer wieder Verhandlungen aufgenommen. Seit 1926 jedoch wandelte sich die Lage Polens politisch und wirtschaftlich grundlegend. Eine Analyse des Abschnitts seit 1926 kommt aus der Rückschau des Historikers zu dem Ergebnis, dass von nun an die Zeit gegen einen deutsch-polnischen Handelsvertrag arbeitete, wobei innerpolnische und weltwirtschaftliche Gründe zusammenkamen und sich gegenseitig steigerten. Nachdem die Verhandlungen schon mehrmals unterbrochen worden waren, kam es Anfang 1927 als Antwort auf eine polnische Provokation erstmals zum formellen Abbruch durch die neue deutsche Reichsregierung Wilh. Marx, in der sich der stärkere Einfluss deutschnationaler vertragsfeindlicher Mitglieder bemerkbar machte. Dennoch war klar, dass hiermit nicht das letzte Wort gesprochen war. Denn die Fertigwaren exportierende deutsche Industrie war am Zustandekommen eines Vertrages interessiert. Nach dem

(46) Puchert, Bertold: Der Wirtschaftskrieg des deutschen Imperialismus gegen die Polen 1925-1934. Deutsche Akademie für Wissenschaften zu Berlin, Schriften des Instituts für Geschichte 1, 17, Berlin 1963, S. 63.

Scheitern interparlamentarischer Verständigungsvorbereitungen infolge der Verschlechterung der staatlichen Beziehungen knüpfte der Reichsverband der deutschen Industrie privatwirtschaftliche Kontakte zur polnischen Industrie an.

Von diesen Versuchen getragen gelang es Stresemann im Herbst 1927, die wirtschaftlichen Verhandlungen wieder aufnehmen zu lassen. Um die Marschroute für künftige Verhandlungen festzulegen, musste man die divergierenden deutschen Wirtschaftsinteressen, die sich bis ins Kabinett hinein fortsetzten, auf einen Nenner bringen. In der Reichsregierung standen sich als Exponenten für die vertragsfeindliche Landwirtschaft der deutschnationale Schiele als Reichsernährungsminister - Schiele hat später massgeblich die Politik der Grünen Front zusammen mit Hermes bestimmt - und für die den Vertrag fördernde, vor allem die Fertigwaren exportierende Industrie der Reichsaussenminister Stresemann und der Reichswirtschaftsminister Curtius gegenüber. Ergebnis der Uneinigkeit deutscherseits war eine Hinhaltetaktik den Polen gegenüber, die ihrerseits eine Verordnung über Zollerhöhungen als Druckmittel einsetzten. Ende November 1927 war ein weiterer Aufschub nicht möglich. Stresemann und Jackowski, Direktor des Politischen Departements im polnischen Aussenministerium, einigten sich am 23. November 1927 im sogenannten Berliner Protokoll auf einen zeitweiligen modus vivendi als erstes Verhandlungsziel, da ein "umfassender und endgültiger Handelsvertrag nicht sofort möglich (sei) und dass demzufolge die gegenwärtigen Abmachungen sich auf diejenigen Gebiete beschränken müssen, über die eine Einigung schnell zu erzielen ist." (47) Verhandlungsort sollte normalerweise Warschau sein, die Delegationsleiter sollten gewechselt und die Delegation selbst möglichst klein gehalten werden. Deutscherseits wurde Hermes zum Delegationsleiter ernannt. Diejenigen, die seine Ernennung befürworteten, argumentierten mit dem Ansehen und Vertrauen, das ihm von der deutschen Landwirtschaft entgegengebracht werde. Angesichts der Bedeutung landwirtschaftlicher Probleme beim Polenvertrag musste es angebracht erscheinen, die Landwirtschaft, von der die grössten Schwierigkeiten zu erwarten waren, selbst mit dem Aushandeln des Kompromisses zu beauftragen. Gerade weil man sich kabinettsintern über die eigenen materiellen Vorstellungen noch nicht geeinigt hatte, wollte man wenigstens durch eine landwirtschaftsfreundliche Geste der Regierung Misstrauen ausräumen. (48)

Zweierlei ist an der Entscheidung für Hermes zu beachten: Seine Ernennung wurde ausdrücklich mit seinem Ansehen in der deutschen Landwirtschaft begründet. Ob sich das Kabinett darüber im klaren war, dass mit der personellen zugleich eine sachliche Entscheidung getroffen wurde, geht aus dem Protokoll der Kabinettssitzung nicht hervor, ist aber zumindest bei Schiele als sicher anzunehmen. Mit der Ernennung von Hermes fielen gleichzeitig die Würfel über die Richtung des Verhandlungsverlaufs und weitgehend dessen materielles Ergebnis. Ferner ist wichtig, dass Hermes gegen den Widerstand des federführenden Reichsressorts, das Auswärtige Amt, und dessen Chef, Reichsaussenminister Stresemann, der die Vorbereitungen und die massgebenden Richtlinien der Verhandlungsführung festgelegt hatte, durchgesetzt wurde. Auch der deutsche Gesandte in Warschau, Ulrich Rauscher, mit dem Hermes würde zusammenarbeiten müssen, hatte einen anderen Delegationsleiter gewünscht. Hieraus ergaben sich, wie nicht anders zu erwarten, bald Schwierigkeiten.

(47) AA, Delegationen, Dtsch. Delegation A, Verhandlungen, Allgemeines und DZA, AA Nr. 65597 Bd. 4, Bl. 155-157.
(48) AA, Direktoren: Handakten, Ha. Pol. Ritter, Polen Bd. 6, Bl. 29.

Eine zusammenfassende Beurteilung der fast zweijährigen Verhandlungsführung durch Hermes kommt zu dem Schluss: Als Hermes im September 1929 von seinem Posten als Delegationsleiter zurücktrat, konnte er kein Ergebnis vorweisen. Der negative Eindruck, den diese Feststellung hervorruft, wird relativiert, wenn man diesen Verhandlungsabschnitt in den grösseren Rahmen des neunjährigen deutsch-polnischen Wirtschaftskrieges hineinstellt. Vor Hermes war schon über zwei Jahre mit wiederholten Unterbrechungen ergebnislos verhandelt worden. Nach Hermes wurde zwar von dem ausgesprochen polen- und vertragsfreundlichen Sozialdemokraten Rauscher schon bald ein deutsch-polnisches Wirtschaftsabkommen unterzeichnet, dieses erlangte aber aus verschiedenen Gründen nie praktische Bedeutung. Es wurde deutscherseits nie, von den Polen erst nach einem Jahr ratifiziert. Innerstaatliche polnische und deutsche Verhältnisse, aber auch weltwirtschaftliche Gründe führten dazu, dass der Vertrag bei seinem Abschluss praktisch schon überholt war und in der folgenden Zeit, wenn auch nicht dem Buchstaben, so doch seiner Intention nach von beiden Seiten umgangen wurde.

Schon die Verhandlungen vor Hermes hatten gezeigt, dass angesichts der deutsch-polnischen Gegensätze ein umfassender Vertrag, der sowohl die wirtschaftlichen als auch die politischen Probleme gelöst hätte, nicht erreicht werden konnte. In den Vorbereitungen des Jahres 1927 war es Stresemann gelungen, daraus die praktischen Konsequenzen zu ziehen. Er erreichte, dass man die wirtschaftlichen und die politischen Fragen trennte (Gespräche Stresemanns mit Zaleski) und nach Übereinkommen im politischen Bereich (Rauscher-Lipski Abkommen) den Umriss für einen kleinen Handelsvertrag (Berliner Protokoll) festlegte. Die Ausweitung, die die Verhandlungen schon kurz nach ihrem Beginn unter Hermes im Warschauer Protokoll erfuhren, war, wenn man das einzig Mögliche, kleine Teilergebnisse auf dem Weg zum umfassenderen Ziel, verfolgte, ein Rückschritt. Wollte man jedoch, wofür im Fall von Hermes vieles spricht, den Abschluss eines Vertrages hinauszögern, so war die erneute Ausweitung des zu verhandelnden Themenkreises ein geschickter Zug.

Hermes war und wurde im Laufe der zweijährigen Verhandlungsdauer immer ausgesprochener Sachwalter landwirtschaftlicher Interessen. Als solcher propagierte er in der Grünen Front und in der "Agrarschlacht" im Sommer 1929 im Reichstag ein Denken, das von Schutzzollforderungen und Autarkiebestrebungen bestimmt war und dem Gedanken eines liberalen internationalen Warenaustausches auf dem Agrarsektor wenn nicht ablehnend, so doch zumindest skeptisch-reserviert gegenüber stand. Kein Wunder, dass die Kreise, die mit Polen einen geregelten Handel wünschten, in ihm den falschen Delegationsleiter sahen. Zu dieser Grundeinstellung kam als weiteres Hindernis hinzu, dass Polen agrarwirtschaftlich auf denselben Gebieten Überschüsse produzierte wie sein Nachbarland, so dass Deutschland und Polen landwirtschaftlich in einem ausgesprochenen Konkurrenzverhältnis zueinander standen. Hier erhebt sich die Frage, ob es geschickt war, ausgerechnet einen Vertreter der Landwirtschaft zum Führer der Verhandlungen zu bestellen. Die internen Spannungen auf der deutschen Seite, die schliesslich zum Bruch führten, entzündeten sich zwar an der Person von Hermes, und sicherlich haben auch rein persönlich bedingte Unvereinbarkeiten, wie das gespannte Verhältnis zwischen Hermes und Rauscher, das in den Gegensätzlichkeiten der Charaktere immer neue Nahrung fand, die notwendige Zusammenarbeit erschwert. Wichtiger aber scheint, dass den persönlichen Gegensätzen ein prinzipieller, unausgetragener wirtschaftlicher Interessenkonflikt zugrunde lag. Wollte man einen Handelsvertrag, der immer nur auf einem Kompromiss beruhen konnte, so hätte man besser entweder vor Beginn der Verhandlungen einen internen deutschen Ausgleich herbeigeführt oder aber als Verhandlungsleiter einen beamteten Diplomaten mit der Aushandlung des doppelten Kompromisses beauftragt. Stattdessen tat die Reichsregierung mit der Ernennung eines Interessenvertreters das denkbar Ungeschickteste: Sie institutionalisierte den Interessenkonflikt, so dass sich von nun an bei den Verhandlungen das federführende Auswärtige Amt mit seinem Gesandten in Warschau und ein entgegengesetzt orientierter Delegationsleiter gegenüberstanden. Der Einwand, Hermes sei erst nach 1927 zum Sprecher der Landwirtschaft geworden, trifft insofern nicht, als sein Rücktrittsangebot nach seiner Ernennung zum Präsidenten der Vereinigung der deutschen Bauernvereine nicht angenommen wurde. Allerdings war Hermes kein radikaler Landwirtschaftssprecher. Aber obwohl innerhalb der Landwirtschaft durchaus als gemässigt demokratisch und republikanisch zu bezeichnen und zu gewissen agrarpolitischen Konzessionen bereit, zeigt doch z. B. der Konflikt Industrie - Landwirtschaft im November 1928, wie eng der Rahmen war, innerhalb dessen er sich bewegen konnte. Die Schärfe dieses Konfliktes verkannte Hermes.

Als Präsident der Vereinigung der deutschen Bauernvereine musste er immer auf die konkurrierende, radikalere Organisation des Reichslandbundes Rücksicht nehmen, wodurch er gerade auch in seiner Konzessionsmöglichkeit eingeengt wurde.

Die Frage der Einfuhr von Schweinen aus Polen, an der der Interessenkonflikt sich konkretisierte, hatte neben der rein wirtschaftlichen auch eine, gerade von den landwirtschaftlichen Vertragsgegnern immer wieder ins Feld geführte politische Seite. Man argumentierte von dieser Seite mit dem nationalpolitischen Einwand, im Hinblick auf die notwendige Revision der deutschen Ostgrenze komme es darauf an, ein Bollwerk gegenüber Polen zu errichten. Daher müsse man das dort ansässige Bauerntum unterstützen, was eine die Existenz dieser Bauern gefährdende Einfuhr von Schweinen aus Polen verbiete. Hermes, der ein stark ausgeprägtes Nationalbewusstsein besass - man denke an seine Haltung im Ruhrkampf und an seine Stellungnahme 1945 zur Frage der deutschen Wiedervereinigung (49) -, Hermes konnte dies Argument gerade auch im Hinblick auf die Stimmung in der Landwirtschaft bei den Polenverhandlungen nicht übergehen und wollte es zweifellos auch nicht (50). Von den für ihn verpflichtenden Prämissen her hat Hermes die zwei Jahre lang zweifellos geschickt taktiert und sich formell nie ins Unrecht gesetzt, was es für seine Gegner so schwierig machte, ihn zu Fall zu bringen.

Faktisch konnte auch sein Gegner und Nachfolger Rauscher den deutschpolnischen Wirtschaftskrieg nicht beenden. Allerdings war die Ausgangsposition Rauschers Ende 1929 schlechter als die seines Vorgängers. Wie weit die Hermessche Taktik schuld war an der Verschlechterung der Situation seit 1927 und wie weit diese unabhängig von Hermes auf die wirtschaftliche Entwicklung zurückzuführen ist, muss ebenso unbeantwortet bleiben wie die Frage, ob Rauscher 1927 schneller ein Ergebnis erzielt hätte als Hermes - eine Annahme, die allerdings nicht unbegründet ist.

Erst nach der grundlegenden innenpolitischen Änderung der Verhältnisse in Deutschland nach der Machtergreifung durch die Nationalsozialisten kam es unter gewandelten politischen, genauer gesagt unter dem Primat aussenpolitischer Zielsetzungen zur Beendigung des deutsch-polnischen Wirtschaftsstreits.

(49) S. u.
(50) Vgl. seine Reaktion auf den Rauscherschen Vertragsabschluss im März 1930.

Hauptteil

Einleitung
Die Lage der Landwirtschaft in der Weimarer Republik

Einer eingehenden Untersuchung der Agrarpolitik der letzten Jahre von Weimar und der Rolle, die Hermes in ihr gespielt hat, soll zum besseren Verständnis ein kurzer Überblick über die Entwicklung der Landwirtschaft seit Kriegsende vorausgeschickt werden.

Eine grundsätzliche Vorbemerkung zur Bedeutung einer historischen Untersuchung der Agrarpolitik für Aufschlüsse über das Ende der Weimarer Republik sei vorangestellt. Die Agrarpolitik war neben der Arbeitsbeschaffungspolitik einer der Schwerpunkte der Wirtschaftspolitik während der Krise. "Politische Entscheidungen wurden mehr und mehr von der wirtschaftlichen Krisensituation beeinflusst. Wirtschaftspolitik wurde in jenen Jahren zu einer immer zentraleren Aufgabe der Regierungen." (1)

Wie unter aussen- und innenpolitischem Gesichtspunkt - z. B. im Hinblick auf die Parteienentwicklung - lässt sich auch unter auf die Landwirtschaft konzentrierter Fragestellung eine Periodisierung in drei Abschnitte vornehmen. Auf die 1923 mit der Währungsstabilisierung abgeschlossene Nachkriegszeit folgte die des Wiederaufbaus, die schon 1928/29 von der nun einsetzenden Wirtschaftskrise beendet wurde.

Die in der ersten Phase am deutlichsten spürbaren Folgen des Weltkrieges bestanden für die Landwirtschaft in Folgendem:

Die Gebietsabtretungen des Friedensvertrages betrafen insgesamt Gebiete, "die weniger dicht bevölkert, weniger industrialisiert waren als die Restfläche und wichtiger für die Versorgung mit land- und forstwirtschaftlichen Erzeugnissen. Deutschland verlor durch die Abtretungen 11% seiner Waldfläche, 20% seiner reichen Wiesen, 24% seiner Weinberge, 15,6% des Ackerlandes, und zwar von den Anbauflächen für Brotgetreide 17%, Futtergetreide 13,3%, Zuckerrüben 13,9% und Kartoffeln 18,2%. Auch die Viehbestände sanken im Verhältnis zur Volkszahl." (2)

Die schon vor 1914 bestehende Verschuldung der Landwirtschaft war durch die Finanzierung des Krieges durch Anleihen, wie die deutsche Reichsregierung sie in der Hoffnung auf einen schnellen Sieg anders als die englische Regierung vorgenommen hatte, stark erhöht worden und bedeutete eine Belastung für lange Zeit.

Raubbau an Boden und Produktionsmitteln hatte im Kriege eine Substanzvernichtung herbeigeführt, "die einen längeren Regenerationsprozess zur Besserung des ausgelaugten Bodens und zum Wiederaufbau der Viehbestände erfordert hätte." (3)

(1) Petzina, Dieter: Hauptprobleme der deutschen Wirtschaftspolitik 1932-33, VjHZG 15. Jg. 1967, Heft 1, S. 18.
(2) Sering, Max: Deutsche Agrarpolitik auf geschichtlicher und landeskundlicher Grundlage, Leipzig 1934, S. 70.
(3) Gies, Horst: R. Walther Darré und die nationalsozialistische Bauernpolitik in den Jahren 1930 bis 1933, phil. Diss. Frankfurt 1966, S. 10.

Um einigermassen mit den Nachkriegsschwierigkeiten fertig zu werden und um wenigstens eine etwas günstigere Wettbewerbsposition zu erringen, nahm die Landwirtschaft neue Kredite auf, die allerdings die Verschuldung noch steigerten.

Zu den aktuellen Aufgaben der Agrarpolitik, mit denen es Hermes als Ernährungsminister zu tun gehabt hatte, gehört in den ersten Weimarer Jahren neben der Wiederankurbelung der Produktion deren Verteilung und damit der Abbau der aus dem Kriege stammenden Zwangswirtschaft. Denn prinzipiell hielt man an der liberalen Marktwirtschaft fest, was staatliche Eingriffe in einer Übergangs- und Notzeit nicht ausschloss. So wurden auch die kurz nach Kriegsausbruch aufgehobenen landwirtschaftlichen Zölle in der Nachkriegszeit nicht wieder eingeführt.

Damit trat die deutsche Landwirtschaft in die Konkurrenz auf dem Weltmarkt, wo sich seit dem Krieg bedeutende Strukturwandlungen vollzogen hatten. Rivalisierende Nationalwirtschaften hatten die arbeitsteilige Weltwirtschaft abgelöst. Auch die Weltproduktion hatte sich in entscheidenden Zügen geändert. Die Fortschritte in der Rohstoffproduktion hatten höhere Erträge bei Brot- und Futtergetreide erbracht. Kanada und Australien, die unter weitaus günstigeren Bedingungen als Deutschland produzierten, traten mit grossen Weizen- und Maisangeboten auf den europäischen Markt und stellten eine erhebliche Konkurrenz für Deutschland dar, zumal der Vermehrung des Angebots auf der Nachfrageseite eine Verarmung der Haupteinfuhrländer gegenüber stand, was den Wettbewerbsdruck der Überseegebiete notwendig verstärken musste.

Aber auch in der internationalen Viehproduktion hatte sich einiges geändert. Zu höheren Erträgen infolge besserer Züchtungen traten Transportverbesserungen. Moderne Kühlschiffe brachten Fleisch- und Butter aus Übersee. England deckte seinen Bedarf aus Importen aus seinen Kolonien, worauf vor allem Dänemark und Argentinien sich dem europäischen Kontinent als Absatzmarkt zuwandten, was den Druck auf den inländischen Absatz von Viehzuchtprodukten in Deutschland verstärkte.

Insgesamt kann man sagen, dass alle Betriebszweige der deutschen Landwirtschaft, verglichen mit der Vorkriegszeit, unter ungünstigeren inländischen und ausländischen Einflüssen produzierten.

Die früh einsetzende Inflation aber wirkte sich für die Landwirtschaft günstig aus. Durch sie wurde sie weitgehend von den Hypothekenschulden befreit, die sich nach dem Krieg durch Kreditaufnahmen und Neuinvestitionen gegenüber dem Krieg noch vergrössert hatten. "Die Befestigung der Währung im November 1923 beendete diese für die Landwirtschaft günstige Anlaufperiode mit einem Schlage. Kredite, die bisher fast mit ihrem ganzen Betrag Geschenke der Allgemeinheit gewesen waren, mussten nun zu nie dagewesenen Sätzen verzinst werden; dazu kamen Steuern und Lasten im dreifachen Betrage der Vorkriegsabgaben." (4) Gerade die Stabilisierung also - gefolgt vom Dawes-Plan -, die die eigentlichen "goldenen Zwanziger Jahre" einleitete, brachte der Landwirtschaft schwere Belastungen für die Zukunft. Denn der Zeitpunkt der Einführung der Rentenmark war für die Landwirtschaft ungünstig. Während sie für die Ernte in schlechter Währung bezahlt worden war, musste sie selbst für ihre Einkäufe im Winter, für Löhne, Steuern und Sozialabgaben, die insgesamt erheblich gegenüber der Vorkriegszeit gestiegen waren, in Goldwährung zahlen. Doppelt belastet war in dieser Situation der ostdeutsche Grossbetrieb; einmal durch die vor allem ihn treffende hohe unproduktive Belastung durch

(4) Sering, Max: Deutsche Agrarpolitik, S. 128.

Löhne, Sozialabgaben und Steuern, sodann durch die überseeische Konkurrenz in der Getreideproduktion. Um aus dem Engpass herauszukommen, mussten aber auch bäuerliche Betriebe Kredite aufnehmen, die also nur in den seltensten Fällen in produktiven Investitionen angelegt werden konnten.

Mit der Annahme des Dawes-Plans ergoss sich ein Strom von Anleihen über Deutschland. Er rief eine Investierungspsychose hervor. Fehlende kaufmännische Schulung der Landwirte führte dazu, dass in diesem Wirtschaftszweig eine hektische Spekulations- und Risikowirtschaft einsetzte. So kam es trotz erheblicher Produktionssteigerung und steigender Agrarpreise schon bald zur Neuverschuldung. "In dem kurzen Zeitraum von 15 Jahren hat die Landwirtschaft den Weg zurückgelegt von einer hohen Vorkriegsverschuldung von etwa 17,5 Mrd. zur fast völligen Schuldenfreiheit am Ende der Inflation bis zu einem neuen Schuldenstand von rund 12 Mrd. am Ende des Jahres 1931" (5). Besonders gefährlich war diese Lage, da sich die Art der Verschuldung gegenüber der Vorkriegszeit gewandelt hatte:"... während vor dem Kriege etwa 75% der Gesamtverschuldung auf den Realkredit entfielen, sind es jetzt nur 62-63%. Der stärkere Anteil des hochverzinslichen Personalkredits macht die Nachkriegsverschuldung besonders drückend." (6) Gefährlich ausserdem, dass es sich meist um kurzfristige Kredite handelte. Berücksichtigt man, in welch kurzer Zeit diese Verschuldung, in der eine ungeheure Vermögensumschichtung beschlossen lag, vor sich gegangen war, so kann man ermessen, wie gross die Instabilität der gesellschaftlichen Verhältnisse in diesen Jahren war. (7)

Zwei weitere grosse Schwierigkeiten der deutschen Landwirtschaft darf man daneben nicht vergessen: das sog. Preisspannenproblem und die ungünstige Kostenrelation. Beide trugen dazu bei, den Kampf um die Rentabilität zu erschweren. Die ausserordentlich weite Spanne zwischen den Preisen, die der Landwirt ab Hof erhielt, und den Preisen, welche der letzte Verbraucher zu zahlen hatte, entstanden durch den Transport, durch Weiterverarbeitung und den Zwischenhandel. Transportprobleme belasteten vor allem die ostdeutschen Roggenüberschussgebiete, seitdem der polnische Korridor und der überwiegende Teil der ehemaligen Provinzen Posen und Westpreussen herausgetrennt waren. Seitdem waren die Verkehrsbeziehungen zwischen Osten und Westen bedeutend schlechter, was man mit Hilfe des Einfuhrscheinsystems in seinen wirtschaftlichen Folgen auszugleichen suchte. Allgemein von Bedeutung für die Landwirtschaft waren die Änderung der Konsumgewohnheiten und die trotz gesunkener Nachfrage gestiegenen Anforderungen an Qualitätsware. Sie waren der Grund, weshalb der Zwischenhandel an Bedeutung gewonnen hatte. Die Landwirtschaft versuchte, sich der veränderten Situation durch genossenschaftliche Selbsthilfe anzupassen: durch Marktbeobachtung, Standardisierung, Qualitätssteigerung und Absatzfinanzierung.

Konnte hier wenigstens teilweise durch Selbsthilfe etwas erreicht werden, so stand die Landwirtschaft dem Problem der ungünstigen Kostenrelation weitgehend machtlos gegenüber. Die landwirtschaftlichen Produktionsmittel hatten das Vorkriegsniveau gehalten, teilweise sogar überschritten, was einmal in der weltweiten Erscheinung der Preisentwicklung industrieller Fertigwaren und zum anderen in der Vertrustung der für die

(5) Sering, Dtsch. Agrarpolitik, S. 113.
(6) Ibid.
(7) Vgl. Ausschuss zur Untersuchung der Erzeugungs- und Absatzbedingungen der deutschen Wirtschaft (Enquête-Ausschuss). Verhandlungen und Berichte des Unterausschusses für Landwirtschaft. Bd. 12, Bln. 1931.

Landwirtschaft wichtigsten Produktionsmittelindustrien (Düngerindustrie, Eisen- und Kohlenproduktion, elektrische Stromlieferung, Baustoffindustrie, etc.) lag. (8)

Insgesamt muss man feststellen, dass eine in ihrer Rentabilität erheblich gefährdete Landwirtschaft zuerst von der Wirtschaftskrise getroffen wurde. Mit welchen Mitteln man der wirtschaftlichen Notlage Herr zu werden versuchte - wobei sich staatliche Massnahmen und Forderungen der Landwirtschaft nur graduell, nicht aber prinzipiell unterschieden -, das ist bezeichnend für den Wandel der Auffassung verglichen mit den Nachkriegsjahren. Gegen den Rat führender Agrarwissenschaftler war als Antwort auf den Zusammenstoss der Landwirtschaft mit den Spielregeln eines liberalen Marktsystems, auf den man nicht vorbereitet war, das alte Schutzzollsystem wieder eingeführt worden. (9) Darin zeigt sich deutlich die Entwicklung von einem prinzipiellen Festhalten an der freien Marktwirtschaft zu dessen Diskreditierung, eine Entwicklung, die sich in den kommenden Jahren, nicht nur in Deutschland, verstärkte und die - was in den einzelnen Etappen noch genauer dargestellt werden wird - in Deutschland ungewollt den allmählichen Übergang in die staatliche Planwirtschaft des Nationalsozialismus vorbereitete -dann allerdings einen anderen ideologischen und politischen Stellenwert erhielt.

Organisationsprobleme in der Landwirtschaft

Der Streit um die Frage, wie die Landwirtschaft organisiert sein müsse, um am wirkungsvollsten ihre Interessen innerhalb einer sich industrialisierenden Gesellschaft vertreten zu können, hatte seit der Zeit vor dem Ersten Weltkrieg zu immer neuen Auseinandersetzungen geführt. Verschärft durch die gewachsene Konkurrenz aus Übersee wurde das Problem seit dem Beginn der Wirtschaftskrise aktualisiert. Die auf die Dauer die ganze Welt und alle Wirtschaftszweige ergreifende totale Krise erfasste in Deutschland vor Industrie und Handel zuerst die Landwirtschaft. In ihr setzten die ersten Protestkundgebungen, Demonstrationen und radikalen Entwicklungen, z. B. die Landvolkbewegung in Schleswig-Holstein ein. Auf diesem Hintergrund allein ist die Unruhe unter den landwirtschaftlichen wirtschaftspolitischen und genossenschaftlichen Organisationen zu verstehen. Überall tauchte in der Landwirtschaft der Wunsch auf, durch Vereinheitlichung oder, wie das Schlagwort dieser Jahre hiess, durch Rationalisierung, dem Organisationswirrwarr zu begegnen und in grösseren Verbänden leistungs- und konkurrenzfähiger und krisensicherer zu werden, dabei Einheitstendenzen zum freiwilligen Zusammenschluss aktivierend, um staatlichen und Zwangswirtschaftsmassnahmen (Kriegserlebnisse) wirksam organisiert zuvorkommen zu können.

In einem Zeitungsartikel vom 12. März 1929 hiess es: "Jedenfalls wünscht die Landwirtschaft selbst zweifellos die Einheitsorganisation sowohl in wirtschaftspolitischer wie auch in genossenschaftlicher Beziehung, d. h. sie erstrebt das Zusammenwerfen der verschiedenen Gruppen und Richtungen, also das Aufgehen der Landbünde, der Bauernvereine und der Bauernschaften oder Bauernbünde in einer einzigen berufsständischen Interessenvertretung sowie die Zusammenfassung aller genossenschaftlichen Verbände zu einem einzigen Spitzenverband." (10)

Hermes hat an der Lösung beider Aufgaben ganz entscheidend mitge-

(8) S. u. Kapital II 3, c.
(9) Nach Gies, Diss. S. 31.
(10) Deutsche Führerbriefe; in DZA, Dtsch. Reichsbank 2045.

wirkt. Im ersten Fall vollzog sich die Auseinandersetzung auf zwei Ebenen, die personell und kausal zusammenhingen: organisationsintern innerhalb der Vereinigung - von mir exemplarisch am Beispiel des Rheinlands und Schleswig-Holsteins dargestellt- und auf Reichsebene durch die Gründung der Grünen Front.

Bei der Genossenschaftsrationalisierung hat Hermes sowohl bei der Formulierung der gesetzlichen Grundlagen im Reichstag mitgewirkt (Reichsrichtlinien) als auch bei der folgenden praktischen Durchführung als Präsident der Vereinigung auf unterer und mittlerer und als Präsident des neuen Einheitsverbandes auf Reichsebene.

1. Hermes als Präsident der Vereinigung der deutschen (christlichen) Bauernvereine, ein Beitrag zur Geschichte des landwirtschaftlichen Organisationswesens in der ausgehenden Weimarer Republik (1928 - 1933)

a) Die Stellung der Vereinigung der deutschen (christlichen) Bauernvereine im landwirtschaftlichen Organisationswesen

Die Bedeutung von Hermes für die deutsche Landwirtschaft während der letzten fünf Jahre der Weimarer Republik ist nur verständlich, wenn man seine Rolle als Präsident der Vereinigung der deutschen (christlichen) Bauernvereine voll würdigt. Dies wiederum ist nur möglich, wenn man die Position der Vereinigung innerhalb des landwirtschaftlichen Organisationswesens und ihre Geschichte bis zur Präsidentschaftsübernahme durch Hermes kennt.

Das landwirtschaftliche Organisationswesen

Drei prinzipiell zu unterscheidende, wenn auch personell vielfach verbundene Säulen tragen die Landwirtschaft der Weimarer Republik (1):
  erstens die staatlich sanktionierte, auf gesetzlicher Grundlage beruhende Berufsvertretung der provinziell gegliederten Landwirtschaftskammern, im Deutschen Landwirtschaftsrat zentral zusammengefasst;
  diese Institutionen lassen sich mit den Handwerks- und den Industrie- und Handelskammern vergleichen (2);
  zweitens das landwirtschaftliche Genossenschaftswesen (3), vergleichbar den Arbeiter-Konsumvereinen, allerdings mit anderen spezifischen Aufgaben; und
  drittens die wirtschaftspolitischen berufsständischen Organisationen. Es handelt sich bei ihnen um berufsständische landwirtschaftliche Vertretungen wirtschaftlicher Gesamtinteressen gegenüber den gesetzgeben-

(1) Die Formulierung und der folgende Vergleich lassen das Problem unberührt, dass der Deutsche Landwirtschaftsrat eine freie Vereinigung der Landwirtschaftskammern war. Trotz dieser Unterschiede der gesetzlichen Grundlage lassen sich die Landwirtschafts- und die Industrie- und Handelskammern vergleichen.
(2) Die in der Reichsverfassung ursprünglich vorgesehene entsprechende Berufsvertretung der Arbeiterschaft wurde auf dieser Ebene nie aufgebaut. Es kam dort nur "unten" zu den Arbeiter- und Angestelltenräten und "oben" im Provisorium des Reichswirtschaftsrats zu einem Anfang, während das Mittelstück, die grössere Bezirke umfassende Arbeiterkammer nie geschaffen wurde.
(3) Wird an anderer Stelle im folgenden Kapitel behandelt.

den und den Verwaltungsstellen des Staates. Man kann diese auf freiwilliger beitragspflichtiger Mitgliedschaft beruhenden Organisationen mit den Gewerkschaften der Arbeiterschaft vergleichen. Drei grosse Richtungen lassen sich - von einigen bedeutungslosen Splittergruppen abgesehen - unterscheiden.

Da ist erstens der grösste wirtschaftspolitische Verband der deutschen Landwirtschaft, der Reichslandbund. Der Grösse und dem Einfluss nach, aber auch nur in dieser Hinsicht, könnte man ihn mit den sozialistischen Gewerkschaften vergleichen. Am 1. Januar 1921 aus der Verschmelzung von Deutschem Landbund (gegründet 1919) und Bund der Landwirte (gegründet 1893) entstanden, wird seine Mitgliederzahl im Organisationsbuch des Bundes für den hier behandelten Zeitraum mit 1,7 Millionen angegeben. Vorherrschend in Nord-, Mittel- und Ostdeutschland, vertrat er vor allem den grösseren Grundbesitz und bestand fast ausschliesslich aus evangelischen Mitgliedern. Obgleich offiziell parteipolitisch nicht gebunden, galt er doch mit Recht als Hauptstütze der Konservativen und hatte enge Kontakte zur Deutschnationalen Volkspartei, als deren verlängerter Arm er sich häufig parteipolitisch engagierte.

An zweiter Stelle folgte mit 560 000 Mitgliedern - ebenfalls nach dem Organisationsbuch des Reichslandbundes - die Vereinigung der deutschen (christlichen) Bauernvereine, die hauptsächlich den kleineren und mittleren Besitz in Süd- und Westdeutschland vertrat (4). Obwohl ihrem Programm nach konfessionell und parteipolitisch neutral, ergab sich schon aus ihrer Konzentrierung in katholischen Gebieten eine ausgesprochen katholische Orientierung. So spielte z.B. unter den Bauernvereinsführern die katholische Geistlichkeit bis etwa zum Ende des ersten Weltkrieges eine grosse Rolle. Daraus ergab sich ein enges Zusammengehen mit dem Zentrum bzw. mit der Bayerischen Volkspartei. Sucht man eine vergleichbare Arbeiterorganisation, so muss man die christlichen Gewerkschaften nennen.

Schliesslich ist noch die von Heinrich Lübke, dem späteren Bundespräsidenten, geleitete Deutsche Bauernschaft, deren Mitgliederzahl mit 60 000 angegeben wird, zu erwähnen. Erst 1927 aus dem Zusammenschluss dreier Verbände entstanden - dem Reichsverband landwirtschaftlicher Klein- und Mittelbetriebe, dem Deutschen Bauernbund und dem Bayerischen Bauernbund - handelt es sich hier im wesentlichen um die den liberalen Parteien nahestehenden Kleinbauern, weshalb man unter der Arbeiterschaft auf die Hirsch-Dunckerschen Gewerkvereine verweisen könnte.

b) Die Geschichte der Vereinigung der deutschen (christlichen) Bauernvereine

Die Anfänge sowohl des landwirtschaftlichen Organisationswesens als auch der ländlichen Genossenschaften liegen in der Mitte des 19. Jahrhunderts. Das war kein Zufall, sondern war in einer besonderen wirtschaftlichen und sozialen Notlage der deutschen Landwirtschaft begründet. Durch die Bauernbefreiung in den ersten Jahrzehnten des vorigen Jahrhunderts war der Bauer persönlich und wirtschaftlich unabhängig geworden, gleichzeitig aber auch auf sich gestellt und ohne den Schutz des Grundherrn. Da die Bauernbefreiung aber nur ein Teil einer umfassenden Revolution war,"welche

(4) Warum dies so war, wird sich aus der Schilderung der historischen Entwicklung ergeben. Vgl. zu den Angaben Gies, H.: NSDAP und Agrarverbände vor 1933. In: VjHZG, 15. Jg. 1967, Heft 4, S. 355, Anm. 64.

die feudal bestimmte ständische Gesellschaft in eine vorwiegend industriebürgerlich und -proletarisch bestimmte Gesellschaft der grossen Menschenmengen überführte" (5), sah sich das Bauerntum um die Jahrhundertmitte, verschärft durch Missernten und Hungersnot, neben akuten wirtschaftlichen Aufgaben auch vor soziale und politische Probleme gestellt, welche vom einzelnen Bauern nicht gelöst werden konnten. Da versuchten etwa zur gleichen Zeit Raiffeisen und Burghard Freiherr von Schorlemer-Alst aus christlicher Gesinnung eine Antwort zu geben.

1862 wurde vom Freiherrn von Schorlemer der Westfälische Bauernverein gegründet, die "Wiege der christlichen Bauernvereinsbewegung", wie Hermes mit Recht sagte (6). Nach Hermes ging es darum, in einer dem Bauerntum geistig, wirtschaftlich, sozial und politisch gefährlichen Umbruchszeit Wege "zur Stärkung des in der Bauernbefreiung eben erst wieder wach gewordenen bäuerlichen Standesbewusstseins" (7) zu finden.

"Die Gründung des Westfälischen Bauernvereins fiel in die Zeit der beginnenden Auseinandersetzungen zwischen Kapital und Arbeit, zwischen Arbeitgebern und Arbeitnehmern, zwischen Besitzenden und Besitzlosen. Darin liegt die grosse sozialpolitische Bedeutung dieser Gründung, dass sie in einer Zeit der Zersplitterung Brücken zu schlagen suchte und gegenüber der Hervorhebung der Klassengegensätze hinwies auf die ständische Verbundenheit aller in der Landwirtschaft Tätigen und auf die organische Zusammengehörigkeit aller Glieder des Volkskörpers. Es war eine Auffassung, der man vielleicht in einer Zeit hochkapitalistischer Wirtschaft keine Daseinsberechtigung mehr zuerkennen will, die aber auf die Dauer nicht ungestraft vernachlässigt wird, jene Auffassung, dass im Mittelpunkt aller Bemühungen und Sorgen der lebendige Mensch zu stehen hat..." (8)

Es ist bezeichnend, dass Hermes 1932 ganz bewusst an den ständischen Gedanken der Schorlemerschen Konzeption anknüpfte.

"Die Auseinandersetzung(en) über eine berufsständische Ordnung der Gesellschaft, die heute wieder die Öffentlichkeit beschäftigen und als neu und modern hingestellt werden, sind in den Gründungsjahren der Bauernvereinsbewegung bereits eingehend geführt worden und haben in ihren Auswirkungen manches Gute geschaffen, manches Übel verhindert. In der Errichtung der Bauernvereine lag eine hohe staatspolitische Zielsetzung: durch den Schutz der Schwachen, durch die Pflege des Standesbewusstseins, durch den Ausgleich der Stände untereinander trug die Bauernvereinsbewegung dazu bei, im Staatsleben Ruhe, Sicherheit und Ordnung zu gewährleisten." (9)

Untrennbar mit dem Gedanken einer ständischen Gesellschaftsordnung verbunden war für Schorlemer die Verankerung im Christentum und die Zielsetzung auf einen christlichen Staat gewesen. Auch dies wurde bezeichnenderweise von Hermes wieder stärker aufgegriffen. Wie Raiffeisen ging es Schorlemer in erster Linie um die sittliche und geistige und

(5) Gebhardt, Bruno: Handbuch der Deutschen Geschichte, Bd. 3: Von der Französischen Revolution bis zum ersten Weltkrieg, Stuttgart 1960, S. 318.
(6) Rede anlässlich des 70jähr. Bestehens des Westf. Bauernvereins, in: Westf. Bauer, 63. Jg. 1932, Nr. 44, 2. XI. 1932; vgl. zum Folgenden auch die "Erläuterung zum Programm der deutschen christlichen Bauernvereine", Anlage zum Brief Kaysers an die Mitglieder der Programm-Kommission vom 31. X. 1931, in: SchAM.
(7) Hermes-Rede vom Oktober 1932, ibid., Vgl. Anm. 6.
(8) Ibid.
(9) Ibid.

fälischen Bauernvereins Schorlemers hervorgeht, war für diesen die Zugehörigkeit der Mitglieder zu einer christlichen Konfession Voraussetzung (10). Hermes hat die christliche Fundierung unter Berücksichtigung der gewandelten Zeit wieder aufgenommen (11). Interessant ist es festzustellen, welche Verbindung der christliche missionarische Gedanke Ende der Zwanziger Jahre mit dem Bewusstsein von einer Besonderheit des bäuerlichen Standes einging. Hermes sagte im Herbst 1928 auf der Generalversammlung des Westfälischen Bauernvereins:

"von Schorlemer-Alst stellte seinem Bauernverein die hohe Aufgabe, seine Mitglieder in sittlicher, intellektueller, sozialer und materieller Hinsicht zu heben, sie zu einem kräftigen, freien und unabhängigen Bauernstand zu vereinigen, der bestrebt ist, den bäuerlichen Grundbesitz zu erhalten, die Selbstständigkeit seiner Mitglieder zu schützen und ihren berechtigten Ansprüchen Geltung zu verschaffen.

Mit vollem Bewusstsein hat Schorlemer-Alst in seinem Programm die kulturelle Förderung des Bauernstandes an erster Stelle genannt vor der Vertretung der materiellen Interessen...

Wie der Bauernverein keine nackte Interessenvertretung ist, kein reiner Fachverein, so dürfen auch die Organe und Führer des Bauernstandes sich nicht in der Kleinarbeit und einseitiger Interessenvertretung allein verlieren. Das Kernstück der Mission, die heute den Bauernführern obliegt, besteht darin, dem ganzen Volke die eine grosse Überzeugung zu vermitteln, dass der Bauernstand der Erhalter und Ernährer des Staates und Volkes war, ist und bleiben wird. (Lebhafter Beifall.)

Der innere Wert der Bauernvereine ist so gross und stark, dass er in Zahlen allein nicht ausgedrückt werden kann. Wir haben es hier mit einer Bewegung zu tun, die die Kräfte und Lebenssäfte in tiefen Wurzeln aus dem Boden herausholt und sie zu einem Baume sich gestalten lässt, der alles überschattet, was sich rein egoistisch einstellt..." (12)

Nimmt man zu diesem Selbstverständnis die ideengeschichtliche Begründung der christlichen Bauernvereinsbewegung als Bollwerk gegen Rationalismus und Liberalismus hinzu, denen staats- und volkserhaltende irrationale Werte (13) entgegengesetzt werden, liest man ausserdem bei Hermes (14) seine Ausführungen über den Gegensatz von Stadt und Land -"es ist ein groteskes Bild, wenn der tote Asphalt glaubt, die frische, lebendige Erdscholle befruchten zu müssen"- und über die "Asphaltapostel" (15), so erkennt man, dass sogar bei den Bauernvereinen, die sich parteipo-

(10) Crone-Münzebrock, (Hrsg.): Die Organisation des deutschen Bauernstandes, Berlin, o. J. (1919), S. 11: Statut des Westf. Bauernvereins, § 4.1.
(11) Weiter unten ausführlich behandelt.
(12) Westf. Bauer, 59. Jg. 1928, 3. X. 1928.
(13) Hermes-Rede zum 70jähr. Jubiläum des Westfälischen Bauernvereins, Oktober 1932, in: Westf. Bauer, 63. Jg. 1932, Nr. 44, 2. XI. 1932.
(14) Rede vom September 1928, Westf. Bauer, 59. Jg. 1928, 3. X. 1928.
(15) Dr. Dr. F. Jacobs schrieb mir dazu am 30. I. 1970: "Diese Wendung ist angelehnt an die Phraseologie einer Schrift, die der Vereinigung von Dr. Richard Korherr (damals im Statistischen Reichsamt tätig) über eine Persönlichkeit ausserhalb der Bauernvereine zugeleitet war. Die Schrift sollte nach Korherrs Anregung von der Vereinigung veröffentlicht werden; sie wurde in einem der Ausschüsse der Vereinigung besprochen und von Pater von Nell-Breuning S. J. so zerpflückt, dass der Ausschuss von der Veröffentlichung abriet. Korherr war später führend bei den Nazis tätig... Die Schrift von Korherr war blutigste Blubo-Ideologie. Ich habe selten erlebt, dass ein Scriptum so zerfetzt wurde. Keiner in dem Ausschuss hätte danach noch einen Finger für K. gerührt."

litisch gegen Sozialdemokratie und Marxismus aussprachen, aber auch den radikalen Nationalismus ablehnten, eine gewisse Anfälligkeit für die nationalsozialistische Blut- und Bodenideologie bestand.

Nach diesem Vorgriff auf die dreissiger Jahre zurück zur Schorlemerschen Gründung. Nach Schwierigkeiten mit dem preussischen Staat konsolidierte sich der Westfälische Bauernverein und wurde zum Vorbild für viele andere Gründungen.

"Vom Westfälischen Bauernverein aus ging die Idee der Schorlemerschen Bauernbewegung strahlenförmig in alle Gebiete mit überwiegendem Bauernland.

Schon Ende der 60er Jahre bildeten sich in Bayern Bauernvereine. Es wurden dann weiter gegründet: In den 80er Jahren der Schlesische, Rheinische, Westpreussische, der jetzt der Grenzmärkische genannt wird, Ermländische, Hessische, Trierische, Badische, Eisfelder und der Kurhessische.

In den 90er Jahren traten hinzu: der Unterfränkische, Niederbayerische, Oberfränkische, Elsass-Lothringische, Pfälzer, Oberpfälzer, Schwäbische, Mittelfränkische, Oberbayerische, Hohenzollernsche;

in diesem Jahrhundert der Württembergische, Schleswig-Holsteinische, Oldenburger, Mecklenburger, Emsländische, Oberschlesische und der Niedersächsische Bauernverein." (16)

Trotz unbestreitbarer Erfolge der Bauernvereinsbewegung empfand man, zumal seit sich die Konkurrenz des Bundes der Landwirte einstellte, das Fehlen einer Zentrale immer deutlicher als einen Mangel. Zwar setzten seit 1896 engere Fühlungnahmen der Vereine untereinander zwecks "Verständigung über die Mittel zur Herbeiführung der Organisation der Berufsstände auf christlicher Grundlage" ein (17). Immerhin beschloss man am 24. November 1900, "dass die christlichen deutschen Bauernvereine behufs Wahrnehmung ihrer Standes- und wirtschaftlichen Interessen zu einer Vereinigung zusammentreten sollen" (18). Und immerhin war die Zusammenarbeit nun schon so eng, dass die Geschäfte dieser Vereinigung von einem Vororte geführt wurden, der periodisch zwischen den beteiligten Bauernvereinen wechselte (19). Diese Regelung konnte aber nur ein Provisorium sein. Seit 1905 begannen Diskussionen um die Errichtung einer Zentralstelle in Berlin. Diese Bemühungen, welche vor allem vom Rheinland (Frhr. v. Loe) und Schlesien (Graf v. Oppersdorf) unterstützt wurden, führten nur vorübergehend (1906-13) zu einer Zentralstelle, der sich jedoch die grossen Bauernvereine, wie Westfalen und Baden, nicht anschlossen. "Neben der neuen Zentralstelle blieb die bisherige lose "Vereinigung der christlichen deutschen Bauernvereine" zur Bearbeitung volkswirtschaftlicher Fragen weiter bestehen." (20)

(16) Hermes-Rede vom September 1928 anlässlich der Generalversammlung des Westfälischen Bauernvereins, Vgl. Anm. 14. Vgl. Peters, W.: Die landwirtschaftliche Berufsvertretung, Berlin 1932, S. 23/24; Crone-Münzebrock, S. 15 - 22; Festschrift-Artikel Dr. Kaysers für den Schlesischen Bauernverein, 23. XII. 1931, in: SchAM Abt. 1, L 5 i.
(17) Vertrauliche 12seitige Niederschrift: Zur Geschichte der Gründung und Firmenbezeichnung der Vereinigung der Deutschen Bauernvereine, in: SchAM.
(18) Ibid.
(19) Vgl. Crone-Münzebrock, s. o., S. 25.
(20) Jacobs, Ferdinand: Von Schorlemer zur Grünen Front. Schriften zur ländlichen Bildung Bd. 1. Düsseldorf 1957, S. 34.

So war "der Zustand der Bauernvereinsorganisationen zu Beginn des Ersten Weltkrieges: eine lose Vereinigung mit wechselndem Vorort ohne feste Zentralstelle." (21) Neu in Gang kam die Frage während des Ersten Weltkrieges. 1916 wurde Berlin zur ständigen Zentralstelle "zur Sicherung der Interessen der west- und süddeutschen Bauern bei Massnahmen der Kriegs- und Planwirtschaft" (22) ernannt; 1917 wurde die Zentralstelle praktisch eingerichtet. Geschäftsführendes Vorstandsmitglied wurde Dr. Crone-Münzebrock, der bis dahin unter Engelbert Freiherr von Kerckerinck zur Borg Generalsekretär des Westfälischen Bauernvereins gewesen war. Kerckerinck wurde erster Präsident der Zentralstelle in Berlin. Schon 1917 in Aussicht genommen, wurde die "Vereinigung der deutschen (!) Bauernvereine" nach zuvor (25. Februar 1921) gerichtlich eingetragener Satzung am 25. April 1921 in das Vereinsregister des Amtsgerichts Berlin-Mitte unter Nr. 3553 eingetragen (23).

Die organisatorische Ausweitung nach dem ersten Weltkrieg zeigte sich neben Neugründungen in der Veranstaltung von Deutschen Bauerntagen (24).

Jacobs (25) kritisiert an der erfolgreichen wirtschaftlichen bzw. wirtschaftspolitischen Tätigkeit der Vereinigung in diesen Jahren das Fehlen einer ethischen Untermauerung, die erst unter Hermes wieder nachgeholt worden sei.

Während Baron v. Kerckerinck (1916-28) Präsident der Vereinigung war, kam es innerhalb der Organisation zu Auseinandersetzungen um die Person des geschäftsführenden Vorstandsmitglieds Dr. Crone-Münzebrock. Als der Streit mit dem Rheinland (v. Loe) wegen einer alle freien Organisationen umfassenden Einheitsorganisation hinzu kam (26), spalteten sich die katholischen Bauern in zwei feindliche Lager. v. Kerckerincks Vermittlungsversuch schlug fehl, da er schliesslich die Unterstützung des Zentrums verlor (27). Im Herbst 1927 legte er sein Amt als Präsident der Vereinigung nieder. Die Frage im Winter 1927/28 war nun, wer sein Nachfolger werden sollte, und fraglich, ob dieser mit den ungelösten Problemen fertigwerden würde.

c) Die Wahl von Hermes zum Präsidenten der Vereinigung der deutschen (christlichen) Bauernvereine

Am 27. März 1928 wurde Hermes auf der Vollversammlung der Vereinigung der deutschen (christlichen) Bauernvereine zum Präsidenten gewählt (28). Wahrscheinlich, wenn auch nicht schlüssig zu belegen, lag der Wahl der Vorschlag des Zentrums-Parlamentariers Herold zugrunde, der auch 1920 schon bei der Errichtung des Reichsernährungsministeriums unter Hermes eine wichtige Rolle gespielt hatte (29). Herold, Mitglied des Reichstages und des preussischen Landtages, war der einzige Vertreter agrari-

(21) Jacobs, Schorlemer, S. 35.
(22) ibid. S. 35.
(23) ibid., S. 35.
(24) Deutsche Bauerntage: 1917 Köln; 1918 Münster; 1921 Rendsburg; 1922 Ulm; 1923 Braunsberg; 1924 Hamburg; 1925 Trier; 1926 Mainz; 1927 München.
(25) Schorlemer.
(26) S. u. Kapitel "Die Einheitsbewegung im Rheinland" und "Die Grüne Front".
(27) Jacobs, Schorlemer S. 48.
(28) Westf. Bauer, 59. Jg. 1928, 4. IV. 1928, S. 237.
(29) Morsey, 1917-1923, S. 307.

scher Belange im Franktionsvorstand und ein besonders gewiegter und kluger "Lobbyist" (30). Als Mitglied des landwirtschaftlichen Beirats der Zentrums-Politik und in der Nähe von Münster wohnend, ist anzunehmen, dass er, den Bachem (31) als die "Hauptstütze der Zentrums-Politik bei allen agrarischen Schwierigkeiten" und Verbindungsglied zwischen dem Zentrum und den wegstrebenden agrarischen Elementen bezeichnet, aus parteipolitischen Gründen einen Zentrumsmann an der Spitze der Vereinigung wünschte. Da er die Schwierigkeiten der Vereinigung und speziell des Westfälischen Bauernvereins aus unmittelbarer Nähe beobachtet hatte, mochte ihm Hermes als der geeignete Mann erscheinen, die Schwierigkeiten der katholischen Bauern zu meistern. Herold als Befürworter der Wahl von Hermes gäbe eine Erklärung für den Satz v. Kerckerincks in einem Brief an den Westf. Bauernverein vom 14. März 1929 (32)

"dessen glückliche Wahl gerade von dem Westfälischen Bauernverein s. Zt. wesentlich betrieben und gefördert wurde." (33)

Viele Argumente sprachen für die Wahl von Hermes:
1. Als Aussenstehender war er unbelastet vom Streit der landwirtschaftlichen Organisationen. Man konnte erwarten, dass er relativ leicht vermitteln und von den gegenerischen Parteien als neutraler Schlichter anerkannt werden würde.
2. Er war Katholik. Für die Bauernvereine wäre ein Protestant unmöglich gewesen.
3. Er war Zentrums-Mitglied (im Preussischen Landtag).
4. Er besass als ehemaliger Reichsernährungsminister und Anwalt landwirtschaftlicher Interessen in den frühen Kabinetten der Weimarer Republik das Vertrauen der Bauern.
5. Er war ein international anerkannter landwirtschaftlicher Fachmann und die Bauernvereine konnten mit ihm an der Spitze hoffen, sich dem Reichslandbund gegenüber besser behaupten zu können.

Nach seinem Rückzug aus der Politik 1923 hatte Hermes seit 1926 sein Comeback vorbereitet.

1926 war er in den Aufsichtsrat der Deutschen Raiffeisenbank eingetreten. Im selben Jahr wurde er Mitglied des Enquêteausschusses zur Untersuchung der deutschen Gesamtwirtschaft, dessen Ausschuss er angehörte. Ausserdem wurde er der Vorsitzende des Unterausschusses für landwirtschaftliche Fragen; dies allerdings erst 1927 nach dem Ausscheiden Schieles mit dessen Übernahme des Reichsernährungsministeriums im Kabinett Marx. Gut gerüstet nahm Hermes 1927 an der Vorbereitung der Genfer Weltwirtschaftskonferenz teil, auf der er dann auch der deutschen Delegation angehörte. Ende 1927 übertrug ihm die Reichsregierung die Leitung der Handelsvertragsverhandlungen mit Polen. Seit 1924 war er als Zentrumsvertreter im preussischen Landtag.

Die Bauernvereine konnten daher mit gutem Grund davon überzeugt sein, in Hermes den besten Nachfolger v. Kerckerincks gefunden zu haben.

Hermes war also in einer starken Position, als man ihm von der Vereinigung den Antrag unterbreitete. Um seine Stellung von vornherein zu stärken, setzte er gegenüber seinem Vorgänger die Änderung durch, in ei-

(30) Morsey, 1917-23, S. 164; vgl. Bachem, Bd. VIII, S. 347.
(31) ibid.
(32) Protokoll der Vorstandssitzung der Vereinigung der deutschen Bauernvereine (= VDBV), 20. III. 1929, S. 105 in: Hermes-Nachlass, DBV.
(33) Nach einer Mitteilung von Dr. Dr. F. Jacobs (Brief vom 30. I. 1970) wurde die Wahl von Hermes auch von Dr. Georg Heim, Regensburg, betrieben.

ner Person die Funktionen des Präsidenten und des Geschäftsführenden Vorstandsmitgliedes, bisher von v. Kerckerinck und Crone-Münzebrock ausgeübt, zu vereinigen. (34)

d) Weltanschauliche Profilierung der Vereinigung der deutschen (christlichen) Bauernvereine unter Hermes

Hermes'Auffassung von den Aufgaben der Vereinigung, die ethische Ausrichtung und Profilierung, die er ihr stärker als sein Vorgänger gab, lässt sich am besten an der Namensänderung, der Neuformulierung des Programms und der verstärkten Propaganda-Tätigkeit belegen.

Da er als der letzte Präsident am Ende einer etwa 70jährigen Tradition stand (35), wäre die Geschichte der christlichen Bauernvereinsbewegung ohne Berücksichtigung seines Wirkens unvollständig. Darüber hinaus lässt sich gerade an der Person von Hermes darlegen, dass der von ihm unternommene Versuch eines direkten Wiederanknüpfens an die Ideen Schorlemers im 20. Jahrhundert zum Scheitern verurteilt war. Denn obwohl dieser sich der Phase einer allgemeinen Ideologisierung des wirtschaftspolitischen Kampfes einfügte, war doch seine spezifische Ausprägung gegen die allgemeine Tendenz gerichtet. Zwar befand sich der hier von der Bauernvereinsbewegung verfolgte Kurs insoweit mit den Bestrebungen anderer landwirtschaftlicher Organisationen in Übereinstimmung, als auch er ein Bollwerk gegen den "rationalistischen, liberalistischen Zeitgeist" und die Gefahren des Marxismus errichten wollte. Aber die hier verfolgte spezifische Ausprägung dieses Kampfes, die die Eigenständigkeit der eigenen Organisation auch gegen andere landwirtschaftliche Verbände gewahrt wissen wollte, konnte sich angesichts des lauter werdenden Rufes nach einer Einheitsorganisation nicht behaupten. Dieses organisatorische Ziel fand in der Landwirtschaft immer mehr Anhänger. Es wurde unter völlig gewandelten Vorzeichen und mit den Druckmitteln des totalitären Staates im Reichsnährstand in einer Form verwirklicht, von der seine ursprünglichen Befürworter sich nichts hatten träumen lassen. Dennoch ist es kein Zufall, dass sich die organisatorischen Massnahmen des Nationalsozialismus im Bereich der Landwirtschaft bis heute einer verhältnismässig hohen Anerkennung erfreuen und dass sich de facto nach den Erfahrungen der Landwirtschaft die Anhänger einer zentralen Organisation durchgesetzt haben.

Es ist müssig und für den Historiker suspekt zu fragen, wie die Entwicklung im ländlichen Organisationswesen ohne die Ereignisse von 1933-1945 verlaufen wäre. Tatsache ist, dass 1948 die Erfahrungen der Reichs-

(34) Im Folgenden werden nur einige spezifische weltanschauliche und politische Züge der Vereinigung unter Hermes und der Sonderfall Schlewwig-Holstein in der Auseinandersetzung mit der Einheitsorganisation behandelt. Die wirtschaftspolitische Einstellung der Vereinigung wird später im Rahmen der Grünen Front erörtert.
(35) Formell war Hermann Freiherr v. Lüninck der letzte Präsident der Vereinigung. Seine kurze Tätigkeit in dieser Funktion aber erschöpfte sich praktisch darin, das Ende der freien Bewegung angesichts der Vorbereitung des Reichsnährstandes zu besiegeln.

nährstandszeit nicht mehr wegzudenken waren. Ausserdem brachten die territorialen Änderungen andere reale Voraussetzungen. Hermes selbst hat 1945 die Konsequenzen gezogen. Versuchen, von der katholischen Kirche unterstützt, die christliche Bauernvereinstradition wieder aufzunehmen und die Konfession wieder zur Organisationsgrundlage zu machen, hat er sich widersetzt und den überkonfessionellen Deutschen Bauernverband gegründet. Hier wie in der Parteipolitik hatte er erkannt, dass er, darin im echten Sinne konservativ, die Tradition nur in gewandelter, der Zeit entsprechender Form wahren konnte. Aus der Erkenntnis, dass der Schritt vom Zentrum zur CDU und von den christlichen Bauernvereinen zum Deutschen Bauernverein getan werden musste, wurde es ihm möglich, in seiner Person Kontinuität und Wandel zu vereinen.

α) Programmatische Namensänderung

Nach etwa einjähriger Diskussion und Vorbereitung wurde im Winter 1931/1932 im Zusammenhang mit der Neuformulierung des Programms der Name der Vereinigung in "Vereinigung der deutschen christlichen Bauernvereine" umgeändert. Hierzu kam es folgendermassen (36):

Der Vorstand der Vereinigung beschloss in seiner Sitzung vom 21. November 1930, eine Revision des Programms von 1919 vorzunehmen. Zu diesem Zwecke setzte er eine Programm-Kommission ein. Diese tagte zum ersten Mal am 31. Januar 1931 unter dem Vorsitz von Hermes in Berlin. Als Motiv für die Arbeit der Kommission nannte er die Erkenntnis,

"dass es notwendig sei, das Programm der Vereinigung unter Berücksichtigung der geänderten Verhältnisse seit dem Jahre 1919, in dem das bisherige Programm aufgestellt wurde, zu überprüfen. Ich halte es bei der Neufassung des Programms beispielsweise für sehr wichtig, dass wir den nationalen Gedanken klar herausstellen und ihn zu einem integrierenden Bestandteil dieses Programms machen. Die Arbeit für den deutschen Bauernstand ist ja auch besonders wichtig unter dem Gesichtspunkte, dass unser Vaterland nur wieder erstarken kann unter positiver Mitwirkung eines starken christlichen Bauerntums.

Gegenüber allen Tendenzen der Verschwommenheit und der Unklarheit, wie sie sich heute in manchen Kreisen breit machen, wollen und müssen wir in unserem Programm ganz klare unzweideutige Grundsätze herausstellen." (37)

Nach der Betonung des nationalen Gedankens durch Hermes wurde gleich durch den ersten Redner, den Frhr. Hermann v. Lüninck, das Schwergewicht auf die christliche Grundlage der Vereinigung verschoben. Er schlug vor, in die Programm-Überschrift das Wort "christlich" einzufügen, was automatisch eine Änderung des Titels der Vereinigung nach sich ziehen musste. Hermes äusserte Bedenken dagegen:

"Christlich sind die Bauernvereine stets gewesen, ohne dass dies im Titel jedes einzelnen Bauernvereins zum Ausdruck gekommen ist. Bei einer Änderung des Titels könnten Aussenstehende annehmen, dass die Bauernvereine sich erst jetzt auf ihren christlichen Charakter besinnen." (38)

Nachdem einige Argumente für und gegen die Änderung vorgebracht worden waren, schlug Hermes vor, die Entscheidung zu vertagen und erst noch eine "Darstellung über die historischen Vorgänge bezgl. der Benennung der Vereinigung" einzuholen.

(36) Unterlagen zum folgenden in: SchAM, Rundschreiben Bde. 12-15.
(37) 1. Sitzung.
(38) Ibid.

Das Ergebnis der 12seitigen Untersuchung "Zur Geschichte der Gründung und Firmenbezeichnung der Vereinigung der Deutschen Bauernvereine" war folgendes: Die einzelnen Bauernvereine hatten sich zum grossen Teil als bewusst christlich empfunden, was teilweise in der Namensgebung zum Ausdruck kam. Der lose Zusammenschluss der Bauernvereine hatte keinen feststehenden Namen. Die Bezeichnungen variierten. Elf verschiedene Versionen sind mir begegnet. (39)

Bis 1916 war die Charakterisierung "christlich" üblich, dann erschien sie nicht mehr. Auch die programmatische Schrift Crone-Münzebrocks von 1919 lässt das Christliche in den Hintergrund treten. Offenbar war es in Misskredit geraten, denn nun wurde es zur Abwertung von der Gegenseite benützt. Das Heft Nr. 1 des Reichslandbundes (Oktober 1911) behandelte die christlichen Bauernvereine. Jacobs (40) vermutet, dass unter der Kriegspsychose der deutsche Charakter stärker betont wurde. Aber er sieht mehr darin. "Der Wandel im Namen war mehr als eine Äusserlichkeit. Der darin zum Ausdruck kommende Übergang zum überwiegend wirtschaftlichen Zweckdenken hatte sich schon zehn Jahre vorher bei den Beratungen über die Bildung der ersten Zentralstelle ... deutlich angekündigt."

Als 1921 die Vereinigung konsolidiert und als Verein eingetragen wurde, tauchte die Bezeichnung christlich nicht auf.

Als nun in der Programm-Kommission in drei Sitzungen - am 31. Januar 1931 in Berlin unter dem Vorsitz von Hermes, am 3. März 1931 in Regensburg unter der Leitung von Heim und schliesslich am 10. August 1931 wieder mit Hermes in Berlin - das Problem erörtert wurde, konnten sich die Befürworter der Namensänderung mit einem gewissen Recht als Wiederhersteller des ursprünglichen Brauches bezeichnen. So sagte der "Bauerndoktor" Georg Heim:

"Das Wort "christlich" war früher in dem Titel enthalten; plötzlich hat es jemand aus eigener Machtvollkommenheit beseitigt. Wir müssen gerade heute wieder zu der alten Bezeichnung zurückkehren, weil immer mehr die Erkenntnis sich durchsetzt, dass es gerade für unsere Arbeiten sich nicht nur um wirtschaftliche, sondern auch um sittliche Probleme handelt." (41)

Als weiteres Argument wurde auf den Kampf hingewiesen, in dem die Vereinigung sich bewähren müsse, was bei stärkerer christlicher Profilierung leichter möglich sei. Hermann Frhr. v. Lüninck führte aus:

"Wir stehen heute in schwerem Kampfe um die Erhaltung der alten kulturellen Werte im Volke. Das war noch nicht so sehr der Fall in der Zeit, als der Titel der Vereinigung geschaffen wurde. Die Umwelt hat sich inzwischen verändert und nicht etwa die Einstellung der Bauernvereine. Deshalb kann auch die nachträgliche Betonung des Grundsatzes im Titel erfolgen. Ich halte dies umso mehr für angezeigt, als wir auch im Titel den deutschen Charakter betonen." (42)

(39) Christliche deutsche Bauernvereine, vereinigte christliche Bauernvereine, christliche Bauernvereine, christliche Bauernvereine Deutschlands, Bauernvereine Deutschlands, vereinigte Bauernvereine Deutschlands, christlich-deutsche Bauernvereine, Vereinigung der christlich-deutschen Bauernvereine, deutsche christliche Bauernvereine, Vereinigung der deutschen Bauernvereine, Vereinigung der christlichen deutschen Bauernvereine.
(40) Schorlemer, S. 36.
(41) 2. Sitzung.
(42) 1. Sitzung.

Hermes, der durch die vorgetragenen Begründungen beeindruckt nun auch die Namensänderung unterstützte, strich die praktische Bedeutung des weltanschaulichen Kampfes mehr heraus.

"Ich sehe voraus, dass wir bald in einen nachdrücklichen Kampf um unser Programm eintreten müssen. Dabei werden wir bewusst die Offensive ergreifen. Das soll auch bei unseren Schulungskursen und den Bauernschulen, die wir jetzt ins Leben rufen, geschehen. Die Herausstellung christlicher Grundsätze ist bei dem Kampfe um unser Programm von ganz besonderer Bedeutung. Das gilt auch für die Frage der Zusammenarbeit mit anderen Organisationen." (43)

Die Nützlichkeit der Betonung des Christentums als Grundlage im organisations-politischen Kampf sahen auch Kropp, Dieckmann und Stamerjohann, jeweils mit besonderer Akzentuierung.

Kropp: "Gewiss kann man in heutiger Zeit nicht genug die christliche Grundlage betonen; denn wenn die Bauern nicht den Lockungen des Radikalismus unterlegen sind, so danken wir das der Durchdringung des Bauerntums mit christlichen Ideen." (44)

"Ich würde die Aufnahme des Wortes "christlich" auch deshalb begrüssen, weil dadurch auch die Frage des Doppelanschlusses besser geklärt wird." (45)

Dieckmann: "In Westfalen legen wir besonderen Wert auf eine Betonung des christlichen Charakters, wobei ich nur an den Kampf mit dem Bauernbund zu erinnern brauche." (46)

Stamerjohann: "In Schleswig-Holstein haben wir die Ludendorff-Bewegung festzustellen, die stark auf Austritte aus der Kirche hindrängt. Auch mit Rücksicht hierauf halte ich die Änderung für ratsam." (47)

Da die Befürworter einer Änderung an Zahl und Argumenten bei weitem in der stärkeren Position waren - nur Hummel hatte praktische und formelle Bedenken vorgebracht, Hermes hatte seinen Standpunkt geändert-, einigte man sich auf den Namen "Vereinigung der deutschen christlichen Bauernvereine". Die Vorstandssitzung der Vereinigung akzeptierte den Beschluss der Kommission am 11. August 1931, die Mitgliederversammlung am 10. Dezember 1931. Am 9. Januar 1932 erfolgte die Eintragung ins Vereins-Register, und am 29. Januar 1932 wurden die angeschlossenen Vereine in einem Rundschreiben der Zentrale informiert. In der Erläuterung zum Programm formulierte man zur gleichen Zeit:

"Die Bauernvereine wollen mit der Bezeichnung "christlich" zum Ausdruck bringen, dass die ewigen Wahrheiten des Christentums der Arbeit der Bauernvereine Richtung und Ziel geben."

In der Diskussion um die Namensänderung hatte man auch die propagandistische Bedeutung der Änderung erwogen. Landesökonomierat Kropp vom Unterfränkischen Bauernverein hatte dazu bemerkt:

"Die Namen und Titel der Organisationen liest und hört man ständig; dagegen befasst man sich selten mit den Organisationsprogrammen. Der Titel hat also eine gewisse propagandistische Bedeutung. Wenn wir das Wort "christlich" in den Namen unserer Organisation aufnehmen, so weiss man sogleich, dass die Bauernvereine im Rahmen der landwirtschaftlichen Organisationen eine ganz bestimmte weltanschauliche Stellung einnehmen." (48)

(43) 3. Sitzung.
(44) 1. Sitzung.
(45) 2. Sitzung.
(46) 1. Sitzung.
(47) 3. Sitzung.
(48) 3. Sitzung.

β) Neuformulierung des Programms

Es war nach der Entscheidung in der Namensfrage nur konsequent, dass nun auch im Programm die christliche Grundlage vor der vaterländischen rangierte und gegenüber dem älteren Programm stärker akzentuiert wurde. Im Kommentar zum Programm hiess es:

"Die Bauernvereine stehen auf dem Boden des positiven Christentums. Dieser grundlegende Satz ist bewusst an den Anfang des Programms der Bauernvereine gestellt. Er ist das feste Fundament des ganzen Programms, die Quelle und das Ende aller folgenden Leitsätze, die sich organisch ergeben aus der Befragung der im Lichte des Christentums klargestellten sozialen Ideen und sittlichen Normen." (49)

Wie für Hermes die Verbindung von Christentum und Bauerntum aussah, hat er in vielen Reden dargestellt. Besonders komprimiert am 18. Mai 1930 in Radolfzell. Dort sagte er u. a.:

"Wir sind eine christliche Bauernbewegung. Christentum und Bauerntum sind die Angelpunkte unserer Tätigkeit in der Vereinigung der deutschen Bauernvereine. ... Christentum und Bauerntum sind die beiden Grundpfeiler, auf denen die Organisation der deutschen Bauernvereine beruht, und sie sind zugleich die Quellen, aus denen die Kräfte für ihre Bewegung und ihre Arbeit entspringen und fliessen. Christlich wollen wir sein in allen Folgerungen von Grundsätzen für das Leben des Einzelnen und für das Leben der Gesellschaft. ... Deshalb betrachten wir auch in den Bauernvereinen die Erfüllung materieller und diesseitiger Wünsche nicht als den einzigen Zweck unseres Daseins und unserer Arbeit. Diese Einstellung ist indessen kein Hindernis für wirtschaftliches Streben und wirtschaftliches Arbeiten, sondern sie bedeutet eine Grenze, die dort gezogen ist, wo jedes ideale Ziel aufhört. Wir stellen daher über die Bedeutung der Interessen des Einzelnen die Bedeutung der Gemeinschaft des Bauerntums als Teil des deutschen Volkstums und Träger unvergänglicher Werte. ...

Als christliche und bäuerliche Organisation lehnen wir auch den Sozialismus und den Liberalismus in der deutschen Wirtschaft ab. Wir wollen den Bauernstand fördern auf der Grundlage der Sicherung des Privateigentums. ...

Wir verurteilen auch den Gruppenkampf innerhalb der Landwirtschaft und den Klassenkampf zwischen der Landwirtschaft und anderen Wirtschaftsgruppen." (50)

Vergleicht man das revidierte Programm von 1919 mit der Neufassung von 1931, wobei der ausführliche Kommentar mit herangezogen wird, so kommt man zu folgendem Ergebnis: Das Programm von 1919 nennt als Ziel der Vereinigung "die wirtschaftliche, geistige und sittliche Entwicklung des Bauernstandes" (51) und vertritt die Anschauung, "dass die Gesundheit des Volkskörpers nur dann gewährleistet ist, wenn mit dem wirtschaftlichen Fortschritt der einzelnen Stände deren geistige und sittliche Aufwärtsbewegung Hand in Hand geht." (52) Ebenfalls heisst es dort unter "christliche Grundlage der Bauernvereine":

"Die Bauernvereine suchen daher mit der wirtschaftlichen Entwicklung des Volkes gleichzeitig auch eine geistige und sittliche Entwicklung zu verbinden, ausgehend von dem Grundsatz, dass der wirtschaftliche Fort-

---

(49) SchAM.
(50) Bad. Bauer Nr. 20, 21. V. 1930, in: SchAM Abt. 1 E 1 a.
(51) Crone-Münzebrock, S. 27.
(52) Ibid. S. 28.

schritt eines Volkes nur dann dauernden Bestand haben kann, wenn er mit der geistigen und sittlichen Entwicklung Hand in Hand geht." (53)

Bemerkenswert an den zitierten Formulierungen ist erstens die Reihenfolge, in der die erstrebten Werte genannt werden und zweitens die Bedeutung, die dem Wirtschaftlichen als Voraussetzung für eine geistige und sittliche Entwicklung zugemessen wird. Anders das Programm von 1931, wo es, genau in umgekehrter Reihenfolge, heisst: die erste und vordringlichste Aufgabe liege "in der geistigen und sittlichen Ertüchtigung des Bauernstandes als Grundlage seiner kulturellen und wirtschaftlichen Hebung" (54). Die Erläuterung sagt dazu:

"Die christliche Grundlage verpflichtet die Bauernvereine, bei ihren Arbeiten nicht die Erfüllung materieller, wirtschaftlicher Forderungen als das erste oder gar alleinige Ziel ihrer Arbeiten zu betrachten, sondern vielmehr die geistige und sittliche Ertüchtigung des Bauernstandes in den Vordergrund ihrer Bestrebungen zu stellen und in dieser die Voraussetzung für seine kulturelle und wirtschaftliche Hebung zu erblicken. Diese Verpflichtung bedeutet nicht nur kein Hindernis für das wirtschaftliche Streben der Bauernvereine, sondern dieses Streben erhält dadurch vielmehr erst seine tiefere, innere Berechtigung und eine hohe sittliche Weihe." (55)

γ) Christliche Standeserziehung (praktische Bildungsarbeit, Bauernschulen und Katholikentage)

Eine praktische Konsequenz ihrer sittlichen Ausrichtung sah die Vereinigung unter Hermes darin, Bauernschulung im Sinne des christlichen Programms zu betreiben. Von Hermes in der Kommission angekündigt, setzte die eigentliche Aktivität erst im Jahre 1931 ein. Warum gerade zu diesem Zeitpunkt, wird noch genauer begründet werden. Vorbereitende Überlegungen hatten schon Jahre vorher eingesetzt. Überdies brachten sie nicht völlig Neues, sondern knüpften bewusst an eine vernachlässigte Tradition an.

Am 9. November 1928 schrieb Dr. Dr. Kayser, als Generalsekretär der Vereinigung in Berlin einer der engsten Mitarbeiter von Hermes, an Direktor Löwenkamp, es sei dringend notwendig, die Schulungsbewegung der Bauernjugend aufzunehmen,

"wie überhaupt die Bauernvereinsorganisationen, nachdem sie sich in der Nachkriegszeit zwangsläufig mehr mit materiellen Dingen beschäftigen mussten, dem alten Programm Schorlemers wieder mehr nachgehen müssen. Nur so kann eine Bauernbewegung gehalten werden. Eine rein materielle Einstellung führt zum Übel." (56)

Die unter Hermes eingeleitete Rückbesinnung auf den Gründer der Bauernvereine zeigt sich deutlich, wenn man das von Crone-Münzebrock herausgegebene Programm von 1919 mit dem von 1931 vergleicht. Während in dem von 1919 auf bäuerliche Bildungsfragen überhaupt nicht eingegangen wird, enthält das von 1931 einen Passus "Selbsthilfe, Bildung und Erziehung", der auch im Kommentar einen breiten Raum einnimmt. In welchen Rahmen die Bildungsarbeit hineingestellt werden sollte, zeigt der Satz des Kommentars:

(53) Ibid. S. 38.
(54) Programm S. 1.
(55) Ibid. S. 4.
(56) SchAM Abt. 1, B.

"Erweckung eines gesunden Standesbewusstseins im Sinne innerer Vertiefung eines seelischen Hochgefühls über die Zugehörigkeit zu einem so bedeutsamen und von Gott so bevorzugten Stande ist eines der ersten Ziele bäuerlicher Bildungsarbeit." (57)

Das Programm sagt zu dieser Aufgabe der Erziehung zu Standesfreudigkeit und Standestreue aus religiös-ethischer Auffassung von Stand und Beruf:

"Diese Bildungs- und Erziehungsarbeit muss ebensosehr durchdrungen sein vom berufsständischen Gedanken wie vom christlichen Geiste. Das Ziel der bäuerlich-berufsständischen Bildungs- und Erziehungsarbeit ist der in seinem Berufe lebende christliche Bauer als geistig, sittlich und wirtschaftlich wertvolles Glied der Volksgemeinschaft. Die christlichen Bauernvereine sind der Überzeugung, dass die weltanschauliche Erziehung und Bildung der Bauernjugend auf bekenntnismässiger Grundlage erfolgen muss." (58)

Wie sich hier zeigt, sind "Stand" und "Christentum" die beiden Angelworte der Konzeption von bäuerlicher Bildungsarbeit. Damit steht diese im Zusammenhang mit Vorstellungen von einem christlichen Staat und einer ständischen Gesellschaftsordnung, wie sie im Katholizismus zu Beginn der 30er Jahre lebhaft erörtert wurden. (59) Diese theoretische Diskussion innerhalb katholischer Standesvereine und Organisationen um eine Neuordnung auf der Grundlage der als ideal empfundenen christlichen Gesellschaftsordnung und "organischer" Lösungen der sozialen Frage im Wege des Korporativsystems (Ständestaat) erhielt Auftrieb durch die Enzyklika "Quadragesimo anno" Papst Pius' XI. (15. Mai 1931) (60).

Praktischer Ausdruck dieser Bewegung waren die auf Anregung Heims auf den Katholikentagen neu eingerichteten bäuerlichen Standeskundgebungen, die in Nürnberg (1931) und in Essen (71. Generalversammlung der Katholiken Deutschlands) stattfanden (4. September 1932). Frhr. Hermann v. Lüninck und Hermes bezogen sich ausdrücklich auf die Enzyklika. Hermes hielt am 4. September 1932 in Essen als Vorsitzender der vorbereitenden Kommission die Eröffnungsansprache. Er sagte u. a.:

"Niemals wird der Bauernstand seine erhebende Aufgabe, Jungbrunnen der physischen und moralischen Volkskraft zu sein, erfüllen können, wenn er sich nicht besinnt auf seine tiefsten seelischen und kulturellen Werte, die ihm aus seinem Glauben zuströmen. ... Wir sind hierher gekommen nicht als Angehörige einer Organisation oder einer besonderen Schicht, sondern als katholische Bauern ... Katholizismus heisst allumfassene Weite, Weite des Verstehens, Weite des Herzens." (61)

Die Entschliessung, die auf Antrag der Vereinigung des Rheinischen Bauernvereins und Rheinischen Landbundes angenommen wurde, endete mit den Worten:

"Gerade in der gegenwärtigen wirtschaftlichen und sozialen Notzeit be-

(57) Kommentar S. 20.
(58) Kommentar S. 21.
(59) Dr. Dr. F. Jacobs erinnert sich daran, dass Dr. Walter·Heinrich, Wien, in einer Ausschussitzung über den "Ständestaat" sprach. 1931 erschien von W. Heinrich das Buch: "Das Ständewesen".
(60) Vgl. Morsey, R. in: Das Ende der Parteien 1933, Düsseldorf 1960, S. 413f.
(61) Haushofer, Heinz: Ideengeschichte der Agrarwirtschaft und Agrargeschichte im Deutschen Sprachgebiet, Bd. II, Vom Ersten Weltkrieg bis zur Gegenwart, München, Bonn, Wien 1958, S. 102; vgl. Agrarpolitische Post, 9. IX. 1932, in: SchAM.

kennen sich die katholischen Bauern zu der Überzeugung, dass die geistige und sittliche Gesundung des ganzen Volkes nur aus der Wiedererweckung echt religiösen Lebens erwachsen kann.

Schliesslich wiederholen die katholischen Bauern ihre vorjährige Mahnung an ihre Standesgenossen, im Sinne des Weltrundschreibens des Heiligen Vaters über die gesellschaftliche Ordnung sich einheitlich zusammenzuschliessen, tätig mitzuarbeiten in den Organisationen des christlichen Bauernstandes und als verantwortungsbewusster Berufsstand mitzuwirken an der Erneuerung der Gesellschaft zum Besten des Gesamtvolkes." (62)

Die bewusst christlich-konfessionelle Ausrichtung der Vereinigung unter Hermes gründete sich in seiner katholischen Konfessionszugehörigkeit - inwiefern er gerade als Katholik in diesen Jahren christliche, ständische Bildungsarbeit zu leisten angeregt wurde, wurde oben dargestellt - und in seiner damit zusammenhängenden Zentrums-Mitgliedschaft. Hermes konnte sich in seiner Tätigkeit als Bauernvereinspräsident getragen wissen von einer etwa mit dem 5. Reichsparteitag im Dezember 1928 in Köln einsetzenden Rechtsentwicklung und Rückbesinnung auf die konservative Tradition des Katholizismus, vor allem aber von der auf dem Magdeburger Katholikentag (September 1928) erhobenen Forderung der "Katholischen Aktion", "die ein stärkeres Durchdringen des öffentlichen Lebens mit katholischem Geist verlangte." (63) Mit anderen Worten: Indem Hermes die Vereinigung stärker christlich profilierte, diente er gleichzeitig mehreren Zwecken. Organisationspolitisch grenzte er sich deutlich gegen den konkurrierenden Reichslandbund ab, was für die Auseinandersetzung um die Einheitsorganisation (s. u.) und die Zusammenarbeit in der Grünen Front nützlich war.

Von hier aus gesehen war die von Hermes geförderte Ständediskussion innerhalb der Vereinigung eine Abwehrreaktion auf die Politik des Reichslandbundes. Ausschliesslich taktisch begründet war die während der deutschnationalen Phase der nationalsozialistischen Herrschaft durch Darré unterstützte Ständediskussion, die sich als ein wirksamer Köder und als ein geschickt eingesetztes Mittel der Verschleierungstaktik bei der Vorbereitung des Reichsnährstandes erwies. Parteipolitisch kam Hermes mit dieser Organisationspolitik dem Wunsch des Zentrums entgegen, die Bauernvereine als Zentrumswahlvereine intakt zu halten. Und als Katholik befand er sich in Übereinstimmung mit christlich-ständestaatlichen Gesellschaftsvorstellungen. (64)

Die praktische Bildungsarbeit der Vereinigung der deutschen christlichen Bauernvereine:

Zur Förderung der Schulungsarbeit wurde 1929 bei der Vereinigung ein neues Referat unter dem Landwirtschaftsschuldirektor a. D. Löwenkamp

(62) Agrarpolit. Post, in: SchAM.
(63) Morsey, Ende der Parteien, S. 289.
(64) Vgl. die Schrift von G. Löwenkamp: "Bauernschulung. Bildungsprobleme des Bauernstandes", Berlin 1930 und die seit dem 1. Januar 1933 von der Vereinigung herausgegebene Monatszeitschrift "Der Bauernstand". Dort (1, 1933 S. 210 ff.) sei vor allem an den Beitrag des Spannianers Bürger erinnert, der die Bauernschule in Schlauphof leitete; vgl. dazu auch: Ztschr. f. Agrargeschichte, 9, 1961 S. 72 ff. und den Beitrag von Dr. H. Muth im Handbuch des ländlichen Bildungswesens, 1965.

eingerichtet. Die Richtlinien seiner - und der Vereinigung - Tätigkeit legte er in der Schrift: "Bauernschulung, Bildungsprobleme des Bauernstandes" dar, die 1930 in der von der Vereinigung seit 1929 herausgegebenen Reihe "Deutsches Bauerntum" in Berlin erschien. Ein Jahr später veröffentlichte ein anderer Mitarbeiter der Vereinigung, Dr. Alexander Fritzen, der vor allem die Propaganda-Tätigkeit und Publizitäts-Arbeit innehatte, die Grundgedanken der Bauernschulung in dem Buch: "Bauer und Staat", das die "Bauern-Bücherei" eröffnete (65). Unter der Leitung von Löwenkamp wurden Bauernschulungskurse durchgeführt (66). Unter dem Vorsitz von Hermes wurde die "Bauernschulung e. V. zur Pflege und Förderung bäuerlicher Bildung und Kultur" gegründet. Im Laufe der Zeit entstanden Bauernschulen, darunter die Niedersächsische in Sutthausen bei Osnabrück, die Schlesische, der Schlauphof bei Liegnitz, die Badische in Ittendorf bei Meersburg und die Ermländische in Legienen (Ostpreussen). Am 25. Juni 1931 werden sie im "Bund deutscher Bauernschulen" dem sog. Schlauphofer Bund zusammengeschlossen. (67)

Bewusst auf konfessioneller, d. h. in der überwiegenden Zahl auf katholischer Grundlage errichtet, sah sich die Vereinigung wegen ihrer im Programm proklamierten konfessionellen Neutralität verpflichtet, auch für ihre evangelischen Mitglieder eine Bauernschule zu errichten, was durch Verbindung mit der ländlichen Volkshochschule in Achelriede bei Osnabrück geschah (68). Zur bekenntnismässigen Fundierung der Erziehungsarbeit erklärte Hermes, auch hier sich wie der Kommentar zum Programm (69) wieder auf Schorlemer berufend, vor den Münsteraner Bauern am 27. Oktober 1932:

"Bemerkenswert ist in diesem Programm, dass Schorlemer trotz des interkonfessionellen Charakters der von ihm begründeten Organisation den Bauernschulen konfessionelle Gestaltung gab, offenbar deshalb, weil auch er klar erkannte, dass dort, wo Erziehungsarbeit an jungen Menschen geleistet werden soll, das nur auf dem Wege stärkster religiöser Erfassung mit den besonderen Heilsmitteln, über die jede Konfession in ihrer Arbeit verfügt, möglich ist, dass insbesondere ein Gemeinschaftsleben, wie es in den Schulinternaten gepflegt wurde, der kirchlichen Kräfte im religiösen Leben nicht entraten kann. Wenn wir deshalb die heute neu gegründeten Bauernschulen auf konfessioneller Grundlage aufgebaut haben, so folgen wir auch hier der Wegweisung, die uns Schorlemer gegeben hat." (70)

Auch der bäuerlichen Frauenbildung richtete die Vereinigung ein Referat ein. Dessen Leiterin, die Diplomlandwirtin Grosse-Eggebrecht, veröffentlichte als Heft Nr. 11 der Reihe Deutsches Bauerntum 1932 die Schrift

(65) Vgl. Tätigkeitsbericht 1929-1932, S. 21, aus Privatbesitz Dr. A. Fritzen (= Erklärung von Dr. Hermes zu der Anklageschrift vom 11. 8. 1933, Bd. II, S. 307 ff., in: Hermes-Nachlass, DBV).
(66) Vgl. Deutsche Bauern-Korrespondenz (= DBC) und Rundschreiben in: SchAM.
(67) Zur Finanzierung des Schulungsprogramms wurden Kaligelder herangezogen. Neben dem mir bekannten Quellenmaterial im Archiv des DBV verweist Dr. Muth im Brief vom 8. X. 1969 auf Akten der Regierung Trier und des Oberpräsidiums Koblenz, die indirekt gewisse Rückschlüsse zulassen. Vgl. "zur Frage der Kaligelder": Topf, Erwin: Die Grüne Front. Der Kampf um den deutschen Acker. Berlin 1933.
(68) Rundschreiben Bd. 15, 17. XI. 1931, SchAM.
(69) Kommentar S. 21; vgl. Anm. 39.
(70) Westf. Bauer, 63. Jg. 1932, 2. XI. 1932, S. 744/45.

"Bäuerliche Frauenbildung". Finanziert wurde die Schulungsarbeit, von der Hermes in seiner Verteidigungsschrift stolz sagt:
"Keine andere, wirtschaftspolitische Organisation hat in den letzten Jahren auf diesem Gebiete auch nur annähernd mit dem gleichen Erfolge gearbeitet wie die Vereinigung." (71)
   z. T. aus Mitteln, die Hermes im Zuge der Rationalisierung des Genossenschaftswesens erhalten hatte (72). Diese umstrittene Finanzierung kam 1933 bei der Anklage und dem folgenden Prozess gegen Hermes zur Sprache.

δ) Propaganda-Tätigkeit und Reform der inneren Organisation

Seit 1929 erschien die Reihe "Deutsches Bauerntum", die es bis 1933 auf 12 Hefte brachte. Verfasser waren vorwiegend Referenten der Vereinigung. (73)
   Ein weiteres Publikationsorgan trat 1932 hinzu. Neben der weitergeführten "Deutschen Bauern-Correspondenz" (DBC) plante der Vorstand der Vereinigung auf seiner Sitzung vom 8. Mai 1931 zwecks vermehrter Information ein zweites Organ. So erschien am 29. April 1932 die Nummer 1 der Agrarpolitischen Post, deren letzte Nummer (32) am 9. Dezember desselben Jahres herauskam.
   Am 1. Januar 1933 erschien eine neue Monatszeitschrift "für Agrarwirtschaft und Bauernkultur", "Der Bauernstand". Wie Hermes in seinem Vorwort darlegte (74), hatte sie die Aufgabe, angesichts der Notsituation "die Bedeutung eines gesunden, starken Bauernstandes mehr in den Vordergrund" zu stellen und der bäuerlichen Forderung Nachdruck zu verleihen,

(71) Erklärung von Dr. A. Hermes zu der Anklageschrift vom 11. 8. 1933, 2. Band, S. 307; in: Hermes-Nachlass, DBV.
(72) Brief Hermes' an Direktor Klimm, 11. XI. 1930 und Brief an Hermes 15. I. 1931, aus: Sonderheft III Landeszentralgenossenschaft Regensburg, in: Hermes-Nachlass DBV.
   Das Thema der Finanzierung der Schulungsarbeit aus "Kaligeldern" spielt eine grosse Rolle bei Topf, s. o., der an diesem Beispiel die Abhängigkeit der agrarischen Führung von kapitalistischen Zielsetzungen zeigen wollte.
(73) 1. Dr. Dr. F. Jacobs, Bauer und Bodenreform, Geleitwort Dr. A. Hermes (1929) 2. P. Hensen, Bauer, Staat und Volk, Eingemeindung und Landwirtschaft und Dr. F. Burgdörfer, Der Geburtenrückgang und die bevölkerungspolitische Bedeutung des Landvolkes (1929) 3. Um die Rettung der deutschen Landwirtschaft, Vorwort Dr. A. Hermes (1929). 4. Die Steuern und Abgaben des Landwirts, Waldbesitzers, Winzers und Gärtners, Vorwort Dr. A. Hermes, Einleitung Dr. M. Horlacher (1929) 5. G. Löwenkamp, Bauernschulung, Bildungsprobleme des Bauernstandes (1930) 6. Dr. Dr. F. Jacobs, Materialien zur Reform der landwirtschaftlichen Besteuerung (1930) 7. Dr. A. Fritzen, Das Weingesetz vom 25. Juli 1930 (1930) 8. Dr. Th. Schulte, Holthausen, Bauer und Sozialversicherung (1931) 9. Dr. K. Rogge, Kontingentierung der deutschen Zuckerwirtschaft 10. Dr. Dr. F. Jacobs, Christliches Bauernprogramm 11. M. Grosse-Eggebrecht, Bäuerliche Frauenbildung (1932) 12. Dr. K. Rogge, Umstellung der deutschen Zuckerpolitik (1932).
(74) Vgl. Reichardt, S. 115-117.

der wirtschaftlichen Entwicklung "eine stärkere agrarische Untermauerung der gesamten Volkswirtschaft" zu geben. (75)

Als kurz darauf die Nazis dem Notstand mit radikaleren Methoden zu Leibe rückten als die Vereinigung es sich gedacht hatte, musste "Der Bauernstand" schon nach einem halben Jahr sein Erscheinen einstellen.

Schliesslich blieb noch ein anderes Publikationsorgan, die "Deutsche Bauernbücherei", ebenfalls in den Anfängen stecken. Es erschienen zwei Bände: "Bauer und Staat", von Dr. A. Fritzen, und "Steuern des Bauern", von Dr. P. Bockisch. Die rege Propagandatätigkeit war nur möglich, da eigens ein Referat hierfür eingerichtet wurde. Während bei Hermes' Amtsübernahme nur zwei Referenten, Dr. K. Wild (seit 1932) und Dr. Dr. F. Jacobs (seit 1925) in Berlin arbeiteten, kündigte Hermes schon bald, am 18. Juni 1928, in einem Rundschreiben die Reform der inneren Organisation an, "um für die kommenden schwierigen Auseinandersetzungen über entscheidende Grundprobleme der bäuerlichen Landwirtschaft vollkommen gerüstet zu sein."

Das Ergebnis war die Errichtung von neun Abteilungen, jeweils unter einem Sachbearbeiter.

Bei der Zentralstelle bestanden 1931 folgende Abteilungen:

1. Organisation; Personalien; Verwaltung; Allgemeine Wirtschaftspolitik. Sachbearbeiter: Dr. phil. Dr. jur. August Kayser, Generalsekretär, Mitglied des vorläufigen Reichslandwirtschaftsrats, Berlin

2. Zoll- und Handelspolitik; Siedlungswesen; Milchwirtschaftliche Fragen; Brennereiwesen; Technik in der Landwirtschaft. Sachbearbeiter: Dr. rer. pol. Karl Wild, Berlin

3. Finanz- und Steuerpolitik; Sozialpolitik; Versicherungsfragen; Verkehrs- und Tarifpolitik; Bodenrechts- und Pachtwesen; Reichs-, Staats-, Kommunalverwaltung. Sachbearbeiter: Dr. phil., Dr. rer. pol. Ferdinand Jacobs, Berlin

4. Presse; Propaganda; Rundfunk- und Filmwesen; Deutsche Bauern-Correspondenz, Schriftenreihe, Taschenkalender; Archiv; Bibliothek; Parlament; Westhilfe; Weinbau; Obst-, Gemüsebau und andere Spezialzweige. Sachbearbeiter: Dr. agr. Alexander Fritzen, Diplomlandwirt, Berlin

5. Landkulturfragen; Bauernschulungskurse; Bauernschulen; Schulbücherei. Sachbearbeiter: Gerhard Löwenkamp, Diplomlandwirt, Landwirtschaftsschuldirektor a. D., Berlin

6. Bildungsfragen der Bäuerinnen und Bauerntöchter; Landfrauenorganisation. Sachbearbeiterin: Maria Grosse-Eggebrecht, Diplomlandwirt, Lehrerin der landw. Haushaltungskunde, Berlin

7. Zuckerwirtschaft und Rübenbau; Absatz- und Genossenschaftswesen; Kreditfragen. Sachbearbeiter: Dr. agr. Karl Rogge, Privatdozent, Diplomlandwirt, Berlin

8. Ausländische Landwirtschaft; Internationale landwirtschaftliche Institutionen und Veranstaltungen; Agrarpolitische Zeitschrift. Sachbearbeiter: Dr. oec. publ. Bernhard Mehrens, Reg.-Rat z. D., Berlin

9. Osthilfe; Vertretung bei Wirtschafts- und Sozialgerichten. Dachbearbeiter: Dr. rer. pol. Paul Bockisch, Berlin (76).

(75) "Der Bauernstand" richtet sich an alle Bauern und deren Führer, darüber hinaus an die gesamte Öffentlichkeit, um in weitesten Kreisen Aufklärung zu schaffen über die Mittel und Wege, die erforderlich sind, den deutschen Bauernstand und die gesamte deutsche Wirtschaft aus den gegenwärtigen Notzeiten herauszuführen." DBC, 23. XI. 1932, SchAM.

(76) Anlage zu einem Schreiben Dr. Dr. Kaysers vom 23. XII. 1931 an den Schlesischen Bauernverein; SchAM Abt. 1 L 5.

Die Sachbearbeiter wurden unterstützt von 15 Ausschüssen:
1. Ausschuss für allgemeine Verwaltungsfragen.
2. Ausschuss für allgemeine Wirtschaftspolitik.
3. Ausschuss für Zoll- und Handelspolitik.
4. Ausschuss für Finanz- und Steuerpolitik.
5. Ausschuss für Sozialpolitik.
6. Ausschuss für Landkulturfragen.
7. Ausschuss für Bodenrechts-, Siedlungs- und Pachtwesen.
8. Ausschuss für Kreditwesen.
9. Ausschuss für Genossenschaftswesen.
10. Ausschuss für Zuckerwirtschaft und Rübenbau.
11. Ausschuss für milchwirtschaftliche Fragen.
12. Ausschuss für Brennereifragen.
13. Ausschuss für Weinbau.
14. Ausschuss für Obst- und Gemüsebau.
15. Ausschuss für Nachrichtenwesen, Presse und Propaganda. (77)

In Übereinstimmung mit den Erklärungen des Programms, den nationalen Gedanken besonders pflegen zu wollen - um dem Deutschtum neben Christentum und Bauerntum auch im Titel schon Rechnung zu tragen, hatte man in der Programm-Kommission den Vorschlag, den Namen "Vereinigung der christlichen Bauernvereine Deutschlands" mit dem Hinweis auf das Auslandsdeutschtum abgelehnt - und die Selbsthilfe zu fördern, widmete sich die Vereinigung der Siedlung und dem Genossenschaftswesen. Dass ihr als Vertreterin des mittleren bäuerlichen Besitzes diese Aufgaben näher lagen als dem Reichslandbund, der vor allem den Grossgrundbesitz umfasste, liegt auf der Hand. Die erste Aufgabe wurde in der "Bauernsiedlung, Siedlungsgesellschaft der Vereinigung der Deutschen Bauernvereine m. b. H., Berlin" zentral zusammengefasst. Der zweiten dienten vier Institute:
1. der Verband deutscher Bauernvereins-Organisationen e. V. Berlin (= Revisionsverband),
2. die Zentralkasse Deutscher Bauernvereins-Organisationen e. G. m. b. H., Berlin,
3. der Zentralverband der Bauernvereins-Organisationen Deutschlands G. m. b. H., Berlin (= Hauptgenossenschaft),
4. die "Deutsche Bauernbank e. G.".

e) Das Verhältnis der Vereinigung der deutschen (christlichen) Bauernvereine zur Politik

Wie weit hielt sich die Vereinigung an den Programm-Punkt, parteipolitisch neutral zu sein? Im Gegensatz zum Reichslandbund, der sich zu tagespolitischen Fragen äusserte, lehnte die Vereinigung politische Weisungen an ihre Mitglieder ab. Das lässt sich u. a. an der heftig diskutierten Stellungnahme zum Young-Plan belegen. Während der Reichslandbund sich als Organisation an der Agitation nationaler und nationalistischer Kreise gegen ihn beteiligte (78) und seine führenden Mitglieder wie Hepp, Schiele

(77) Ibid.
(78) Vgl. Reichslandbund Nr. 28, 30, 40, 41, 42, 43, 49, 50, 1929.

Schwecht u. a. dem Präsidium des "Reichsausschusses für das deutsche Volksbegehren" angehörten, lehnte die Vereinigung zwar auch den Young-Plan als untragbar ab, distanzierte sich aber gleichzeitig - obwohl mit dem Reichslandbund in der Grünen Front zusammenarbeitend - von derart verhetzenden radikalen Methoden. Im Münsterischen Anzeiger vom 10. Oktober 1929 hiess es:

"Die Vereinigung der Deutschen Bauernvereine wird mit allen ihr zu Gebote stehenden Mitteln dafür kämpfen, dass für die deutsche Landwirtschaft wieder gesunde, stetige Verhältnisse geschaffen werden. Ihre Bemühungen werden sich aber lediglich in besonnener, sachlicher Arbeit vollziehen. So sehr sie sich notwendigenfalls eine entschiedene Kritik an Massnahmen der Reichsregierung vorbehält, so verurteilt sie doch alle Bestrebungen, die die Gefahr in sich bergen, die allmähliche Gesundung und Festigung der inneren Verhältnisse Deutschlands zu beeinträchtigen. Die im Young-Plan der deutschen Wirtschaft auferlegten Lasten hält die Mitgliederversammlung nicht für tragbar und begrüsst es, dass die Vereinigung diese Auffassung gemeinsam mit den Vertretern der anderen landwirtschaftlichen Spitzenorganisationen bereits der Reichsregierung zur Kenntnis gebracht hat. Die Mitgliederversammlung hält es für unerlässlich, auch weiter in diesem Sinne die Öffentlichkeit in geeigneter Weise aufzuklären und alle zweckdienlichen Massnahmen für die Herabminderung dieser Lasten zu fördern; sie lehnt aber entschieden politische Aktionen ab, die dazu führen müssen, das deutsche Volk in der Wahrung seiner Interessen nicht zu einigen, sondern auseinanderzureissen." (79)

Der Linie parteipolitischer Neutralität entsprach auch die Ablehnung der Gründung einer Bauernpartei. Als diese Frage im Sommer 1930 durch die bevorstehenden Reichstagswahlen akut wurde, schrieb Hermes am 29. Juli an die angeschlossenen Bauernvereine:

"... In meinem Rundschreiben vom 21. Juli 1930 habe ich bereits darauf hingewiesen, dass es nicht Aufgabe der Bauernvereine ist, sich parteipolitisch zu betätigen oder als Organisation bei Parteibildungen und dergl. mitzuwirken, dass vielmehr die Bauernvereine ihre Stärke als bäuerliche Standesorganisationen nur dann werden behaupten können, wenn sie sich als solche von jeglicher parteipolitischen Bindung fernhalten. Das Aufgabengebiet der Bauernvereine duldet keine Bindungen durch Kräfte ausserhalb des Berufsstandes, welche die Selbständigkeit und Unabhängigkeit der Bauernvereinsorganisation gefährden könnten. Die Bindung der Bauernvereine an Standesparteien widerspricht daher der Grundauffassung der Bauernvereine und bildet mit allen ihren politischen Folgeerscheinungen eine Gefahr für die unentbehrliche Bewegungsfreiheit und Stosskraft der Standesorganisation.

Nach einer in der Deutschen Tageszeitung Nr. 341 vom 23. Juli 1930 veröffentlichten Entschliessung hat der Bundesvorstand des Reichslandbundes beschlossen, für die kommenden Wahlen seine Mitglieder aufzufordern, der "Sammelparole des Berufsstandes" zu folgen und, soweit es die örtlichen Verhältnisse irgend zulassen, einzutreten für die Wahl auf Landvolklisten in allen Provinzen und Ländern. Es ist selbstverständlich Sache des Reichslandbundes, zu entscheiden, welche Schritte er angesichts der gegenwärtigen politischen Lage zu tun für notwendig erachtet. Ich halte mich aber für verpflichtet, mein Bedauern darüber auszusprechen, dass der Reichslandbund in seinem Wahlaufruf von einer "Sammelparole des

(79) SchAM Abt. 1 C 5; dort auch andere Zeitungsartikel.

Berufsstandes" spricht, da dies den Eindruck erwecken könnte, als ob der gesamte Berufsstand hinter der Parole des Reichslandbundes stände. Das ist selbstverständlich nicht der Fall, da die Bauernvereine gegen ihre ganze Tradition, gegen ihre Grundauffassung und schliesslich auch gegen ihre wohlverstandenen Interessen verstossen würden, wenn sie sich in der Form aktiv politisch betätigen wollten, wie es der Reichslandbund mit seinem erwähnten Schritt getan hat.

Ich empfehle den Bauernvereinen, diese Angelegenheit in der Öffentlichkeit eindeutig aufzuklären und gebe anheim, in geeigneter Weise von dem Inhalt dieses Rundschreibens und meines Rundschreibens vom 21. Juli 1930 Gebrauch zu machen.

Mit vorzüglicher Hochachtung

gez. Hermes" (80)

Statt politische Direktiven zu geben, beschränkte sich die Vereinigung darauf, zu reger Wahlbeteiligung zu ermahnen und auf die christliche Grundeinstellung und auf die Interessen der Landwirtschaft als Kriterien für die Wahlentscheidung zu verweisen.

Die parteipolitische Neutralität in konkreten Einzelfragen erlaubte jedoch sowohl klare Stellungnahmen in agrarpolitischen Fragen (81), so dass zumindest indirekt ein starker politischer Druck mit politischen Konsequenzen ausgeübt werden konnte (z. B. Angriffe auf die Reichsernährungsminister Dietrich und v. Braun und die Reichsregierung Brüning) als auch enge Kontakte zum Zentrum und zur Bayerischen Volkspartei. Hermann Frhr. v. Lüninck erhob daher 1942 den Vorwurf gegen Hermes, faktisch das Prinzip der Überparteilichkeit verraten zu haben.

"Hinsichtlich der politischen Haltung hatte die Vereinigung von jeher programmatisch ihre Überparteilichkeit betont. Praktisch wurde diese "Überparteilichkeit" in der Ära Hermes nicht so gehandhabt, wie es dem Programm und dem Willen der Mitglieder entsprochen hätte. Eine enge praktische Zusammenarbeit bestand tatsächlich nur mit den Abgeordneten und den Organen der Zentrumspartei und der Bayerischen Volkspartei. Hermes hat es nicht verstanden, als Führer der Vereinigung mit den Rechtsparteien eine irgendwie geartete vertrauensvolle Zusammenarbeit herbeizuführen. Anscheinend war ihm ... seine eigene Stellung als Zentrumsabgeordneter dabei hinderlich." (82)

Während Hermes Kritik an diesen Kontakten schroff zurückgewiesen habe, habe er andererseits, als der Zentrumsabgeordnete Schmelzer eine grundsätzlich scharfe Stellungnahme gegen den Nationalsozialismus forderte, nicht widersprochen, sondern, entgegen seinen feierlich verkündeten Worten ... das Tor der Vereinigung für Parteipolitik weit offen stehen lassen.

Schon am 29. Januar 1936 hatte v. Lüninck an Hermes geschrieben, er habe festgestellt, dass eine intensive Fühlung mit Vertretern und Orga-

---

(80) SchAM Abt. 1, C 5. Vgl. dazu auch DBC: 7. III. 1928, 13. VII. 1929, 6. VII. 32 und Rundschreiben: 17. VII. 1932, 21. VII. 1930, 29. VII. 30, SchAM.
(81) S. u. Kapitel "Grüne Front".
(82) v. Lüninck, Stellungnahme zum Anspruch Reichsminister a. D. Dr. Hermes auf Ersatz seiner Auslagen im Strafprozess 1933/34 als Anlage zum Brief vom 17. April 1932 an die Mitglieder des Liquidationsbeirates und Herrn Dr. Hundhammer, S. 34-36 aus Privatbesitz (v. Lüninck) (zitiert als: Stellungnahme).

nen der Zentrumspartei und der Bayerischen Volkspartei laufend erfolge, eine Zusammenarbeit mit entsprechenden Vertretern und Organen der deutschnationalen Volkspartei sehr gering sei und mit Vertretern der NSDAP so gut wie völlig fehle (83).

Die engen Beziehungen zum Zentrum waren offensichtlich. Ebenfalls ist es richtig, dass Hermes nicht bereit war, mit den Nationalsozialisten zusammenzugehen. Vierzehn Tage nach der Machtübernahme wurde in der Vorstandssitzung der Vereinigung (15. Februar 1933) (84) der Vorschlag geäussert, Hermes möge sein Zentrums-Mandat niederlegen (85). Ein Vertreter des Westfälischen Bauernvereins sprach die Befürchtung aus:

"Es besteht die Gefahr, dass wir jetzt zu stark ausgeschaltet werden. Ich kann mir nicht vorstellen, dass nach dieser Regierung noch wieder eine ruhige bürgerliche Regierung die Geschicke des Volkes in die Hand nimmt, sondern ich möchte befürchten, dass, wenn das scheitert, was man jetzt betreibt, der Bolschewismus kommt. Wenn wir abgedrängt werden von den Dingen, die sich bei der Regierung abspielen, kann ich daraus nur eine gewaltige Gefährdung unseres bäuerlichen Berufsstandes erblicken. Wir würden durch Opposition, wenn wir sie treiben, abgedrängt auf die Bauernschaft und würden mit ihr in einen Topf geworfen, ob es stimmt oder nicht. Darin erblicke ich eine grosse Gefahr. Es würde zweckmässig sein, wenn wir versuchten, Fühlung zu bekommen zu den Männern im heutigen Kabinett." (86)

Auch Hermes meinte:

"Meine Herren, wenn ich von selbständigen Wegen gesprochen habe, so bedeutet das nicht, dass ich der Meinung bin, als ob wir nicht alles tun müssten, um mit der gegenwärtigen Regierung zusammenzuarbeiten. Wir nehmen dieser Regierung gegenüber die gleiche sachliche Linie ein wie gegenüber den anderen. Ich habe mir die Sache so gedacht, dass wir dieses Programm fertigstellen, der Reichsregierung überreichen und gleichzeitig eine Aussprache erbitten. Das, was wir von Herrn von Papen gefordert, das hätten wir auch bei Herrn von Schleicher gefordert, das werden wir auch bei der jetzigen Regierung fordern ...

Abgedrängt auf die Bauernschaft werden wir nicht. Wir können mit der Bauernschaft nicht zusammengehen. Wir können keine Demagogie betreiben. Wir können nur rein berufliche Arbeit leisten. Solange die Bauernschaft den Getreideschutz negiert und als nur im Interesse des Grossgrundbesitzes liegend ansieht, solange sie klassenkämpferisch eingestellt ist und keine klare Trennungslinie zum Sozialismus zieht, kommt ein Zusammengehen gar nicht in Frage. Vielleicht müssen wir heute mitunter etwas länger antichambrieren als andere."

Hermes verfolgte also die Taktik, der sich abzeichnenden Gefahr des Ausgeschaltetwerdens - schon zu diesem Zeitpunkt wurde die Vereinigung dem Reichslandbund gegenüber von der neuen Reichsregierung zurückgesetzt - durch direkte Kontaktaufnahmen mit der Regierung über ein sachliches Arbeitsprogramm zu begegnen. Das aber war Hermes nicht mehr möglich, da er schon einige Wochen später in Untersuchungshaft sass.

---

(83) Schnellhefter: Anspruch Hermes' auf Ersatz seiner Prozessauslagen; aus Privatbesitz (v. Lüninck).
(84) Rundschreiben Bd. 21, Protokoll; SchAM.
(85) Nach v. Lüninck, Stellungnahme, S. 35.
(86) Dies und das folgende Zitat nach dem Protokoll vom 15. Februar 1933, s. o. Anm. 83.

2. Das Problem der Einheitsorganisation in Schleswig-Holstein

Nicht alle Probleme, die auf Hermes als Präsident der Vereinigung zukamen und vor allem nicht deren vielfältige regionale Ausprägungen sollen vollständig behandelt werden. Denn ein Mehr an faktischem Wissen würde kein Mehr an grundsätzlicher Erkenntnis bringen. Das wichtigste organisationspolitische Problem jedoch, das der Reichseinheitsorganisation, soll neben dem Zusammenhang mit der Grünen Front und der Erscheinungsform im Rheinland (1) auch am Sonderfall Schleswig-Holstein erörtert werden (2) (3).

Bis zum Ende des 1. Weltkrieges gab es in Schleswig-Holstein nur eine Provinzialabteilung des Bundes der Landwirte, der etwa ein Fünftel der bäuerlichen Betriebe erfasste. Die übrigen 40 000 waren wirtschaftspolitisch nicht erfasst. Im letzten Kriegsjahr trat eine Änderung ein. Unzufrieden mit der Kriegs- und Zwangswirtschaft, die die eingespielte Zusammenarbeit von Magerviehproduzenten der Geest und Weidemastgräsern der Marsch durch wirtschaftlich unsinnige Vorschriften und Forderungen zu zerstören drohte, beschlossen deutsche und dänische Bauern, sich zur wirkungsvolleren Vertretung ihrer Interessen zusammenzuschliessen.

"Da unmittelbar nach dem Kriege der Konservatismus in Schleswig-Holstein auch auf dem Lande fast den letzten Rest seines Einflusses eingebüsst hatte (die Deutschnationalen erzielten 1919 auf dem Lande nur 11% der abgegebenen Stimmen), so gewann als Sammelbecken bäuerlicher Opposition die während des Krieges entstandene Bauernvereinsbewegung zeitweise grosse Bedeutung.

Die ersten Bauernvereine wurden im Frühjahr 1918 in Nordschleswig gegründet (4), um die wirtschaftlichen Interessen der Bauern, in erster Linie der viehzüchtenden Geestbauern, gegenüber den Kriegswirtschaftsstellen zu wahren. Sie wehrten sich nicht nur gegen die Benachteiligung

(1) S. u. 3. Abschnitt des Hauptteils: Die Einheitsbewegung im Rheinland
(2) Zu Schleswig-Holstein vgl.: a) Heberle, Rudolf: Landbevölkerung und Nationalsozialismus. Eine soziologische Untersuchung der politischen Willensbildung in Schleswig-Holstein, 1918 bis 1932, Schriftenreihe der Vierteljahreshefte für Zeitgeschichte, Nr. 6, Stuttgart 1963, b) Fallada, Hans: Bauern, Bomben und Bonzen, München 1950, c) Salomon, Ernst v.: Der Fragebogen, Hamburg 1951.
(3) Vgl. zum folgenden: Thyssen, Thyge: Bauer und Standesvertretung. Werden und Wirken des Bauerntums in Schleswig-Holstein seit der Agrarreform, Quellen und Forschungen zur Geschichte Schleswig-Holsteins Bd. 37, Neumünster 1958 und Stoltenberg, Gerhard: Politische Strömungen im schleswig-holsteinischen Landvolk 1918-1933, Beiträge zur Geschichte des Parlamentarismus und der politischen Parteien Bd. 24, Düsseldorf 1962.
(4) Vgl. Thyssen, S. 342 ff. - ferner Alnar, K.: Der Bauernverein des Nordens. Handbuch zur schleswigschen Frage. II. Bd., Kiel 1929; u. a. vgl. Heberle, S. 139, Anm. 1.

der Viehzüchter gegenüber den Gräsern, die durch Konstruktionsfehler in der Fleischbewirtschaftung bedingt war, sondern gegen die Regulierung der landwirtschaftlichen Produktion durch Berufsfremde, Verwaltungsbeamte und Händler überhaupt." (5) (6)

Aus diesem ganz konkreten wirtschaftlichen Grund entstand in der allgemeinen oppositionellen Unruhe 1918, anfangs unter Mitarbeit der dänischen Bauern, die Bauernvereinsbewegung, die sich schnell über die gesamte Geest ausdehnte. Bei der Suche nach einem geeigneten Berliner Spitzenanschluss entschied man sich unter den drei bestehenden Möglichkeiten - Bund der Landwirte, Deutscher Bauernbund und Vereinigung der deutschen Bauernvereine - für die Vereinigung. Ausschlaggebend war hierbei weniger eine eindeutige Bejahung der Vereinigung als vielmehr die Tatsache, dass man in ihr das geringste Übel sah. Wenn auch nicht ideal, so entsprach sie doch den Vorstellungen immer noch am meisten. Die Agrarstruktur Schleswig-Holsteins ähnelte am ehesten der der Mitgliederschaft der Vereinigung, weshalb man hoffte, dort am leichtesten die eigenen agrarpolitischen Interessen mit der Linie der Spitzenorganisation in Übereinstimmung bringen zu können. Politisch lehnte man den Bund der Landwirte als zu konservativ ab, vor allem da die zu diesem Zeitpunkt noch zu berücksichtigenden dänischen Mitglieder dort nicht hätten aufgenommen werden können. Der Deutsche Bauernbund stand zu weit links und wurde als demagogisch abgelehnt. Die Vereinigung war politisch noch am ehesten akzeptabel. Zwar hätte man in Schleswig-Holstein lieber eine weniger enge Beziehung zum Zentrum gesehen, aber gerade weil die ausschliesslich evangelischen Bauern keine Zentrumsanhänger werden konnten, erhoffte man eine desto grössere politische Unabhängigkeit. Aus einem speziellen viehwirtschaftlichen Problem entstanden und der Vereinigung aus vorwiegend wirtschaftlichen, nicht parteipolitischen oder ideologischen Gründen angeschlossen, fand der Schleswig-Holsteinische Bauernverein eine rasche Verbreitung und entwickelte sich schon bald zu einer ernsthaften Konkurrenz für den Landbund." Die Mitgliedschaft stieg von 7 000 am 1.8.1918 auf 15 000 Ende 1919. ... 1923 zählte der Bauernverein 35 000 Mitglieder" (7) und war damit neben dem relativ unbedeutenden Landbund, der etwa 10 000 Mitglieder umfasste, die bei weitem wichtigste wirtschaftspolitische Organisation der Landwirtschaft. Ihre Bedeutung zeigt sich darin, dass nach dem grossen Erfolg des ersten schleswig-holsteinischen Bauerntages im Juli 1920 in Rendsburg der nächste Deutsche Bauerntag (1921) von der Vereinigung in Rendsburg abgehalten wurde.

(5) Heberle, S. 139.
(6) Vgl. dazu Thyssen, S. 342: "Es waren in erster Linie die viehwirtschaftlichen Probleme, die seit Jahrzehnten eingespielte Zusammenarbeit zwischen den Magerviehproduzenten der Geest und den Weidemastgräsern der Marsch in unseren Nordkreisen, die durch die Kriegs- und Zwangswirtschaft in die ernste Gefahr des Zusammenbruchs gerieten. Wenn der Geestbauer gezwungen wurde, seine in den Wintermonaten mit Stroh und ohne Kraftfutter durchgehungerten Magerochsen im Frühjahr als "Schlachtvieh" abzuliefern, dann war das nicht nur ernährungswirtschaftlich sinnlos, weil das Magervieh kein Fleisch lieferte. Der Erlös für den Geestbauern war entsprechend gering und deckte keinesfalls die Aufzugskosten, und dem Gräser fehlte nachher das Magervieh zum Beschlagen der Marschweiden."
(7) Heberle, S. 139/140, Anm. 3.

1927 tauchte in Schleswig-Holstein eine dritte Organisation auf, die Deutsche Bauernschaft. Die Kleinbauernbewegung hatte sich 1927 aus drei Gruppen zusammengeschlossen: dem Reichsverband landwirtschaftlicher Klein- und Mittelbetriebe, einem Teil des Deutschen Bauernbundes und dem Bayerischen Bauernbund (8). Krisensymptom wie die Kleinbauernbewegung war auch 1927 das Wiederauftauchen des Gedankens einer Verschmelzung der wirtschaftspolitischen Organisationen, vorgetragen im November 1927 auf der Versammlung des Bauernvereins in Rendsburg. Der Vorschlag war nicht neu. Schon im Herbst 1921 hatte sich v. Kerckerinck mit ihm auseinandergesetzt und war zu dem Schluss gekommen, vorgetragen auf der Generalversammlung des Westfälischen Bauernvereins:

"dass es bei Würdigung der heute bestehenden tatsächlichen Verhältnisse dem Interesse der Landwirtschaft nicht entsprechen würde, wenn eine der beiden Organisationen ihre Selbständigkeit aufgeben würde, dass vielmehr beide Organisationen in ihrer Eigenart nebeneinander bestehen müssten, wobei es Sache der beiden obersten Leitungen sei, dafür zu sorgen, dass die grosse Linie dieselbe bleibe und der Konkurrenzkampf im Land, wo er nicht von vornherein ausgeschaltet werden könne, sich in Formen vollziehe, die verletzende Schärfen ausschliessen. Wir waren uns dabei namentlich auch über den Punkt einig, dass gerade die Geschlossenheit des landwirtschaftlichen Berufsstandes, die sich bei nur zwei grossen Organisationen immer noch aufrechterhalten lässt, gefährdet wäre, sobald eine zwangsweise Vereinigung als nächste unvermeidliche Folge Absplitterungen und Neubildungen gezeitigt haben würde." (9)

Angesichts dieser Einstellung des Präsidenten der Vereinigung, der Tatsache, dass der Bauernverein mit etwa 40 000 Mitgliedern in Schleswig-Holstein der geforderten Einheitsorganisation schon recht nahe kam und dass neuerdings Absplitterungen zur Kleinbauernseite hin zu befürchten waren, unternahm der Bauernverein das Nächstliegende auf dem Weg zu einer Vereinheitlichung: er nahm Verhandlungen mit der Kleinbauernbewegung unter Fritz Lübke (10), Augaard, auf. Ein Artikel im "Schleswig-Holsteinischen Bauern" führte Ende November 1927 unter der Überschrift "Einheitssehnen" die Grundsätze der Verhandlungen aus:

"Unsere Bauernvereinsführung macht kein Hehl daraus, dass ihr aus berufsständischen wie aus staatspolitischen Gründen die Vereinigung mit den kleinen und kleinsten Betriebseinheiten unseres Landes als die zunächstliegende Aufgabe erscheint. Wenn diese Vereinigung gelingt und wenn darüber hinaus dann auch der Landbund Schleswig-Holstein sich einer solchen bäuerlichen Sammelorganisation anschliessen will, dann ist der Weg frei. Will er das nicht oder kann er das nicht, dann soll darum keine Feindschaft herrschen. Dann ist es besser, dass ein nach der Seite des Kleinbauerntums erweiterter Bauernverein neben dem Landbund besteht und sachlich mit diesem zusammenarbeitet, als dass ein um einige Bauernvereinsmitglieder erweiterter Landbund im Kampf steht mit einer sicherlich um viele unserer heutigen Mitglieder erweiterten Kleinbauernorganisation." (11)

Deutlicher über das Ziel der Verhandlungen hiess es einige Wochen später im selben Blatt:

"Es ist schon öfter erklärt, dass der Bauernverein in der Vereinigung

---

(8) Vgl. Thyssen, S. 328 f., dort ausführlicher.
(9) Westf. Bauer 1921, zitiert nach Thyssen, S. 362.
(10) Älterer Bruder Heinrich Lübkes, der die Deutsche Bauernschaft von Berlin aus leitete.
(11) Thyssen, S. 369/70.

mit dem Kleinbauernverbande noch nicht das Endziel der Einigungsbestrebungen sieht. ... Entscheidend ist und bleibt die Frage des Berliner Spitzenanschlusses. Bauernverein und Kleinbauernverband sind sich im Grundsatz einig über einen doppelten Spitzenanschluss an Bauernvereine und Bauernschaft ..." (12)

Wie es in diesem Aufsatz weiter hiess, lehnte der Landbund zu diesem Zeitpunkt einen mehrfachen Spitzenanschluss ab. Ausserdem wollte sich der Landbund nicht wie der Bauernverein zur Weimarer Verfassung und zu parteipolitischer Neutralität bekennen (13). Deshalb lehnte der Bauernverein Gespräche mit ihm als aussichtslos ab. In Schleswig-Holstein war man sich klar darüber, dass das Zusammengehen auf Provinzebene nur als erster Schritt auf dem Wege der Vereinheitlichung der gesamten deutschen Landwirtschaft gewertet werden sollte (14). Das Teilziel wurde am 18. Januar 1928 erreicht, so dass nun in Schleswig-Holstein wieder nur zwei Bauernorganisationen existierten: der etwas weniger als ein Fünftel der bäuerlichen Betriebe umfassende Landbund und der um den Kleinbauernverband erweiterte Bauernverein mit etwa 3/4 der Bauern, die nun gleichzeitig der Deutschen Bauernschaft und der Vereinigung angeschlossen waren. 6 000 Bauern blieben unorganisiert. Die Landeszeitung vom 19. Januar 1928 (15) schrieb unter der Überschrift "Die Tat der Einigung im schleswig-holsteinischen Bauernstand":

"Eine Schicksalsstunde der schleswig-holsteinischen Landwirtschaft hat eine Gesamtführung im Schleswig-Holsteinischen Bauernverein und im Verbande der Klein- und Mittelbetriebe in Schleswig-Holstein gefunden, welche dem Ernst der Zeit gemäss den Weg der Einigung gingen. Diese beiden landwirtschaftlichen Berufsverbände haben auf der Grundlage eines geschlossenen bäuerlichen Programms den entscheidenden Schritt in der Verschmelzung getan. Damit ist in Schleswig-Holstein die bäuerliche Einheitsfront hergestellt, die zum mindesten drei Viertel des schleswig-holsteinischen Bauernstandes in einer Organisation zusammenfasst."

Die Entscheidung des Bauernvereins fiel zu einem Zeitpunkt, in dem sein Präsidentenposten praktisch vakant war. v. Kerckerinck war nur noch formell im Amt und konnte keine Grundsatzentscheidung zu einem Problem mehr herbeiführen, das ihn in seiner westfälischen Ausprägung mit zum Rücktritt bewogen hatte. Aus seinen bisherigen Äusserungen brauchte keine kategorische Ablehnung einer engeren organisatorischen Zusammenarbeit herausgelesen zu werden. (16)

Nun kam kurz darauf ein spezifisch schleswig-holsteinisches Krisenmoment hinzu: die Landvolkbewegung. Heberle schreibt über die Landvolkbewegung, die ihre Entstehung in den am meisten krisenempfindlichen Gebieten der Zunahme der Zwangsversteigerungen verdankte und als eine Steuerstreikbewegung unter den Bauern bezeichnet werden kann, folgendes: "Das Neue an ihr war die radikale Ablehnung aller parlamentarisch-politischen Mittel und die Propaganda der direkten Aktion: Verweigerung der Steuerzahlung "aus der Substanz", Verhinderung von Zwangsversteigerungen und von Pfändungen landwirtschaftlichen Inventars, Boykott al-

---

(12) Thyssen, S. 370/71.
(13) Vgl. Heberle, S. 154.
(14) Vgl. dazu den zuletzt zitierten Artikel, Thyssen S. 371.
(15) Nr. 17, SchAM Abt. 1, L 1 a.
(16) S. u. Brief v. Kerckerincks an den Westf. Bauernverein, in: Protokoll der Vorstandssitzung der Vereinigung 20. III. 1929, S. 103/104, in: Hermes-Nachlass, DBV.

ler Berufsgenossen, die sich unsolidarisch verhielten, Verweigerung der Zusammenarbeit mit dem Verwaltungsapparat des gegenwärtigen Regimes. ... Die Landvolkbewegung verzichtete bewusst auf eine eigentliche Organisation; man befürchtete die Erlahmung der Aktivität und Kampflust unter dem Einfluss einer neuen Verbandsbürokratie. ...

Wir haben es hier mit einer der interessantesten Erscheinungen politischer Willensbildung der Landbevölkerung zu tun: sie entstand aus einer gegen die Parteien und die anerkannten landwirtschaftlichen Interessenverbände gerichteten Vereinigung radikaler Kreise aus allen konservativen Gruppen. ... Den eigentlichen "Apparat" der Bewegung bildeten Berufsrevolutionäre, die der "Organisation C" nahe gestanden haben dürften, aber auch einige bäuerliche Führer ...

Ideologisch (bestand) zwischen der Landvolkbewegung und dem Nationalsozialismus engste Verwandtschaft", wodurch diese ungewollt zur Wegbereiterin der national-sozialistischen Ausbreitung unter der Landbevölkerung beitrug. Denn "als die Bewegung zusammenbrach, gingen ihre Anhänger ganz überwiegend zur NSDAP über. Mit dem Zusammenbruch dieser Schuldnerrevolte ... standen (der NSDAP) nun umso mehr Tür und Tor offen. Sie konnte in die Bresche treten, die durch den Zusammenbruch der Landvolkbewegung und die dadurch bedingte Schwächung des Landbundes und der Konservativen in der gegen das "System" gerichteten Front entstanden war." (17)

Nach dieser ideologischen Kennzeichnung dieser radikalen Bewegung ist es einleuchtend, dass der Bauernverein sie ablehnte, während zwischen ihr und den rechten konservativen Organisationen mannigfache Beziehungen bestanden und die konkurrierende zweite radikale Bewegung, der Nationalsozialismus, niemals öffentlich scharf angegriffen wurde. In der Ausbreitung zweier rechtsradikaler Bewegungen sah der "Vorwärts" die Gefahr: "In Schleswig-Holstein solle eine Art norddeutsches Bayern entstehen, das den Rechtsradikalen als Operationsbasis gegen die Republik dienen könne." (18)

Die Landvolkbewegung veranstaltete am 28. Januar 1928 grosse Kundgebungen (19). Wie waren die Massenkundgebungen vom 28. Januar zustandegekommen? Welche Ziele verfolgten sie und welche organisationspolitischen Konsequenzen hatten sie für Schleswig-Holstein?

Nach Heberle handelte es sich um von oppositionellen Führern organisierte "Massendemonstrationen von Landwirten in sämtlichen Kreisstädten, an denen sich, dank der Verstärkung aus den Reihen des kleinstädtischen Kleinbürgertums, insgesamt rund 140 000 Personen beteiligten.

Diese Kundgebungen hatten offenbar einen doppelten Sinn: in erster Linie sollten sie die öffentliche Meinung auf die drohende Notlage der landwirtschaftlichen Kreditnehmer aufmerksam machen, ausserdem aber die Verschmelzung der Interessenverbände über die Köpfe der Vorstände hinweg erzwingen.

Dass es im Januar 1928 gelang, die schwerfälligen, besonnenen und zurückhaltenden schleswig-holsteinischen Bauern in solchen Massen auf die Strasse zu bringen, dass mithin Bauern zu einem politischen Kampfmittel griffen, das bis dahin nur von den Arbeiterorganisationen angewendet worden war, zeigt, wie stark bereits die soziale Gärung und die Opposition gegen die bisherige Führung geworden war." (20)

(17) Heberle S. 159/160.
(18) 14. XI. 1929, Nr. 535.
(19) Vgl. Thyssen, S. 374 f.; Topf, S. 36 ff.; zum allgemeinen Hintergrund: Fallada und Salomon, vgl. s. o. S. 46, Anm. 2.
(20) Heberle S. 154/55.

Der Landbund, der sich von der Landvolkbewegung eine Unterstützung seiner Politik erhoffte, sprang unter dem Eindruck der Kundgebungen von der soeben mit dem erweiterten Bauernverein beschlossenen Notgemeinschaft wieder ab. Das Hin und Her um eine Form des Zusammengehens zog sich über den ganzen Sommer des Jahres 1928 hin. Eine Änderung der Situation war insofern eingetreten, als nun mit Hermes ein aktiver Präsident an der Spitze der Vereinigung stand. Seit seiner Amtsübernahme betonte er den Gedanken der "Konsolidierung und Kraftsammlung im eigenen Hause" (21). Auf der Generalversammlung des Westfälischen Bauernvereins sagte er im September 1928:

"In diesem Zusammenhang will ich mit aller Deutlichkeit betonen, dass ich, solange ich die Ehre habe, an der Spitze der christlichen Bauernvereinsorganisation zu stehen, mit allem Nachdruck jedem Versuch zur Gefährdung der Selbständigkeit der christlichen Bauernvereine entgegentreten werde. ... Die Selbständigkeit und Unabhängigkeit unserer Bewegung ist ein teures Vermächtnis von Schorlemer, das wir zu hüten und zu pflegen haben.

Ein offenes Wort in diesem Zusammenhange über die viel missverstandene Frage der Einheitsorganisation. ...

Gewiss haben wir im freien landwirtschaftlichen Organisationswesen eine beklagenswerte Zerrissenheit, und es tut not, hier zu einer stärkeren Zusammenfassung der Kräfte zu kommen. Aber man dient diesem an sich gesunden Gedanken nicht, wenn man unter Ausserachtlassung aller geschichtlichen Erfahrungen die Forderung erhebt nach einer schematischen Uniformierung des gesamten landwirtschaftlichen Organisationswesens. ...

So ergibt sich als das oberste Gebot die Pflicht, zunächst unsere eigene Organisation zu stärken und sie zu höchster Leistungsfähigkeit zu bringen. Eine selbständige, in sich gefestigte, angesehene und leistungsfähige Vereinigung der christlichen Bauernvereine zu schaffen, das ist das Ziel, das ich mir bei Übernahme des Präsidentenamtes vor allem gestellt habe, und an diesem Ziele werde ich unverbrüchlich festhalten. ... Nur eine leistungsfähige, starke Organisation ist auch ein guter Partner für die Zusammenarbeit mit den anderen ..." (21a)

Dass die Konsequenzen dieser Einstellung bald mit denen der schleswig-holsteinischen, rheinischen und westfälischen Einheitsbewegung kollidieren würden, war vorauszusehen. Obwohl auch der Reichslandbund die seit der viel berufenen Demonstration der Landvolkbewegung (28. Januar 1928) forcierten Einigungsverhandlungen nicht gern sah, kam ihm doch das Plädoyer Hermes' in Münster gegen eine missverstandene Einheitsorganisation und für die Fortsetzung der organisatorischen Traditionen gelegen, da man so diesem die Schuld am Misslingen der Verhandlungen zuschieben konnte.

Während die Berliner Spitzen eine Vereinigung mit Mehrfachanschluss ablehnten, arbeiteten die Vertreter des Einheitsorganisationsgedankens, die sich aus allen Organisationen rekrutierten, weiter. Offenbar lebten sie zu diesem Zeitpunkt noch in dem Glauben, man könne nicht nur in der Provinz, sondern mit Hilfe der Einigungstendenzen von Bauernvereinen und Landbünden in den Provinzen Rheinland und Westfalen auch in den Reichsspitzen eine volle Verschmelzung, wenigstens von Bauernvereinen und Reichslandbund, von unten her erzwingen.

(21) Berliner Tageblatt 2. VIII. und 3. VIII. 1929, SchAM Abt. 1 M 3.
(21a) Westf. Bauer, 59. Jg. 1928, 3. X. 1928.

Ergebnis dieser Bemühungen war am 1. Oktober 1928 der Zusammenschluss im Schleswig-Holsteinischen Bauernbund, womit es nun wieder drei Organisationen gab. "Diese neue Organisation war von unten herauf gewachsen, sie bildete die Provinzialvereinigung der Einheitsorganisationen, die in zahlreichen Kreisen durch Verbindung der Bauernvereinsgruppen mit den Landbundgruppen bereits entstanden waren." (22) "Für die beiden alten Organisationen Landbund und Bauernverein war die grosse Abwanderung ihrer Mitglieder an die neue Organisation äusserst unangenehm. Sie hingen nun praktisch in der Luft, da ihnen der Unterbau in den einzelnen Kreisen fehlte. Ihr Vorteil dem Bauernbund gebenüber bestand darin, dass sie in der folgenden Zeit dank ihres Berliner Spitzenanschlusses enger und wirkungsvoller auf die agrarpolitischen Bemühungen der "Grünen Front" einwirken (konnten) als der Bauernbund, der in Berlin kein direktes Sprachrohr hatte." (23)

Der Bauernbund gewann die 6000 bisher unorganisierten Betriebe und dazu die Mehrheit der bisherigen Bauernvereins- und Landbundmitglieder.

Als im Februar/März 1929 auf Reichsebene die Arbeitsgemeinschaft "Grüne Front" zustande kam, zeigte sich an deren Beurteilung die Verschiedenheit der Einstellungen. Während Hermes klar aussprach, dass für ihn mit der Dachorganisation in folgerichtiger Fortführung seiner bisherigen Bauernvereinspolitik schon eine gewisse Endlösung erreicht sei, sagte der Schleswig-Holsteinische Bauernbund spätestens für den Herbst 1929 eine restlose Verschmelzung von Reichslandbund und Vereinigung voraus und bezeichnete "die enge Arbeitsgemeinschaft der "Grünen Front" nur als eine Vorstufe für dieses organisatorische Endziel" (24). Beide Seiten verfolgten 1929 konsequent ihre Politik. Hermes arbeitete massgeblich in der Grünen Front und im Reichstag an der Vertretung der landwirtschaftlichen Interessen. In der Vereinigung setzte er einen Beschluss gegen einen Doppelanschluss durch (Vorstandssitzungen vom 20. März, 14. Juni und 4. Oktober 1929 und Rundschreiben mit Schiele an alle Bauernvereine vom 17. März 1929) (25). Der Bauernbund andererseits versuchte weiter, in Schleswig-Holstein Landbund und Bauernverein für seinen Plan zu gewinnen. Angesichts der Hermesschen Linie in der Vereinigung scheiterte dies bei dem Bauernverein.

Mit dem Landbund wurde am 1. Januar 1930 der Schleswig-Holsteinische Land- und Bauernbund gegründet, dem sich weitere Bauernvereinsmitglieder anschlossen. Die Situation in Schleswig-Holstein war danach: mehr als 4/5 aller Betriebe gehörten dem allein dem Reichslandbund unterstellten Land- und Bauernbund an, der Rest blieb beim Bauernverein. Vergleicht man die Lage von Anfang 1928 (18. Januar 1928) mit der von Anfang 1930 (1. Januar 1930), so ergibt sich: beide Male zwei Organisationen in der Provinz, aber während 1928 fast 4/5 vom erweiterten Bauernverein erfasst waren, gehörten zwei Jahre später mehr als 4/5 dem Land- und Bauernbund an. Also eindeutig eine völlige Umkehrung der Machtverhältnisse zuungunsten des Bauernvereins. Thyssen bedauert (26), dass der

(22) Heberle, S. 156.
(23) Thyssen, S. 387.
(24) Thyssen, S. 388.
(25) S. u. Kapitel Grüne Front.
(26) S. 390 f.

Bauernverein die Einheitsbewegung, der die überwiegende Zahl seiner bisherigen Mitglieder angehörte, nicht zu der seinen machte und nun abseits stand. Thyssen, ein Verfechter der Einheitsorganisation, der auch der späteren Eingliederung des Land- und Bauernbundes in den Reichsnährstand positive Seiten abzugewinnen vermag (27), hält die Spitzenanschlussfrage, die die Einigung zum Scheitern brachte, für eine lediglich taktische Frage. Er meint, sie hätte zurückgestellt und dem Ziel der Einigung untergeordnet werden müssen. Anders Hermes. Für diesen entschied sich hier in der Praxis die Grundsatzfrage: Arbeitsgemeinschaft oder Einheitsorganisation. Rückblickend·kann man höchstens die Frage stellen, ob es 1930 möglich gewesen wäre, den in vielen Provinzen von der Mehrzahl der Bauern vertretenen Einheitsgedanken in eine nicht im Reichsnährstand endende Richtung zu leiten. Der Versuch von Hermes, die Entwicklung zu stoppen und ihr eine christlich profilierte Organisation entgegenzusetzen, scheiterte.

Die Entwicklung zeigte, dass die vom Schleswig-Holsteinischen Bauernverein prognostizierte Alternative für den Bauernbund, entweder Verständigung mit dem Landbund oder Unterwanderung durch die radikale Rechte und das Hinübergleiten zum Nationalsozialismus (28), kein Entweder-Oder, sondern ein chronologisches Sowohl-Als-Auch war. Der Bauernbund, in dem "numerisch die Bauern, zunächst aber an Einfluss die Grossgrundbesitzer und ihr Anhang unter den Grossbauern führend waren, war nun bestrebt, den "Rumpf" des Bauernvereins ebenfalls zu sich hinüberzuziehen. Das ist zwar an dem Widerstand der Bauernvereinsführer in Schleswig-Holstein und vor allem in der Reichsleitung der Bauernvereine gescheitert; aber der Bauernverein war zur Einflusslosigkeit verurteilt, sobald Anfang 1930 die NSDAP ihn boykottierte.

Das Vorgehen des Landbundes gegen den Schleswig-Holsteinischen Bauernverein entspricht ganz der Taktik, die der Landbund überall im Reich gegenüber den selbständigen Bauernorganisationen eingeschlagen hat, ausser in den katholischen Gegenden (29), wo die Bauernvereine selbst unter Leitung von Grossgrundbesitzern·standen.

Wohl gelang es dem Landbund, die auf dem Boden der Weimarer Verfassung stehende regierungstreue Bauernorganisation zu zerschlagen, aber das eigentliche Ziel der Konservativen, die Bauernschaft in ihre politische Gefolgschaft zu bringen, wurde nicht erreicht, da in der neuen Einheitsorganisation die Nationalsozialisten die Überhand hatten." (30)

Der Restbauernverein entfernte sich in den Jahren 1930-1933 immer mehr von der Linie der Hermesschen Vereinigung. Am 20. Januar 1930 fand in Altona eine Vertreterversammlung des Bauernvereins statt (31), auf der die Anhänger der Einigungsbewegung, geführt von Tönnsen, erneut versuchten, die Gesamteinigung in Schleswig-Holstein durchzusetzen, zu der nur noch der Anschluss des Bauernvereins fehlte. Tönnsen, der Sprecher der sieben Kreisverbände des Bauernvereins, die den Bauernbund gegründet hatten und die Einheitsbewegung trugen, verteidigte seine Politik.

"Gegen den Einigungswillen der schleswig-holsteinischen Bauern könne sich heute keiner mehr auflehnen. In dem Schleswig-Holsteinischen Land- und Bauernbund handele es sich um eine rein bäuerliche Organisation unter rein bäuerlicher Führung. Er appelliere hiermit an die Vereinigung

(27) Ibid. S. 397/398.
(28) In: SchAM Abt. 1, F 5 b, Brief vom 4. XII. 1929.
(29) Siehe Rheinland.
(30) Heberle, S. 156.
(31) Protokoll in: SchAM Abt. 1, F 5 a.

Deutscher Bauernvereine, der besonderen Eigenart und der besonderen Aufgabe des schleswig-holsteinischen Bauernstandes gerecht zu werden. Dafür könne er einstehen, dass die neue Organisation unbedingt in bäuerlichem Sinne geführt würde." (32)

Gegen die Vereinigung erhob er den Vorwurf, dass nicht der Bauer, sondern die Verwaltungsbürokratie in der Berufsorganisation des Bauernvereins herrsche (33), ein Vorwurf, der häufig an die Adresse von Hermes gerichtet wurde. Hermes blieb bei seiner Ablehnung des Mehrfachanschlusses. Die Einheitsorganisationsanhänger, alte Bauernvereinskreise, verliessen nach der Rede Tönnsens unter Protest die Versammlung, als sie nicht zur Abstimmung zugelassen wurden. Das Ergebnis war eine Erklärung des Bauernvereins,"dass Verschmelzungsverhandlungen mit dem Land- und Bauernbund nicht mehr in Frage kommen." (34)

Bezeichnend für die Stimmung im Lande war der Satz des Beschlusses des Bauernvereins:

"Die heutige Vertreterversammlung des Schleswig-Holsteinischen Bauernvereins hat sich trotzdem von dem ernsten Bestreben leiten lassen, alle Möglichkeiten zur Schaffung einer bäuerlichen Einheitsfront zu erschöpfen." (35)

Man zog in Altona die Konsequenz:

"Die ungeheure Not der schleswig-holsteinischen Bauern erfordert entschlossenes Handeln. Daher bestellt die Vertreterversammlung des Schleswig-Holsteinischen Bauernvereins einen Aktionsausschuss. Dieser hat alle organisatorischen Angelegenheiten des Schleswig-Holsteinischen Bauernvereins entscheidend zu führen. Seine besondere Aufgabe ist die Wiedervereinigung der schleswig-holsteinischen Bauern in einer starken bäuerlichen Standesbewegung." (36)

Interessant ist zweierlei an diesem Beschluss: Man kam nicht gut umhin, der Einheitsbewegung entgegenzukommen. Da man jedoch die Verschmelzung ablehnte, bekannte man sich zur Einheitsfront, womit man organisatorisch nicht festgelegt war. Da man jedoch die eigenen Felle schwimmen sah, versuchte man durch einen Aktionsausschuss die verlorengegangene Initiative wieder zu erlangen. Was aus dem Beschluss nicht hervorgeht: Der Präsident des Schleswig-Holsteinischen Bauernvereins, Stamerjohann, der lange mit der Einheitsbewegung sympathisierte und Kontakte mit ihr aufrechterhalten hatte - in Altona gab er in Selbstkritik zu, der Einheitsbewegung zu weit entgegengekommen zu sein (37) -, wurde aus der vordersten Reihe zurückgezogen und die Leitung praktisch dem Aktionsausschuss unter Iversen und dem Hauptgeschäftsführer Schulze übertragen. Stamerjohann legte im Sommer 1930 den Vorsitz nieder und wurde Ehrenpräsident, was er aber nach etwa einem Jahr auch aufgab (38).

Die Anhänger der Einheitsorganisation berichteten über Altona in ihrer Presse unter der Überschrift: "Berlin hat sich durchgesetzt" (39). Im

(32) Protokoll S. IV/V.
(33) Ibid. S. IV.
(34) In: SchAM, DBC 21. I. 1930.
(35) Ibid.
(36) Ibid.; vgl. Protokoll, S. XII.
(37) Protokoll, S. VII; vgl. Thyssen, S. 392/93.
(38) Vgl. Brief Iversens an Hermes, 17. IV. 1930, SchAM Abt. 1, F 5 o und "Schleswig-Holsteinischer Bauernbund",Nr. 18, 1930.
(39) Schleswig-Holsteinische Landeszeitung, Nr. 17, 21. I. 1930.

amtlichen Organ des Land- und Bauernbundes, dem "Schleswig-Holsteinischen Bauernbund", hiess es:

"Es hat sich gezeigt, dass in dieser Versammlung der Einfluss der Berliner Agrarbürokratie stärker war wie das Wollen der schleswig-holsteinischen Bauern: endlich zu einer restlosen Einigung zu kommen. ... Das Ziel des Schleswig-Holsteinischen Bauernvereins war ... von Anfang an, uns entweder zu einer Blutauffrischung seiner zusammengebrochenen Organisation zu benutzen, oder aber als Sonderorganisation zurückzubleiben und sein Teil der schleswig-holsteinischen Landwirte vor den Wagen der Agrarbürokratie zu spannen, die sich bei einer Einigung aller deutschen Landwirte in ihrer Spaltpilzexistenz gefährdet sieht."

In einem Rückblick aus Anlass der Trennung von Schleswig-Holsteinischem Bauernverein und Vereinigung der deutschen christlichen Bauernvereine schrieb die Schleswig-Holsteinische Landeszeitung (40) am 16. Juni 1931:

"... der gesunde Gedanke des bäuerlichen Einheitswillens geriet unter die Räder der Berliner Organisationsbürokratie und fand seinen Tod durch taktische Erwägungen und Rücksichten auf persönliche Interessen."

Der Restbauernverein unter Iversen (41) und Schulze entwickelte sich durchaus nicht so, wie Hermes es gehofft hatte. Wie von allen der Vereinigung angeschlossenen Vereinen forderte Hermes auch vom Schleswig-Holsteinischen die Aufgabe des Doppelanschlusses an die Deutsche Bauernschaft. Dazu jedoch waren Iversen und Schulze nicht bereit. Der verbliebene Bauernverein orientierte sich wirtschaftspolitisch immer mehr an der Deutschen Bauernschaft bzw. an dem Bremer Tantzen-Verband. Daraus ergaben sich fortlaufend Spannungen zur Agrarpolitik der Spitze in Berlin und zur Grünen Front. War die Vereinigung als eine Stütze der Grünen Front mehr, wenn auch nicht ausschliesslich, grossagrarisch eingestellt, und lehnte sie die Einfuhr billiger ausländischer Futtergerste ab, so war dies gerade die Forderung der nordwestdeutschen Schweinemastgebiete, die vom Tantzen-Verband vertreten wurde. Die Auseinandersetzungen, die sich aus dieser unterschiedlichen agrarpolitischen Einstellung ergaben, werfen ein bezeichnendes Licht auf die Spannungen innerhalb der Grünen Front (42). Diese waren 1929 überdeckt worden, brachen aber schon 1930 wieder auf und lassen sich am Beispiel "Schleswig-Holsteinischer Bauernverein auf der Linie der Deutschen Bauernschaft und Tantzens gegen Vereinigung der deutschen christlichen Bauernvereine und Grüne Front" deutlich aufzeigen. Nach dauernden Reibungen kam es im Sommer 1931 zum endgültigen Bruch.

Schon am 8. Mai 1931 hatte sich die Vorstandssitzung der Vereinigung mit dem vom Schleswig-Holsteinischen Bauernverein und der Deutschen Bauernschaft erhobenen Vorwurf, sich zu wenig für die Veredelungswirtschaft einzusetzen, beschäftigt und allgemein eine Verstärkung des Schutzes dieses Wirtschaftszweiges gefordert (43). Ausserdem überprüfte sie ihre Beziehungen zum Schleswig-Holsteinischen Bauernverein, verlangte von diesem Aufgabe des Doppelanschlusses und endgültiges Einschwenken auf die wirtschaftspolitische Linie der Vereinigung, also sowohl organisatorisch als auch in seiner Politik eine Trennung von der Deutschen Bau-

(40) Nr. 138.
(41) Zur Wahl von Iversen zum Nachfolger Stamerjohanns siehe Brief Hermes' an Iversen, 4. VI. 1930 in: SchAM Abt. 1, F 5 s.
(42) S. u.
(43) VDBV an die Kreisbauernvereine Schleswig-Holsteins, 23. VI. 1931, S. 7, SchAM Abt. 1, L 1 b.

ernschaft, mit der sie in der Grünen Front zusammenarbeitete. (44) Der Schleswig-Holsteinische Bauernverein zog aber aus diesen Forderungen mit der dahinter stehenden Warnung, bei Nichtbefolgung aus der Vereinigung ausgeschlossen zu werden, keine Konsequenzen, sondern beharrte auf seiner bisherigen Politik. Schliesslich kam im Sommer 1931 die Entscheidung.

Anlass war eine Rede, die Hermes am 29. Mai 1931 auf dem 8. Rheinischen landwirtschaftlichen Genossenschaftstag in Köln (45) gehalten hatte. Hermes begründete dort in seinem Vortrag über "Die genossenschaftliche Selbsthilfe und die Voraussetzungen ihrer wirksamen Durchführung" die derzeitige Agrarpolitik und nahm sie u. a. gegen den Vorwurf der Bevorzugung der Getreidewirtschaft auf Kosten der Veredelungswirtschaft in Schutz. Ironisch berichtete der "Schleswig-Holsteinische Bauer", das Organ des Schleswig-Holsteiner Bauernvereins, am 13. Juni 1931 über diese Rede unter der Überschrift "Eine Stimme der Weisheit" und griff die Vereinigung der deutschen christlichen Bauernvereine, Hermes und die Grüne Front heftig an. Daraufhin brach die Vereinigung noch am selben Tag die Geschäftsbeziehungen zum Schleswig-Holsteinischen Bauernverein ab. (46)
Diese Regelung beantwortete der Schleswig-Holsteinische Bauernverein am 24. Juni 1931 mit dem von seiner Vertreterversammlung erklärten Austritt aus der Vereinigung, diese wiederum schloss am 11. August 1931 in einer Vorstandssitzung den Schleswig-Holsteinischen Bauernverein aus der Vereinigung der deutschen christlichen Bauernvereine aus.

Vergleicht man die Entwicklung in Schleswig-Holstein und die im Rheinland miteinander, so kommt man zu dem paradoxen Ergebnis, dass sich in Schleswig-Holstein der Bauernverein organisationspolitisch im Sinne der Berliner Spitze gegen die Einheitsorganisation, auch auf Provinzebene, aussprach und gleichzeitig wirtschaftspolitisch die Linie der Veredelungswirtschaft gegen die Agrarpolitik der Grünen Front verteidigte, während im Rheinland der Bauernverein organisationspolitisch gegen die Berliner Spitze stand und mit dem Landbund die Einheitsorganisation propagierte, gleichzeitig aber wirtschaftspolitisch hinter den Bemühungen der Grünen Front stand. Im Falle Schleswig-Holstein führte der Gegensatz in der Agrarpolitik zur organisatorischen Trennung. Im Falle des Rheinlands schwenkte der rheinische Bauernverein organisatorisch auf die Linie der Vereinigung ein, wenn es sich auch nur um einen Kompromiss auf Zeit, einen Waffenstillstand handelte, während vom Ziel prinzipiell nichts abgestrichen wurde. Von den Reichsspitzen aus gesehen hatte es der Reichslandbund einfacher als die Vereinigung der deutschen Bauernvereine. Wirtschaftspolitisch stimmte man weitgehend überein, wenn die Vereinigung auch eher zu einer Verständigung mit der Deutschen Bauernschaft gelangen konnte, da die bäuerliche Struktur ihres Vereins eher den Interessen der Kleinbauern entsprach als die des Reichslandbundes. Organisatorisch aber sass der Reichslandbund am längeren Hebel. Er wollte, als stärkster Verband des Reiches, die Einheitsorganisation, konnte sich aber, ohne etwas zu verlieren, vorerst mit der Arbeitsgemeinschaft zufriedengeben und vorbereitend in den Provinzen seine weiteren Ziele propagieren. Dadurch konnte er von unten her die Unruhe schüren, die Verhältnisse in seinem Sinne bearbeiten und die Vereinigung durch Eroberung ihrer Provinzvereine zer-

---

(44) Vorstandsbeschluss vom 8. V. 1931.
(45) DBC 13. VI. 1931, SchAM.
(46) Brief Hermes vom 13. VI. 1931 an den Schleswig-Holsteinischen Bauernverein, SchAM Abt. 1, F 5 b.

mürben. Ob dann diese allmählich infiltriert wurden wie im Rheinland, wo der Bauernverein die Landbund-Parolen selbst verbreitete, oder ob der Landbund ehemalige Bauernvereinsmitglieder abwarb und Abspaltungen hervorrief wie in Schleswig-Holstein, wo der Landbund sich die Landvolkbewegung nutzbar machte, - in jedem Fall war es ein Erfolg für den Reichslandbund, dem die Zeit - Wirtschaftskrise und Rationalisierungsnotwendigkeit - in die Hand arbeitete. Dass auf lange Sicht allerdings auch der Reichslandbund der Betrogene blieb und dem Nationalsozialismus gegenüber das Nachsehen hatte, steht auf einem anderen Blatt.

Die Entwicklung in Schleswig-Holstein, speziell das Schicksal des Bauernvereins, in den letzten Jahren der Weimarer Republik ist ein typisches Beispiel für die den Übergang zum Reichsnährstand vorbereitende politische Rechtsradikalisierung der landwirtschaftlichen Organisationen unter dem Einfluss der Wirtschaftskrise.

Während der gemässigte, unter den berufsständischen landwirtschaftlichen Organisationen politisch in der Mitte stehende Bauernverein während der Konsolidierungsphase der Weimarer Republik in Schleswig-Holstein unbestritten die Führungsrolle innehatte, wurde er mit dem Einsetzen der Wirtschaftskrise seit 1928 von den sich radikalisierenden, politisch rechts stehenden Kreisen in die Defensive gedrängt und seit 1930 wenn nicht zur völligen, so doch zur relativen Bedeutungslosigkeit herabgedrückt. Dabei verstand es der Landbund, die Landvolkbewegung seinen Zielen nutzbar zu machen und sich trotz anfänglicher organisatorischer Bedenken zum Führer der Einheitsbewegung aufzuschwingen. Beim Landbund wie beim Bauernverein haben formelle, organisationstechnische Überlegungen, auch wenn sie äusserlich die Entscheidung brachten - so die Frage des Doppelanschlusses beim Bauernverein - zwar die Rolle des auslösenden Anlasses, nicht aber die des eigentlichen Grundes gespielt. Unter dem Einfluss der Krise bildete sich eine Polarisierung der Stellungnahmen heraus, zwischen der der ehemals gemässigte Bauernverein mittleren Kurses zerrieben wurde. Was unter dem Namen Bauernverein bis 1933 weiter existierte, war in Wirklichkeit etwas ganz anderes als der in der Mitte der 20er Jahre auf die Linie der Vereinigung ausgerichtete Verein. Allerdings wandelte sich auch die Vereinigung unter Hermes. Wie am Beispiel Schleswig-Holsteins besonders deutlich wird, liess die Lage der Landwirtschaft Ende der Weimarer Republik keinen Platz mehr für eine vermittelnde landwirtschaftliche Interessenorganisation. Es gab nur noch die zwei Flügel: politisch rechts stehender, sich immer mehr radikalisierender und den Nazis sich anpassender Land- und Bauernbund, der die Agrarpolitik der Grünen Front unterstützte, oder bei den Demokraten stehende, häufig viehhändlerisch orientierte Kleinbauernorganisationen, wie die Deutsche Bauernschaft und der Tantzen-Verband, in Schleswig-Holstein paradoxerweise der Bauernverein, die die Agrarpolitik der Grünen Front kritisierten und in wachsende Gegnerschaft zur radikalen Rechten und den Nazis gerieten. Offenbar war es nicht möglich, das Hermessche Konzept auf breiter Grundlage durchzusetzen: politisch bei Bejahung der Republik in der Mitte stehend, in der Agrarpolitik die Grüne Front zu unterstützen, ohne die Veredelungswirtschaft zu vernachlässigen, dabei trotz Zusammenarbeit in einer Dachorganisation die Verschmelzung abzulehnen und die Eigenständigkeit bewusst zu betonen.

1933 bei der Errichtung des Reichsnährstandes ereilte die verschiedenen Organisationen ihr vorbereitetes Schicksal auf Reichs- wie auf Provinzebene. Der Schleswig-Holsteinische Land- und Bauernbund wurde zum Lohn für sein Wohlverhalten dem Reichsnährstand eingegliedert. Schliesslich hatte er, vergleichbar dem Reichslandbund, nationalistische Politik unterstützt: u. a. 1931 das Volksbegehren und den Volksentscheid zur Auflösung des Preussischen Landtags, die Landwirtschaftskammerwahlen im Herbst 1931 in enger Zusammenarbeit mit den Nazis, 1932 bei den Reichspräsidentenwahlen Votum für Hitler und überhaupt auf die Nazis ausgerichtete Personalpolitik. Der Bauernverein wurde wie die Vereinigung, von der getrennt er eine eigenständige Agrarpolitik vertreten hatte, 1933 aufgelöst, nachdem er schon in den voraufgehenden Jahren ausgesprochen anti-nationalsozialistisch eingestellt war. Von der Vereinigung bedauert und z. B. von Thyssen noch heute verurteilt, scheint mir die Politik des Bauernvereins unter Iversen und Schulze nicht, wie Thyssen meint, ein Verrat am 1918 gegründeten Verein. Vielmehr habe ich den Eindruck gewonnen, dass der Rest-Bauernverein durchaus mit seinen Ursprüngen in Einklang stand, wenn er eine primär viehhändlerisch ausgerichtete Agrarpolitik in Anlehnung an die Deutsche Bauernschaft und Tantzen betrieb und sich als ausgesprochen evangelischer Verband aus der stärker katholisch-konfessionell bestimmten Vereinigung ausschliessen liess.

3. Die Einheitsbewegung im Rheinland

Die Frage der Einheitsorganisation, die seit 1928/29 mit verstärkter Intensität von den unteren Verbänden, weniger von den Reichsspitzen, propagiert wurde, hat für Hermes als Präsident der Vereinigung vor allem in dem vom Rheinland getragenen Vorstoss ein Problem ersten Ranges gebildet. Deshalb soll an seinem Beispiel die prinzipielle Frage, die auch in Westfalen und in Schleswig-Holstein gestellt wurde und die eine ausweichende Antwort auf Reichsebene in der Grünen Front erhielt, behandelt werden.

Da das Problem nicht erst 1928 auftauchte, sondern nur unter besonderen Umständen erneut aufgegriffen wurde, gliedere ich folgendermassen: Ich stelle zuerst die Stellungnahme der Vereinigung der deutschen Bauernvereine zur Einheitsbewegung im Rheinland während der Präsidentschaft des Freiherrn von Kerckerinck dar. Denn diese präjudizierte die anschliessend behandelte Stellungnahme von Hermes, der die Linie seines Vorgängers weiterführte. Zeitlich beschränke ich mich hier auf den Abschnitt zwischen der Wahl von Hermes zum Präsidenten der Vereinigung der deutschen Bauernvereine (Vollversammlung der Vereinigung, Berlin, 27. März 1928) (1) und der organisationsinternen formellen Beendigung des Streites mit dem Rheinland am 15. November 1929. In diesen Monaten wurden alle Gesichtspunkte durchdiskutiert. Danach schwelte das Problem zwar weiter, bis es 1933 durch die Gleichschaltung radikal, und wie sich nach 1945 zeigte, endgültig gelöst wurde; grundsätzlich neue Gründe aber wurden von keiner Seite mehr angeführt.

Ihren ersten Höhepunkt erlebte die vom Rheinland getragene Bewegung mit der Kölner Notkundgebung am 20. Februar 1929, die unmittelbar mit der Gründung der Grünen Front zusammenhängt.

Das Für und Wider zur Einheitsorganisation scheint mir unter drei Gesichtspunkten interessant: vom Standpunkt des Biographen im engeren Sinne, der nach der Stellung von Hermes zu den landwirtschaftlichen Problemen seiner Zeit fragt, vom organisationspolitischen Standpunkt als Beitrag zur Geschichte der Vereinigung der deutschen christlichen Bauernvereine und unter der ideengeschichtlichen Fragestellung nach den Vorläufern oder Wegbereitern des Reichsnährstandes und seiner Gegner in der ausgehenden Weimarer Republik.

a) Die Stellungnahme der Vereinigung der deutschen (christlichen) Bauernvereine zur Einheitsbewegung im Rheinland während der Präsidentschaft des Freiherrn von Kerckerinck

Der Plan der Einheitsorganisation geht in die Vorkriegszeit zurück. (2) Schon während der Präsidentschaft v. Kerckerincks führte er zu internen

(1) Westf. Bauer, 59. Jg. 1928, Nr. 14, 4. IV. 1928, S. 237.
(2) Die Problematik dieser Darstellung liegt in ihrer zeitlichen Begrenzung. Es ist ein etwas prekäres Unterfangen, im Rahmen einer biographisch akzentuierten Untersuchung Probleme zu behandeln, deren Wurzeln weit über den behandelten Zeitraum hinausreichen. Die Frage der Einheits-

Schwierigkeiten und Reibereien. So hängt z. B. das Interregnum innerhalb der Vereinigung vom 4. September 1924 bis zum 8. Oktober 1925 (3) hiermit zusammen. Die Streitigkeiten erreichten am 20. August 1926 mit dem Austritt des Rheinischen Bauernvereins aus der Vereinigung der deutschen Bauernvereine (4) ihren ersten Höhepunkt.

Was waren Anlass und Grund dieses spektakulären Vorgehens und wie reagierten die Vereinigung, die anderen Bauernvereine und die Presse auf diesen Schritt?

Im September 1927 erschien eine ausführliche 49seitige Rechtfertigungsschrift des Rheinischen Bauernvereins (5), welche folgendermassen argumentierte: Gegen Dr. Crone-Münzebrock, seit 1916 geschäftsführendes Vorstandsmitglied der Vereinigung in Berlin - unter Hermes wurde die Trennung in Präsidentschaft und Geschäftsführung aufgegeben (6) und so für Hermes von Anfang an eine grössere Machtfülle geschaffen, die ihn für die Behandlung der anstehenden Probleme seinem Vorgänger gegenüber in eine günstigere Position rückte, sich übrigens auch finanziell vorteilhaft für ihn auswirkte -, gegen Dr. Crone als dem eigentlich ausschlaggebenden Mann für die Vereinigung also wurden von seiten des Rheinischen Bauernvereins schwerwiegende Vorwürfe erhoben. Dr. Crone habe eine offensichtlich ungerechte Regelung des Stimmrechts und der Beitragspflicht vorgenommen, die Neugründung kleiner, von Berlin, sprich von Dr. Crone abhängiger Bauernvereine durchgeführt, den Einbruch des Nassauischen Bauernvereins in das Gebiet des Rheinländischen und Trierischen Bauernvereins geduldet; verschiedene Genossenschaftsgründungen der Vereinigung, mehrere Protokollunterschlagungen und andere Massnahmen parteiischen Hausmachtsstrebens zugunsten einer einseitigen Nebenpolitik in Berlin gingen auf sein Konto. Diesbezügliche Verstösse des Rheinischen Bauernvereins habe er unbeantwortet gelassen. In der Schrift des Rheinischen Bauernvereins wird Dr. Crone als Widersacher der vom Rheinischen Bauernverein in Übereinstimmung mit anderen Verbänden vertretenen Bestrebungen auf Rationalisierung, Vereinheitlichung und Konzentration der landwirtschaftlichen Wirtschaftskräfte dargestellt (7). Dr. Crone habe aus egoistischem Machtstreben die Zentralisation der Vereinigung in Berlin betrieben und damit Vereinheitlichungsbestrebungen auf Reichs-

organisation kann richtig und erschöpfend nur unter Einbeziehung der Entwicklung seit der Gründung des Bundes der Landwirte geklärt werden. Im wesentlichen drei Strömungen wären dabei zu berücksichtigen: 1. die Kammerbewegung im Rheinland, 2. die Kriegserlebnisse (1. Weltkrieg) der deutschen Bauern, 3. die Ideologie des Bundes der Landwirte. Eine grosse Arbeit, die diese notwendigen, hier aus den genannten Gründen leider vernachlässigten Gesichtspunkte berücksichtigt, ist im Entstehen begriffen.
(3) Bericht über die Vorgänge, die zum Austritt des Rheinischen Bauernvereins aus der Vereinigung der deutschen Bauernvereine geführt haben, Köln, Sept. 1927, S. 26; aus Privatbesitz (Dr. Dr. F. Jacobs) (zitiert als: Bericht).
(4) Ibid. S. 36 und Originalbriefe: Rheinischer Bauernverein an Vereinigung Deutscher Bauernvereine, 20. VIII. 1926; Vereinigung Deutscher Bauernvereine an Rheinischen Bauernverein, 4. IX. 1926, aus Privatbesitz (Dr. Dr. F. Jacobs).
(5) Anm. 3.
(6) Ibid.
(7) Bericht, S. 13.

ebene entgegengearbeitet (8), denn - das steht unausgesprochen dahinter - eine kraftvolle Spitzenorganisation bereite bei einer Eingliederung in eine Reichsorganisation natürlich grössere Schwierigkeiten als eine schwächere. Will man diese Argumentation des Rheinischen Bauernvereins beurteilen, so muss man sich klarmachen, dass das von diesem starken, alten Bauernverein propagierte Prinzip der Dezentralisation innerhalb der Vereinigung im Sinne des eigenen Machtanspruches war und dass auf agrarpolitischem Gebiet ebenfalls dieses Prinzip für eine Durchsetzung des vom Rheinischen Bauernverein propagierten Planes der Einheitsorganisation günstiger war.

Unter Berücksichtigung der vor 1926 (9) und seit 1928 verfolgten Linie des Rheinischen Bauernvereins gewinnt man bei aufmerksamer Lektüre des Berichtes den Eindruck, dass in dieser Darstellung Ursache und Anlass für den Austritt aus der Vereinigung vertauscht werden. Nicht vornehme Rücksichtnahme liess den Rheinischen Bauernverein seine Austrittserklärung offiziell mit dem angeblich vorgegebenen Grund, der Schaffung einer berufsständischen Einheitsorganisation (10), rechtfertigen, während Dr. Crones Verfehlungen die tiefere Ursache gewesen waren, sondern - neben offenbar speziellen sachlich begründeten Vorwürfen wie Intrigen und geschäftlichen Inkorrektheiten - Dr. Crone wurde vom Rheinischen Bauernverein angegriffen, weil er mit seiner Politik dem Bestreben des Rheinischen Bauernvereins im Wege stand.

Dem rückblickenden Betrachter drängen sich zahlreiche Parallelen zwischen dem Sturz Crone-Münzebrocks und der gut fünf Jahre später folgenden Entmachtung von Hermes (s. u.) auf. In beiden Fällen sollte der massgebliche Mann der Vereinigung ausgeschaltet werden, weil er einer organisatorischen Vereinheitlichung im Wege stand. 1927 wurde der Angriff offen vom Rheinischen Bauernverein geführt, 1933 wurde die alte Einheitsbewegung, weiterhin vom Rheinland propagiert, von den neuen Machthabern für ihre Zwecke aufgegriffen. Von wem der Anstoss zum Kampf gegen Hermes ausging, blieb unklar. Die Vorwürfe waren derselben Art wie die gegen Crone-Münzebrock. Vom Ergebnis profitierte anfangs offenbar das Rheinland, das seinen Vertreter, den Frhr. Hermann von Lüninck, auf den Posten von Hermes nachrücken sah.

Der Austritt des Rheinischen Bauernvereins war als erster Schritt auf dem Wege zur berufsständischen zwangsmässigen Einheitsorganisation gedacht. Auf Provinzebene wollte man den Rheinischen Bauernverein zum offiziellen Unterbau der Landwirtschaftskammer machen (11). Das lässt sich aus einem Zeitungsaufsatz belegen.

Am 4. September 1926 erschien im Rheinischen Bauer (12) ein am 30. August 1926 vom Hauptvorstand des Rheinischen Bauernvereins gebilligter Artikel v. Loe's unter dem Titel: "Ein wichtiger Schritt auf dem Wege zur Einigung der deutschen Landwirtschaft", der die prinzipiellen Gründe für den Entschluss des Rheinischen Bauernvereins erläuterte. Das Ziel sei eine "korporative Organisierung des Berufsstandes als bedeutsamstes

---

(8) Bericht, S. 13.
(9) 9. XI. 1920 Schaffung der Spitzenorganisation "Vereinigte Rheinische Bauernvereine"(Rheinischer und Trierischer Bauernverein); und am 24. IX. 1922 Arbeitsgemeinschaftsvertrag zwischen dem Landwirtschaftlichen Verein für Rheinpreussen und diesem Bauernverein.
(10) Bericht, S. 36.
(11) Bericht, S. 37.
(12) 44. Jg. Nr. 36, S. 303 f.

Glied einer berufsständisch aufgebauten Gesellschaft" (13), welche eine "Zusammenfassung aller Kräfte und Bestrebungen des Standes zu einem einheitlichen Ganzen" (14) erfordere. Dies sei nur in einer "Zwangsmitgliedschaft aller Landwirte" (15) gewährleistet, welche auf einer "festen gesetzlichen Basis" (16) beruhen müsse. Organisatorisch werde das folgendermassen aussehen: Eingliederung der Vereine in die Landwirtschaftskammer als deren Unterbau - dadurch Vermeidung von Doppelarbeit und Geldeinsparungen; schliesslich "Schaffung einer organisch aufgebauten Einheitsfront unter der Dachspitze und Führung der Landkammer (17)," - ein Gesichtspunkt, der für die drei Jahre später eingenommene Einstellung zur Grünen Front wichtig ist. Schon hier spricht sich v. Loe gegen die Erreichung der Einheit der deutschen Landwirtschaft über den Weg des Zusammenschlusses der grossen agrarpolitischen Verbände mit dem Argument aus, dieser Weg sei durch das Gegeneinander der Verbände in der Vergangenheit zu belastet.

Dass man den Schritt des Rheinischen Bauernvereins in der Vereinigung als prinzipiell und nicht nur formell organisatorisch begründet ansah, geht aus den Entgegnungen hervor. Die erste Reaktion des Westf. Bauernvereins in seinem Presseorgan, dem "Westfälischen Bauern", auf den Austritt sprach von

"Bestrebungen, eine sogenannte einheitliche landwirtschaftliche Organisation auf Zwangsgrundlage mit der provinziellen "Dachspitze" der Landwirtschaftskammern und der Reichsspitze des deutschen Landwirtschaftsrates zu bilden und zu diesem Zwecke die freien Organisationen in die gesetzliche Zwangskörperschaft einzugliedern," (18)

und lehnte diese als der gesamten deutschen Bauernbewegung widersprechend ab. Hier wie auch in der am 15. September 1926 im "Westf. Bauern" (19) veröffentlichten Stellungnahme der Vereinigung wurde der Gedanke ausgesprochen, eine derartige Zwangsorganisation bedeute eine "Schädigung der landwirtschaftlichen Interessen gegenüber allen anderen Berufszweigen". Man könne nicht diese Form der Einheitsorganisation fördern und gleichzeitig "die Festigung des einheitlichen Zusammenarbeitens der landwirtschaftlichen Berufsvertretungen", die Einheitsfront, wie sie schon im Reichsausschuss der deutschen Landwirtschaft bestehe (20), unterstützen.

Ausführlicher setzte sich v. Kerckerinck mit dem Problem am 2. Oktober 1926 in Münster in seiner sog. Zimbernhausrede auseinander (21).

Auf Veröffentlichungen in verschiedenen Blättern - u. a. auch den "Rheinischen Bauern", das Organ des Rheinischen Bauernvereins, und eine "Denkschrift" (22) - sich stützend, entwickelte der Präsident der Vereinigung aus der Politik des Rheinischen Bauernvereins ein Modell. Es handle sich um die Durchsetzung einer halbbehördlichen Zwangsorganisation, die hier auf Provinzebene vorbereitet werde. Die unterste (=Gemeinde)Ebene sollten die bisher freien Verbände, die Bauernverbände, bilden, worauf über

(13) (14) (15) (16) ibid. S. 303 (vgl. Anm. 12).
(17) Ibid. S. 304.
(18) 57. Jg., Nr. 36, S. 343, 8. IX. 1926.
(19) Nr. 37, S. 355.
(20) Ibid. S. 355.
(21) Westf. Bauer, 57. Jg. 1926, Nr. 40, S. 395 ff., 6. X. 1926.
(22) Diese Bezeichnung wurde vom Rheinischen Bauernverein im "Bericht" und in einem Brief vom 19. XI. 1926 an den Westf. Bauernverein, zitiert im Bericht S. 38 ff., zurückgewiesen.

die Zusammenfassung im Kreis in der Provinz die Landwirtschaftskammer und schliesslich im Reich der Deutsche Landwirtschaftsrat folge.

"Das letzte Ziel der Entwicklung ist eine umfassende berufsständische Zwangsorganisation aller Landwirte, beginnend in der Gemeinde und weiter durchgebaut über den Kreisverband zur Provinzialorganisation (gemeint ist die Landwirtschaftskammer) mit weiterem Spitzenanschluss an die landwirtschaftliche Einheitsorganisation im Staat und Reich (gemeint ist für Preussen die Hauptlandwirtschaftskammer, für das Reich der Deutsche Landwirtschaftsrat)." (23)

Bäcker (24) schreibt: "In diesem Programm sind also weitgehend Tendenzen zu einer Verschmelzung der beiden (25) bedeutendsten landwirtschaftlichen Organisationen in eine Spitzenorganisation, d. h. in die Landwirtschaftskammer erhalten. Man hat diese Tendenz später geleugnet (26), aber sie liegen dem angezogenen Wortlaut nach so offensichtlich da - und sind auch in allen dem (Rheinischen) Bauernverein nicht angehörenden Kreisen so aufgefasst worden (27) -, dass hierüber keine Erörterung mehr erforderlich ist."

Die Ablehnung des Rheinischen Planes begründete v. Kerckerinck mit zwei Argumenten:

Erstens: In einem Zeitalter der von den Parteien KPD, SPD, DDP und den extremen Flügeln der bürgerlichen Parteien befürworteten "kalten Sozialisierung" sind die Bauernvereine die berufenen Institutionen, das Eigentum zu verteidigen. Gerade auch angesichts des auch für die Landwirtschaftskammer geltenden Prinzips der reinen Kopfzahl müssen die Bauernvereine die Interessen des zahlenmässig unterlegenen Bauernstandes vertreten (28).

Zweitens: Eine halbbehördliche, vom Staat abhängige Zwangsorganisation kann gerade in einem parlamentarischen Regierungssystem mit wechselnden Mehrheiten und mit der Landwirtschaft wenig geneigten Regierungen in Konfliktsfällen nicht die Interessen des landwirtschaftlichen Berufsstandes mit dem Nachdruck vertreten, wie es eine unabhängige, freie Organisation vermöchte.

"Ein solches Moment der Abhängigkeit aber wird zu einem Moment der Schwäche in Zeiten parlamentarischer Demokratie, indem diese gerade landwirtschaftlichen Interessen gegenüber sich erfahrungsmässig mehr oder weniger befangen zeigt. Diese Kehrseite kann ausgeglichen oder wenigstens gemildert werden, wenn eine Landwirtschaftskammer den Resonanzboden starker, freier Berufsverbände hinter sich hat, den sie beliebig erklingen lassen kann. Den freien wirtschaftspolitischen Berufsverbänden eignen gerade die Vorbedingungen, die heute einem Parlamente und einer auf parlamentarischem Boden stehenden Regierung gegenüber wirksam sind. Sie können die Massen ihrer Anhänger unbeschwert durch Konzilianz und Höflichkeit mobilisieren. ... Werden aber die freien Verbände, zumal diejenigen bäuerlichen Charakters, zur Auflösung gebracht oder

---

(23) Westf. Bauer, vgl. Anm. 21, S. 397.
(24) Bäcker, Walter: Wesen und Entwicklungstendenzen der landwirtschaftlichen Berufsvertretung in der Rheinprovinz, agr. Diss. Bonn 1928, S. 127.
(25) Gemeint: Rheinischer Bauernverein und Landwirtschaftsverein für Rhein-Preussen.
(26) Vgl. Kammerbeschluss vom 15. X. 1926; so heute noch der Frhr. Hermann von Lüninck.
(27) S. u. Reaktion in der Presse.
(28) Westf. Bauer, vgl. Anm. 21, S. 399.

auch nur in ihrer unmittelbaren Aktionskraft geschwächt, hört damit auch der Druck der ländlichen Massen gegenüber Parlamenten und Parteien (!!) auf und wird dieser Resonanzboden den Kammern genommen, so wird die gesetzliche Berufsvertretung notwendigerweise mehr und mehr ihren Aufsichtsinstanzen und damit indirekt der parlamentarischen Demokratie überantwortet." (29)

Unüberhörbar ist hier der starke antiparlamentarische Affekt. Daraus darf nun aber nicht der Schluss gezogen werden, die Befürworter des Einheitsorganisationsplanes seien die Verteidiger der parlamentarischen Demokratie gewesen. Vielmehr gehören die Bestrebungen des Rheinlandes in das umfassendere Konzept eines christlichen Ständestaates. Dieses wurde von der katholischen Soziallehre (1891 Rerum novarum) begünstigt und erhielt 1931 durch die Enzyklika "Quadrogesimo anno" Auftrieb (30). Viele seiner Vertreter sahen 1933 ihre Vorstellungen im nationalsozialistischen Staat verwirklicht, sollten aber schon bald bitter enttäuscht werden.

Die staatspolitischen Gefahren, die der Weimarer Republik von der Grundkonzeption dieses Planes her drohten, erkannte Bäcker schon 1928 mit aller Deutlichkeit. Er formulierte die immanenten Konsequenzen mit prophetischer Klarheit: "Was nun schliesslich die Grundanschauung von einer berufsständischen Organisation der Gesellschaft anbelangt, so ist diese ja durchaus problematisch und der heutigen Aufteilung der Parlamente in Parteien zuwiderlaufend. Historisch kann ... die Landwirtschaft als ehemaliger "Stand" nicht rekonstruiert werden ... Es liegt also den Ausführungen der Abhandlung ein neues Programm der ständischen Gliederung der Wirtschaft zugrunde. Dieses Problem braucht allerdings hier wohl nicht eingehender erörtert zu werden, da es sich zu einer weitgehenden staatspolitischen Auseinandersetzung entwickeln würde, bei der Wirtschaftsparlament und Diktator usw. als Endentwicklung vielleicht auftauchen könnten." (31)

Unterstützt wurden die Ausführungen v. Kerckerincks von einem Artikel des Generalsekretärs der Vereinigung im "Westfälischen Bauer" (32), in dem er die einzelnen Konsequenzen für die Bauernvereine aus einer Verbindung mit den Kammern darlegte.

Auch die Presse-Reaktion war allgemein dem rheinischen Vorschlag gegenüber ablehnend (33). Die der Vereinigung angegliederten und auch andere Bauernvereine schlossen sich der Meinung der Zentralstelle an und liefen nicht zum Rheinischen Bauernverein über.

Der weitere Verlauf der Auseinandersetzung soll hier nicht verfolgt wer-

(29) Ibid. S. 399.
(30) S. u. Fränk. Bauer 1933; vgl. auch die Zeitschrift "Ständisches Leben", 1931 ff.; ibid. S. 220.
(31) Bäcker, S. 130/131.
(32) Westf. Bauer, 57. Jg. 1926, Nr. 40, S. 373 f., 16. X. 1926.
(33) Vgl. 1) Westf. Bauer, 57. Jg. 1926, Nr. 36, S. 343 f., 8. IX. 1926, Nr. 37, S. 355 f., 15. IX. 1926, Nr. 39, S. 383, 29. IX. 1926, 2) Westdtsch. Tageszeitung: 9. IX. 1926, 3) Köln. Volkszeitung: 11. IX. 1926, 4) Trierer Landeszeitung: "Kölner Harakiri", 5) Rhein. Bauernzeitung: 9. IX. 1926, betr. Stellungnahme des RLB gegen den Plan. Bäcker, S. 132 f. meint zur Presse-Kritik, sie gehe nur auf die negativen Seiten des Planes ein. "Die tieferliegenden Fragen: die Schaffung des korporativen Berufsstandes, des Kammerunterbaues und die Arbeitsregelung zwischen der Kammer und den freien Organisationen wurde zumeist gar nicht berührt."

den. Interne Schwierigkeiten (34) führten am 15. Januar 1928 zum endgültigen Rücktritt v. Kerckerincks (35), was die Gesamtvorstandssitzung der Vereinigung der deutschen Bauernvereine am 31. Januar 1928 erfuhr. Noch einmal publizierte v. Kerckerinck im "Westf. Bauern" (36) unter der Überschrift "Ostergedanken" grundsätzliche Überlegungen zur Frage der Einheitsorganisation. Der Aufsatz erschien unmittelbar vor der Bekanntgabe der Wahl von Hermes zum neuen Präsidenten der Vereinigung. Jacobs (37) meint dazu:

"... so darf man wohl aus dem für die Veröffentlichung seiner "Ostergedanken" gewählten Zeitpunkt schliessen, (dass v. Kerckerinck) aus den reichen Erfahrungen seiner mehr als zwanzigjährigen Präsidentschaft seinem Nachfolger im Berliner Präsidentenamt seinen Beitrag, eine Richtschnur, sozusagen sein organisationspolitisches Testament, beisteuern" wollte. Wie die Stellungnahme der Vollversammlung vom 27. März 1928 und die Rede von Hermes zeigen, folgten sie im wesentlichen der Linie v. Kerckerincks.

v. Kerckerinck unterschied zwischen westelbischem Bauerntum, worunter er die alten Bauernvereins-Gebiete aufzählte, und ostelbischen Grossagrariern.

"... wir wollen uns bewusst bleiben, dass unsere Artung eine andere ist, wie es denn auch einer inneren Notwendigkeit entspricht, dass sich zwei Organisationsformen, die Bauernvereine für die eine, der Reichslandbund für die andere Spezies gebildet haben." (38)

Aufgabe der Bauernvereine sei es,

"die eigene Artung unseres westelbischen, speziell westfälischen Bauerntums zu erkennen, herauszuarbeiten und zu vertiefen." (39)

Diese kulturelle Aufgabe wurde von wirtschaftlicher Seite unterstützt, denn

"Bauernwirtschaft ist vorwiegend landwirtschaftliche Veredelungswirtschaft. ... Im preussischen Osten ist die Urproduktion, der Getreidebau, vorherrschend." (40)

Im Hinblick auf die organisationspolitischen Fragen führte v. Kerckerinck aus: Verantwortungsbewusste Führer des Berufsstandes müssten versuchen,

"die bestehenden Differenzen zwischen den einzelnen Organisationen auszuräumen, um auf diesem Wege eine fruchtbare Zusammenarbeit für das gemeinsame Wohl zu ermöglichen und die Landwirtschaft aus der Zersplitterung herauszuführen. Dabei sind wir uns bewusst, dass wir uns einer anderen Organisation niemals nähern dürfen auf Kosten unserer Grundsätze und unserer Wesensart" (41) -

Gedanken, die später wieder auftauchen und deshalb hier so ausführlich gebracht werden.

"Als Endziel im landwirtschaftlichen Organisationswesen schwebt mir vor: eine einheitliche, geschlossene Organisation des westlichen Bauern-

---

(34) Vgl. nähere Ausführungen bei Jacobs, Schorlemer ... S. 47 f.
(35) Vgl. Westf. Bauer, 59. Jg. 1928, Nr. 6, S. 102, 8. II. 1928; Nr. 10, S. 165, 7. III. 1928.
(36) Nr. 14, S. 235 ff., 4. IV. 1928.
(37) Jacobs, Ferdinand: Deutsche Bauernführer, Schriften zur ländlichen Bildung Bd. II, Düsseldorf 1958, S. 162.
(38) Westf. Bauer, 59. Jg. 1928, Nr. 14, S. 235, 4. IV. 1928.
(39) Ibid.
(40) Ibid.
(41) Ibid. S. 236.

tums auf dem Boden des Schorlemerschen Programms und eine ebenso einheitliche Organisation der östlichen Landwirtschaft, jede für sich, aber beide in ihrer Spitze zu einer Arbeitsgemeinschaft verbunden." (42)

Unter Hermes tauchte die scharfe geographische Trennung nicht auf, was an den praktischen Forderungen, Ausbau und Festigung der Position der Vereinigung im Westen und auf Reichsebene Arbeitsgemeinschaft der (beiden) Spitzenverbände zur Vertretung wirtschaftlicher Interessen nichts änderte. Hiernach richtet auch Hermes seine Politik aus.

Lage und zukünftige Aufgaben im Rheinland nach dem Austritt des Rheinischen Bauernvereines aus der Vereinigung der deutschen Bauernvereine (20. August 1926), d. h. die Situation, die Hermes vorfand.

Seit seinem Austritt war der Rheinische Bauernverband der Vereinigung der deutschen Bauernvereine gegenüber isoliert. Trotz aller gegenteiligen Beteuerungen konnte die rheinische Landwirtschaft hieraus keinen wirtschaftspolitischen Nutzen ziehen. Und wie stand es um das alte Ziel von Loe's, eine einzige, einheitliche landwirtschaftliche Korporation zu schaffen?

Nachdem der ursprüngliche Verschmelzungsplan auf einhellige Kritik gestossen war, wurde er in entscheidenden Punkten modifiziert. Nun verfolgte man die Schaffung einer einheitlichen, aus Landwirtschaftskammer und den freien Organisationen gebildeten Berufsvertretung ohne Verschmelzung und mit Verteilung der Arbeit und der Aufgaben.

Diese Wende zeigt sich deutlich in der Resolution des Kammervorstandes der rheinischen Landwirtschaftskammer vom 15. Oktober 1926 (43). Die Landwirtschaftskammer, von Bäcker die Mutter des ganzen Planes genannt - was in doppeltem Sinne, nämlich im Hinblick auf ihre Stellung in der geplanten Einheitsorganisation und in Bezug auf die Urheberschaft verstanden werden kann -, zog sich nach der negativen Reaktion auf eine enge Zusammenarbeit von Landwirtschaftskammer und freien Organisationen, der Einheitsfront zurück, was nun unter Einheitsorganisation verstanden werden sollte. Die Resolution besagt nach Bäcker folgendes:

"1. Der Verschmelzungsgedanke wird aufgegeben, die freien Organisationen werden als notwendig zur Förderung des Berufsstandes anerkannt.

2. Das Ziel der Einheitsfront kann durch Arbeitsteilung bzw. Arbeitsvereinigung erreicht werden. Die Kammer ist in diese Arbeitsordnung einbezogen." (44)

Seit dem Herbst 1926 war demnach die Situation im Rheinland die: Es gab - seit 1922 - eine Arbeitsgemeinschaft zwischen dem Landwirtschaftsverein für Rheinpreussen und den Vereinigten Rheinischen Bauernvereinen, welche Ansatzpunkt für den in der Resolution geforderten Ausbau der Einheitsfront sein sollte. Die praktischen Konsequenzen mussten sein: gleichberechtigte Einbeziehung des Reichslandbundes, Beseitigung der im Vertrage vorhandenen Verschmelzungstendenzen und Erweiterung des Delegationsrechtes der Ausschüsse der Kammer an die freien Organisationen.

Akut wurde das Problem schon bald nach der Wahl von Hermes zum neuen Präsidenten der Vereinigung der deutschen Bauernvereine. Es trat 1929 in ein neues Stadium, wurde durch die Auswirkungen der Wirtschaftskrise verschärft und zog sich, wie die Protokolle der Vereinigung zeigen, in den folgenden Jahren durch die Diskussionen des Vorstandes, bis es 1933 mit

(42) Ibid. S. 236.
(43) Bäcker, S. 138 ff.
(44) Ibid. S. 140.

den Mitteln des totalitären Staates radikal gelöst wurde. Anfangs begrüsst und unterstützt von seinen ursprünglichen Verfechtern, wie dem Frhr. Hermann von Lüninck, wandten sich diese aber schon bald ge- und enttäuscht und missbraucht von einer Wirklichkeit ab, die sie mit vorbereitet, aber so nicht gewollt hatten.

b) Die Stellungnahme der Vereinigung der deutschen (christlichen) Bauernvereine unter der Präsidentschaft von Hermes

Seit seinem Austritt aus der Vereinigung (20. August 1926) verfolgte das Rheinland weiter die Einheitsorganisation, wenn auch in abgemilderter Form. Die Zwangseingliederung in die Landwirtschaftskammer versuchte man nicht mehr zu erreichen. Als nach dem Rücktritt v. Kerckerincks die Neuwahl des Präsidenten zur Diskussion stand - die das Rheinland, da ausserhalb der Vereinigung stehend, formell nichts anging - und für die Vollversammlung schon auf die Tagesordnung gesetzt war, traten die Bemühungen des Rheinlandes in ein neues Stadium ein. Am 5. März 1928 taten sich der Rheinische und Westfälische Bauernverein zu einer Arbeitsgemeinschaft zusammen (= Hagen I). In welche Richtung der hier eingeschlagene Weg führte, wurde der Öffentlichkeit gegenüber erläutert:

"Nachdem die Landwirtschaftskammern als die gesetzlichen Berufsvertretungen der Landwirtschaft im Deutschen Landwirtschaftsrat ihre kraftvolle Spitze gefunden haben, nachdem auch der Zusammenschluss der grossen landwirtschaftlichen Genossenschaftsverbände zu einer kaufmännisch handelnden Einheitsorganisation bevorsteht, erscheint es um so mehr erforderlich, dass die wirtschafts- und standespolitischen Organisationen der deutschen Landwirtschaft aus der bisherigen Zersplitterung herausgeführt werden.

In gemeinsamer Erkenntnis dieser Notwendigkeit verbinden sich der Westfälische und der Rheinische Bauernverein zu einer Arbeitsgemeinschaft, um baldigst den organischen Zusammenschluss der landwirtschaftlichen Berufsorganisationen zu erreichen." (45)

Zweierlei ist an Hagen I bemerkenswert: Einmal das Drängen auf baldige Schaffung einer Einheitsorganisation, nach dem Rheinland nun mit ihm auch vom Westfälischen Bauernverein, dem ältesten Bauernverein und dem nach Programm und weltanschaulicher Ausrichtung für die Vereinigung richtungweisenden Verein. Allerdings hatte der Rücktritt v. Kerckerincks schon gezeigt, dass auch in Westfalen grosse Unruhe herrschte und seit Jahren von unten ein Druck auf die Organisation auf Schaffung der Einheitsorganisation ausgeübt wurde. Zusammen mit dem rheinischen Wortführer der Bewegung wurde das Drängen stärker. Das zweite wichtige Ergebnis war der engere Zusammenschluss der beiden Vereine, von denen nur der eine der Vereinigung angeschlossen war, der andere aber ausserhalb stand. Als der letztgenannte sich bald darauf um erneuten Anschluss an die Vereinigung bemühte, wurde damit neben der prinzipiellen auch eine schwierige organisationspolitische Frage aufgeworfen.

Kurz nach der Wahl von Hermes setzten die Verhandlungen wegen des Wiedereintritts des Rheinischen Bauernvereins in die Vereinigung der deutschen Bauernvereine ein. Sie zogen sich über den Sommer in den Herbst

---

(45) Westf. Bauer, 59. Jg., 1928, Nr. 12, S. 205, 21. III. 1928; vgl. Protokoll der Vorstandssitzung der VDBV, 20. III. 1929, S. 25 und S. 48; Vorstandssitzungsprotokolle der VDBV vom 20. III. 1929 und 4. X. 1929, Hermes-Nachlass, DBV.

1928 hinein und kreisen um drei Probleme: die Streitigkeiten mit dem mittelrheinisch-nassauischen Bauernverein, in denen Hermes vermitteln sollte, die Frage der Beitragszahlungen innerhalb der Vereinigung, der Festsetzungsmodus und das mit ihm verknüpfte Stimmrecht, d. h. der Einfluss der einzelnen Bauernvereine, und das Problem der Einheitsorganisation. Schon während der Verhandlungen, begleitet von einem regen Briefwechsel, gab es Unklarheiten und Missverständnisse; so z. B. nach einer Besprechung am 13. Oktober 1928 in Berlin zwischen Hermes und v. Loe (46), als man sich nicht auf ein eindeutiges, die Unklarheiten ausräumendes schriftliches Protokoll einigen konnte. Kurz darauf machte das Rheinland gemeinsam mit Westfalen am 7. November 1928 (= Hagen II) einen erneuten Vorstoss in Richtung auf die Einheitsorganisation: Es stellte einen Antrag auf Spitzenzusammenarbeit, der nach dem - am 12. November 1928 vom Rheinland angekündigten - Wiedereintritt in die Vereinigung dieser in der nächsten Versammlung vorgelegt werden sollte. Der Antrag lautete:

"Die Vereinigung Deutscher Bauernvereine und der Reichslandbund, sowie nach Möglichkeit die Deutsche Bauernschaft, bilden einen Arbeitsausschuss, in dem die Vertreter der Provinzialverbände der standespolitischen Organisationen der deutschen Landwirtschaft gemeinsame Fragen der deutschen Landwirtschaft beraten und gleichmässige Stellungnahmen vorbereiten." (47)

Nimmt man diesen Antrag mit Hagen I und den seit langem gleichgerichteten Aktionen zusammen, so konnte nirgends ein Zweifel darüber aufkommen, wie sich das Rheinland die weitere Entwicklung dachte. Die in Hagen II geforderte Arbeitsgemeinschaft musste als erste vorbereitende Einleitung zur Einheitsorganisation angesehen werden. Da man sich aber über daraus resultierende Organisationsfragen nicht einig werden konnte, behielt sich das Rheinland im Brief vom 12. November 1928, der seinen Wiedereintritt ankündigte, freie Hand in offen gebliebenen Organisationsfragen vor. Obwohl hier also keine restlose Übereinstimmung erzielt war, befürwortete Hermes die Wiederaufnahme des Rheinischen Bauernvereins (Schreiben vom 4. Dezember 1928). Die in den nächsten Wochen einlaufenden Antworten der 27 Bauernvereine sind ohne Ausnahme prinzipiell positiv. Nur sechs meldeten Einschränkungen an: zwei hatten Bedenken gegen bestimmte Personen, u. a. gegen v. Loe, zwei hatten spezielle Vereinsinteressen gegenüber dem Rheinischen Bauernverein und zwei plädierten dafür, grundsätzliche Fragen, nämlich die der Beitragszahlungen und der Grundsätze von Hermes bzw. der Vereinigung, zu klären. Es erhebt sich die Frage, warum Hermes sich für den am 21. Januar 1929 vollzogenen Wiedereintritt des Rheinischen Bauernvereins einsetzte. Aus seinem Verhalten - ich berücksichtige hier auch schon sein Vorgehen in den folgenden Monaten - schliesse ich auf folgende Überlegungen:

Der Eintritt des Rheinischen Bauernvereins, eines reichen, einflussreichen und dynamischen Verbandes mit alter Tradition, war ein Prestigegewinn für die Vereinigung und konnte zu deren Machtgewinn beitragen.

Das Rheinlandproblem, mit dem v. Kerckerinck nicht fertig geworden war, war eine Herausforderung an Hermes, seine taktischen Fähigkeiten zu erproben.

(46) Mappe Rheinland I, aus Privatbesitz (Dr. Dr. F. Jacobs).
(47) Protokoll der Vorstandssitzung, 20. III. 1929, S. 10,
vgl. Anm. 45.

Einmal der Vereinigung angeschlossen und auf ihre Statuten verpflichtet, musste es Hermes leichter fallen, das Rheinland mit Hilfe der übrigen sechsundzwanzig Vereine zu überspielen. - Hier kommt das Stimmrechtsproblem herein, das das Rheinland zu seinen Gunsten zu ändern beabsichtigte, nämlich nicht mehr wie bisher gleiches Stimmrecht der recht unterschiedlich starken Bauernvereine, was auf eine Abhängigkeit der vielen kleinen Verbände von Berlin und damit einer Stärkung der Zentrale hinauslief, sondern Einfluss nach Verbandsstärke.

Innerhalb der Vereinigung war die Stellung des Rheinlands Berlin gegenüber schwächer als als ungebundener, gleichberechtigter Verhandlungspartner, der der Zentrale nicht verpflichtend untergeordnet war.

Hermes spielte als geschickter Taktiker auf Zeitgewinn. Es ist anzunehmen, dass er darauf spekulierte, der Einheitsbewegung von oben das Wasser abgraben zu können, sie aufzufangen und allmählich auszutrocknen. Diese Überlegungen haben bald darauf bei der Gründung der Grünen Front nachweislich eine Rolle gespielt. (48)

Diese Überlegungen mögen Hermes bewogen haben, das Risiko angesichts der ungeklärten Lage, aber bei Aussicht auf einen grossen Erfolg einzugehen.

Im Laufe des Jahres 1929 ergaben sich grössere Schwierigkeiten als erwartet. Offenbar hatte Hermes die Situation im Rheinland falsch eingeschätzt, denn der Rheinische Landbund liess sich nicht ohne weiteres vom Rheinischen Bauernverein einverleiben.

Mit geschicktem Taktieren und verzögernden Hinhaltemanövern war es aber nicht mehr lange getan. Die Gegner von Hermes waren im Frühjahr 1929 nicht länger bereit, sein doppeldeutiges Verhalten, wie es besonders in seiner gleichzeitigen Teilnahme an der Notkundgebung in Köln und am Gründungsaufruf der Grünen Front (20. Februar 1929) sich zeigte, zu akzeptieren. Mag Hermes auch in Köln der geschickten Regieführung des Frhr. Hermann v. Lüninck in die Falle gegangen sein und gegen seinen Willen in etwas hineingezogen worden sein, was er nicht gewollt hatte, mag auch die Vorbesprechung der Entschliessung von Köln in seinem Sinne interpretierbar und von Schiele auch so verstanden worden sein, so blieb nach Köln doch nur noch der Ausweg einer restlosen Klärung. Eine eindeutige Festlegung der Linie der von Hermes vertretenen Vereinigung konnte nun nicht mehr hinausgeschoben werden.

Als Hermes dennoch den Antrag Hagen II von der ersten auf die zweite und schliesslich auf eine spätere Vorstandssitzung verschob (49), gingen das Rheinland und Westfalen zur Offensive über: Am 11. März 1929 beschlossen sie in Hagen (III), selbst die Einheitsorganisation voranzutreiben und stellten der Vereinigung ein Ultimatum (bis zum 1. Oktober 1929).

"Die delegierten Kommissionen der Bauernvereine und der Landbünde von Rheinland und Westfalen beschliessen vorbehaltlich der Genehmigung der zuständigen Organe:

1. In jeder der beiden Provinzen schliessen sich Bauernverein und Landbund sofort zu einer provinziellen Einheitsorganisation zusammen.
2. Die Spitzenverbände in Berlin werden aufgefordert, alsbald sich zu einer Reichseinheitsorganisation zu verschmelzen.
3. Sollte bis zum 1. X. 1929 die geforderte Reichseinheitsorganisation nicht ins Leben getreten sein, so richten beide Provinzialeinheitsorganisatio-

---

(48) Hermes an Bollig, 14. III. 1929, S. 2; Mappe Rheinland I, aus Privatbesitz (Dr. Dr. F. Jacobs).
(49) Protokoll vom 20. III. 1929, Hermes-Nachlass, DBV S. 11.

nen unabhängig von den Spitzenorganisationen an alle agrarpolitischen Vereinigungen Deutschlands eine Aufforderung, mit ihnen zwecks Gründung der Reichseinheitsorganisation in Verhandlung zu treten.

4. Die Einzelheiten der provinziellen Verschmelzung sollen durch Kommissionen in beiden Provinzen festgelegt werden.

Dieckmann   Frhr. v. Loe
Schulze-Oben   Schwecht   " (50)

Mit diesem Hagener Beschluss beschäftigte sich am 20. März 1929 die Vorstandssitzung der Vereinigung der deutschen Bauernvereine (51). Hier wurden alle Gründe für und gegen die Einheitsorganisation angeführt, die jemals ins Feld geführt wurden. Ich werde sie systematisch aufführen.

Die Gegner der Einheitsorganisation brachten vor:

a) weltanschauliche, d. h. konfessionelle Gegensätze. Diese Überlegungen führten besonders prononciert Hermes und Kropp, der Vertreter Heims, an. Sie sprachen von "Wesensunterschieden zwischen dem Bauernverein und dem Landbund" (S. 20), vom "Geist der christlichen Bauernbewegung" (S. 20) und von der "christlichen Weltanschauung", auf Grund deren "die Einheitsorganisation vor dem Gewissen nicht verantwortet werden könne." (S. 71);

b) wirtschaftliche Gegensätze zwischen Bauernvereinen und Landbünden; hier bäuerlicher Grundbesitz, dort Grossgrundbesitz (Hermes, S. 19/20), eine Gedankenführung, die an früher behandelte Äusserungen v. Kerckerincks (s. o.) anschliesst;

c) historische Belastungen des Verhältnisses von Bauernvereinen und Landbünden infolge der gegen die Bauernvereine gerichteten Landbundpolitik, von Hermes an Hand eines historischen Rückblicks (S. 124 ff.) exemplifiziert;

d) parteipolitische Gegensätze. Dieser Gedanke wurde besonders durch v. Kerckerinck vertreten, der ihn in einem auf der Sitzung verlesenen Brief (52) darlegte:

"Wir haben heute und noch in vielen Jahren eine Linksregierung. Dem Landbund sind aber seine politischen Wirkungsmöglichkeiten nach links einstweilen stark verbaut. Für die landwirtschaftliche Interessenvertretung ist daher das Correlat der Bauernvereine, die zum Zentrum und zu Linksparteien Beziehungen unterhalten, absolut notwendig. Verschmelzen sich die Bauernvereine mit dem Landbund, so werden die bei der Linken nun einmal vorwaltenden Stimmungen mit ihren bekannten, der Zugkraft nicht entbehrenden Schlagworten "Ostelbien", "Grossagrarier", "Junker", "Rheinisch-Westf. Baronie" etc. sofort auf das Gesamtgebilde übertragen werden. Der heutige Aktionsradius der Bauernvereine wird darunter zum Schaden des Berufsstandes wesentlich beengt und geschwächt, und zwar gerade nach der Seite, auf die es heute ankommt! Manche Kreise des Bauerntums werden sich unter diesen Umständen von uns abkehren, um in den links von uns stehenden landwirtschaftlichen Organisationen ihre Vertretung zu suchen. Die Linksbewegung, namentlich in den Kreisen der kleineren und mittleren Landwirte wird einen starken Auftrieb erfahren." (53)

(50) Westf. Bauer, 60. Jg. 1929.
(51) Die folgenden Zitate nach dem Protokoll der Vorstandssitzung vom 20. III. 1929; Hermes-Nachlass, DBV.
(52) Brief vom 14. III. 1929 an den Vorstand des Westf. Bauernvereins, Protokoll S. 103 ff.; s. o.
(53) Protokoll, S. 104.

e) organisationspolitische Gründe, d. h. aus realistischer Einschätzung der Situation erwachsene Zweifel an der von den Vertretern der Einheitsorganisation aufgestellten optimistischen Prognose für die Bauernvereine. Hummel (S. 84) und v. Kerckerinck (S. 104), Kropp (S. 55 ff.) u. a. glaubten nicht daran, dass die Führung auf Reichsebene auf die Bauernvereine übergehen werde (54), da schon allein im Osten der Reichslandbund überwiege (55) und es nun einmal immer so sei, dass der stärkere Verband sich durchsetze (56) bzw. der radikale Teil Oberwasser bekomme (57). Diese Äusserungen liefen auf eine Kritik am Rheinland hinaus, das seine Situation unberechtigterweise auf andere Gebiete übertragen und daraus die falsche Konsequenz für die Reichseinheitsorganisation der gesamten Landwirtschaft gezogen habe.

Die rheinischen und westfälischen Anhänger der Einheitsorganisation hatten folgende Argumente:

a) Die von unten in den Bauernvereinen drängende Einheitsbewegung müsse von oben aufgefangen werden, wenn man nicht Gefahr laufen wolle, dass die Entwicklung zum Schaden der Bauernvereinsbewegung weiterlaufe und Verhältnisse wie in Schleswig-Holstein entständen (58). Komme man der Bewegung nicht entgegen, so sei eine Zersplitterung der Landwirtschaft die Folge.

b) Die Aufhebung der schon bestehenden Zersplitterung liege auf der Linie der überall in der Landwirtschaft durchgeführten Rationalisierung. Nach derartigen Bestrebungen auf dem Gebiet des Genossenschaftswesens müsse - neben den im Deutschen Landwirtschaftsrat zusammengefassten Landwirtschaftskammern - nun auch die dritte Säule der Landwirtschaft in einer Organisation zusammengefasst werden.

c) Bei dieser Einigung der Landwirtschaft werde dem starken Bauerntum Süd- und Westdeutschlands, das politisch einen gemässigten Kurs der Mitte steuere, zwangsläufig die Führung auf Reichsebene zufallen.

Die Zahl und die Argumente der Gegner der Einheitsorganisation waren stärker. Mit Ausnahme von Westfalen und dem Rheinland ergab die Abstimmung einmütige Ablehnung des ultimativen Hagener Beschlusses und - die Kehrseite desselben - ein ebenso einmütiges Bekenntnis zur Grünen Front.

Die Antwort auf diesen Entschluss des Vorstandes der Vereinigung der deutschen Bauernvereine war von beiden Seiten der Versuch, sich entgegenzukommen.

Am 8. April 1929 beschloss der Hauptvorstand des Rheinischen Bauernvereins:

"Immerhin erklärt sich der Hauptvorstand damit einverstanden, dass die Form der Ziffer 3 (60) bei ausreichender Betonung der Notwendigkeit der alsbaldigen Aufnahme und Durchführung der Einheitsorganisation durch Verständigung der Spitzenorganisationen geregelt wird." (59)

D. h. Aufgabe des Ultimatums.

Am 16. April 1929 sandte Hermes an v. Loe seine mit Schiele hinsichtlich der Zusammenarbeit in der Landwirtschaft getroffene Abmachung, welche am 20. April als Rundschreiben an alle Bauernvereine versandt wurde.

---

(54) Vgl. v. Lüninck, S. 43 f.
(55) Kropp, S. 55 ff.
(56) Hummel, S. 87.
(57) Kropp, S. 61.
(58) v. Lüninck, S. 39 ff. - vgl. Dieckmann, S. 13 ff.
(59) Mappe Rheinland II, aus Privatbesitz, (Dr. Dr. F. Jacobs).
(60) = Hagener Ultimatum vom 1. X. 1929.

"Von dem Wunsch geleitet, die ganze Kraft unserer Organisation für die beschleunigte Durchführung der gemeinsam mit den Herren Präsidenten Dr. Brandes und Minister Fehr eingeleiteten Rettungsaktion für die deutsche Landwirtschaft einzusetzen und alles auszuschalten, was innerhalb der Spitzenorganisationen oder der Unterverbände die erforderliche restlose Zusammenfassung der landwirtschaftlichen Stosskraft für den schweren Kampf um die Existenz der deutschen Landwirtschaft beeinträchtigen kann, haben Minister Schiele und ich die gesamte Lage erneut besprochen. Um den verwirrenden und den schädlichen Folgen gewisser Ausstreuungen über die Frage der landwirtschaftlichen Einheitsorganisation endgültig entgegenzutreten, haben Minister Schiele und ich die nachstehende Vereinbarung getroffen:
1. Die wichtigste und entscheidende Aufgabe der landwirtschaftlichen Spitzenorganisationen besteht darin, die mit der Kundgebung vom 19. Feburar 1929 eingeleitete gemeinsame sachliche Arbeit zur Rettung der deutschen Landwirtschaft erfolgreich zu Ende zu führen. Demgegenüber müssen Organisationsfragen gegenwärtig unter allen Umständen zurücktreten.
2. Die Präsidenten Schiele und Hermes beschliessen ehestens, d. h. sofort nach Abschluss der gegenwärtigen gemeinsamen Arbeit in Verhandlungen auch mit der Deutschen Bauernschaft einzutreten mit dem Ziele, sich über eine Form des organisatorischen Zusammenschlusses zu verständigen.
3. Die Präsidenten Schiele und Hermes halten es für unbedingt erforderlich, dass bis zur Aufnahme dieser Verhandlungen durch die Spitzenorganisationen die angeschlossenen Verbände alles unterlassen, was diesen Verhandlungen vorgreift und sie dadurch unter Umständen erschwert oder gar unmöglich macht. Die Vereinbarung über eine Form des zentralen organisatorischen Zusammenschlusses obliegt den Spitzenorganisationen, die sich die Initiative für die einschlägigen Verhandlungen ausdrücklich vorbehalten müssen.
Die vorstehende Vereinbarung wird in ausdrücklichem Einverständnis mit Minister Dr. Schiele den der Vereinigungen der Deutschen Bauernvereine angeschlossenen Vereinen übersandt mit dem Ersuchen, ihr zukünftiges Handeln in voller Übereinstimmung mit dieser Abmachung zu halten und, unbeschadet der Behandlung lokaler Organisationsfragen, von allen Aktionen abzusehen, die die Frage eines organisatorischen Zusammenschlusses der Spitzenorganisationen berühren. Es ist ferner auf allen Seiten in der Öffentlichkeit zu vermeiden, was die eingeleitete sachliche Arbeit der Spitzenorganisationen stört und Differenzen hervorzurufen geeignet ist. Minister Dr. Schiele hat die dem Reichslandbund angeschlossenen Verbände in gleicher Weise unterrichtet und angewiesen." (61)

Darauf machte v. Loe am 21. Mai folgenden Vermittlungsvorschlag:
"Uns scheint zwischen dieser Formel und unserer grundsätzlichen Einstellung ein wesentlicher Unterschied nicht zu bestehen und erklärt sich deshalb die Vereinsleitung bereit, dem Vereinsvorstand bei seinem nächsten Zusammentreffen zu empfehlen, die von Ihnen mit dem Herrn Präsidenten Schiele vereinbarte Ziffer 2 anzunehmen, wodurch Ziffer 3 der Hagener Beschlüsse für uns eine sinngemässe Abänderung erfährt." (62)

Diesem Vorschlag aber stimmte Hermes nicht zu. Er verlangte im Brief

(61) DBC, 20. IV. 1929, SchAM.
(62) Mappe Rheinland II, aus Privatbesitz (Dr. Dr. F. Jacobs).

vom 3. Juni 1929 an v. Loe (63) eine völlige Beseitigung der Ziffer 3 des Hagener Beschlusses.

Ebenso wie das Rheinland sprachen sich am 6. Juni in Essen auch der Rheinische und Westfälische Bauernverein und Landbund gemeinsam aus.

Mit dem Vorstandsbeschluss der Vereinigung vom 14. Juni, der sich mit "Essen" befasste, und den der Rheinische Bauernverein billigte, war die Ultimatumsfrage aus der Welt geschafft.

Nach diesen Auseinandersetzungen blieb noch das Problem des Doppelanschlusses zu lösen. Die Vorstandssitzung hatte am 20. März 1929 zu ihm beschlossen:

"Aus diesen Erwägungen hält der Vorstand einen Anschluss der der Vereinigung angeschlossenen Vereine an verschiedene landwirtschaftliche Spitzenorganisationen für untragbar und lehnt ihn ab. Ein solcher Anschluss ist unvereinbar mit der Klarheit und Wahrheit in den eigenen Reihen." (64)

Mehrfach erörtert, stellte es sich nach dem regionalen Zusammenschluss von Rheinischem Bauernverein und Landbund mit erhöhter, nun unausweichlicher Aktualität und wurde Hauptpunkt der Erörterungen auf der Vorstandssitzung vom 4. Oktober 1929. Ohne auf die Einzelheiten der Diskussion einzugehen, möchte ich auf Grund des ausführlichen Protokolls die gegnerischen Stellungnahmen systematisch darstellen.

Ob man sich für oder gegen den Doppelanschluss aussprach, resultierte im Grunde letztlich aus der vorausgegangenen Entscheidung für oder gegen die Einheitsorganisation. An diesem Ziel gemessen, wurde der Doppelanschluss als taugliches oder untaugliches Mittel angenommen oder verworfen. Für die Gegner der Einheitsorganisation stellte sich die Situation folgendermassen dar: Die von Hermes und Heim angeführte Mehrzahl der Bauernvereine setzte sich für die Arbeitsgemeinschaft (Modell Grüne Front) ein, d. h. für die Dachorganisation auf Reichsebene bei Aufrechterhaltung der einzelnen Verbände. Voraussetzung für eine fruchtbare Zusammenarbeit war das Beilegen des gegeneinander gerichteten Kampfes. Der mit der Grünen Front gemachte Anfang musste auf Provinzebene weiter ausgebaut und intensiviert werden. Im Einzelfalle konnte man sogar überflüssige, mehrfach bestehende Einrichtungen abbauen, durch gegenseitige Absprachen Doppelarbeit beseitigen und so einen Beitrag zur überall geforderten Rationalisierung leisten. Für die weltanschaulich ausgerichtete Gruppe der Anhänger dieses Planes ermöglichte er die für sie vor allem wesentliche Wahrung der historisch gewachsenen Verschiedenheiten, also in erster Linie der konfessionellen Unterschiede. Konziliante Formulierungen wie die des Freiherrn v. Kerckerinck konnten sogar auf diesem Wege die organische Entwicklung zur Einheitsorganisation sich anbahnen sehen, was allerdings in weiter Ferne lag und an der aktuellen Entscheidung nichts änderte. Ergab sich durch die Zusammenarbeit auf Provinzebene infolge günstiger Kräftekonstellation für den Bauernverein die Möglichkeit, sich den Landbund einzuverleiben, so konnte Hermes eine derartige Vereinheitlichung nur begrüssen (65). Das änderte jedoch prinzipiell nichts an der Form der Reichsarbeitsgemeinschaft. Ein Doppelanschluss war völlig unnötig und wurde, da er nur zu Unklarheiten führen konnte, wie schon am 20. III. 1929 strikt abgelehnt.

Schwierig wurde für Hermes die Situation nach dem 1. Juli 1929. Einerseits hatte er versprochen, die Wünsche des Rheinlands in seiner Provinz

(63) Mappe Rheinland II, aus Privatbesitz (Dr. Dr. F. Jacobs).
(64) Protokoll S. 148, vgl. Anm. 45.
(65) Vgl. Vorstandssitzung, 20. III. 1929, Protokoll S. 135/6.

zu unterstützen (66), andererseits war am 20. März 1929 unter seiner Regie der Beschluss gegen den Doppelanschluss gefällt worden, der im Grunde eine klare Absage an die Einheitsorganisation enthielt. Denn wenn es theoretisch auch noch zwei andere Wege, die Einheitsorganisation zu errichten, gab, nämlich: Zerschlagung aller bestehenden Organisationen und Neugründung einer berufsständischen Organisation der gesamten deutschen Landwirtschaft oder Aufgehen aller Organisationen in einer - und das musste heissen, der grössten, dem Reichslandbund - Organisation, so waren sie doch beide praktisch nicht realisierbar. Der dritte Weg war unter den Umständen der Weimarer Republik der allein gangbare: allmähliche Vorbereitung der Spitzenverschmelzung durch Zusammenschlüsse in den Provinzen. Für eine Übergangszeit sollten die notwendigen Doppelanschlüsse zwischen schon erreichter Einheitsorganisation in der Provinz und noch getrennten Reichsspitzen vermitteln. Dies war der Weg der Anhänger der Einheitsorganisation. Ihn wollte Hermes nicht unterstützen. Er befand sich in einem unauflöslichen Dilemma, hervorgerufen durch zu viel Taktieren. Auf die Frage v. Lünincks, was er vorschlage, um sowohl den Beschluss vom 20. März 1929 einzuhalten als auch die Wünsche des Rheinlandes zu erfüllen, konnte er keine Antwort geben (67). Bei seiner strikten Ablehnung der Einheitsorganisation war für ihn auch der Vermittlungsvorschlag v. Lünincks, aus Rücksicht auf die Entschliessung vom 20. März das Problem des Doppelanschlusses bis zur Durchführung des landwirtschaftlichen Notprogramms zurückzustellen und vorerst nur den ehemaligen Landbundmitgliedern in der neuen Organisation im Rheinland weiter den Anschluss an den Reichslandbund zu gestatten, nicht akzeptabel. Hermes schnitt den Vermittlungsvorschlag ab, indem er den Gruppenanschluss als Doppelanschluss bezeichnete. Das frühere Taktieren, das ihm nun so unangenehm wurde, ist - allerdings nur bis zu einem gewissen Grade - erklärlich unter der Voraussetzung, dass Hermes auf Grund einer falschen Einschätzung der Situation im Rheinland glaubte, die Bewegung werde dort zu einer Einverleibung des Landbundes in den Bauernverein führen. Diesen konnte er dann unterstützen und dennoch prinzipiell die Reichseinheitsorganisation ablehnen. Allerdings wird auch dieses Vorgehen fragwürdig, wenn man bedenkt, dass das Rheinland der Wortführer der Reichseinheitsorganisation war.

Insgesamt drängt sich der Eindruck auf, dass Hermes hier zu viel taktierte und zu wenig prinzipielle Klarheit zeigte. Es war problematisch, einer Bewegung, die er in ihrem klar ausgesprochenen Ziel ablehnte, bis zu einem gewissen Grade entgegenzukommen, obwohl er wusste, das er darin einen Schritt auf einem prinzipiell abgelehnten Wege tat.

Hermes setzte sich in der Vorstandssitzung vom 4. Oktober 1929 durch. Die Abstimmung (68) ergab Einstimmigkeit mit der Ausnahme von Rheinland und Trier. Der angenommene Beschluss verlangte:

"Restlose Klarstellung darüber, dass der Rheinische Bauernverein auch nach vollständiger Durchführung der Fusion mit dem Rheinischen Landbund keinen Doppelanschluss zu vollziehen beabsichtigt, dass auch nicht ein Teil der zukünftigen rheinischen Gesamtorganisation sich dem Reichslandbund anschliessen wird." (69)

(66) Vgl. u. a. Protokoll der Vorstandssitzung vom 4. X. 1929, S. 16.
(67) Protokoll 4. X. 1929.
(68) Protokoll, S. 87.
(69) Ibid. S. 98.

Für die endgültige Regelung dieser und der Beitrittsfrage wurde ein Ultimatum, der 15. November 1929, festgesetzt.

"Sollte bis zu diesem Zeitpunkt eine vollständige Regelung der Angelegenheit und damit eine Anerkennung der Beschlüsse des Vorstandes durch den Rheinischen Bauernverein nicht erfolgt sein, so muss der Vorstand der Vereinigung zu seinem lebhaften Bedauern die Verhandlungen als gescheitert ansehen und den Rheinischen Bauernverein als ausserhalb der Vereinigung stehend betrachten." (70)

Dieser scharfen Kampfansage beugte sich der Rheinische Bauernverein. Sein Vorstand regelte die Frage am 14. November 1929 im Sinne der Vereinigung der deutschen Bauernvereine.

Damit war Hermes aus dieser Auseinandersetzung als Sieger hervorgegangen.

c) Die Notkundgebung der rheinischen Bauern in der Kölner Messehalle am 20. Februar 1929

Am 20. Februar 1929 veranstalteten die Vereinigten Rheinischen Bauernvereine (= Rheinischer und Trierer Bauernverein) und der Rheinische Landbund in Köln eine Notkundgebung, die aus Gründen, die noch im einzelnen dargelegt werden sollen, über die bisher stattgefundenen derartigen Versammlungen (z. B. Krefeld und Koblenz 1928) an Bedeutung hinausging und als ein Markstein in der Entwicklung auf dem Wege zu grösserer Solidarität in der Landwirtschaft bezeichnet werden kann. (71)

Nach Begrüssung und Eröffnung durch v. Loe klang schon in der kurzen Ansprache Schwechts das Problem an.

"Die Not fordert den weiteren Zusammenschluss, das Zusammenschmieden der gesamten Landwirtschaft. Wenn es um die Existenz des Berufsstandes geht, müssen alle Unterschiede verschwinden. Schaffen wir durch den Zusammenschluss der Landwirtschaft einen Machtfaktor, der für den Kampf notwendig ist. Nicht getrennt marschieren und nicht getrennt schlagen, sondern vereint schlagen und vereint marschieren." (72)

Nach den vorausgegangenen Bestrebungen des Rheinlandes konnte nach diesen klaren Worten kein Zweifel darüber bestehen, was die Veranstalter bezweckten und wie sie die Teilnahme von Hermes und Schiele interpretierten, zumal Schwecht sich auch dazu geäussert hatte:

"Zum ersten Male sitzen in einer grossen landwirtschaftlichen Versammlung die beiden Organisationsführer zusammen. Das rheinische Landvolk horcht auf, aufhorcht die gesamte deutsche Wirtschaft, was dieser Tag bringen wird." (73)

Damit wurde das Ereignis aus der regionalen Ebene auf die gesamtdeutsche gehoben.

Hermes, der erste Hauptredner, sprach danach über "Die Zoll- und Handelspolitik sowie die Beziehungen der deutschen Landwirtschaft zum Auslande", für welches Thema er der kompetente Fachmann war (74). Sein Vortrag wurde von der Kölnischen Zeitung (75) als der wertvollste, sehr

---

(70) Ibid. S. 99.
(71) Ich will hier die Kundgebung nur im Hinblick auf die Frage nach der Einheitsorganisation untersuchen.
(72) Rheinischer Bauer, 47. Jg. 1929, Nr. 9, S. 70, 2. III. 1929.
(73) ibid.
(74) Ibid. S. 72-74.
 vgl. Westf. Bauer, Nr. 10, S. 254, 6. III. 1929.
(75) 21. II. 1929, SchAM Abt. 1.

sachliche, aber wenig zündende Beitrag der Tagung bezeichnet. Die Reaktion des Publikums war dann auch entsprechend.

"Während der Rede von Hermes setzte es einige unfreundliche Zwischenrufe wie "Ist das alles?" oder "Wir wollen die Einheitsorganisation". Das stark vertretene landbündlerische Element wollte in diesem Punkt unbedingte Klarheit und sah den Vortrag von Hermes als ein ausweichendes Manöver an." (76)

Hermes' Konsequenzen aus der Notlage der Landwirtschaft lauteten, "Notwendigkeit gemeinsamen Handelns" (77), die aber in der für ihn bezeichnenden Reihenfolge über eine Leistungssteigerung innerhalb der eigenen Organisation -

"erstens (!) alles zu tun, um unsere Organisation zur höchsten Leistungsfähigkeit zu bringen (78) -"

zur

"Solidarität des landwirtschaftlichen Berufsstandes"

und zur "Einigkeit und gemeinsamer Arbeit der Landwirtschaft führen sollte" (79). Aus dieser Einstellung kündigte er die am gleichen Tag getroffene Massnahme, die Gründung der Grünen Front, an.

"... wir sind entschlossen, unsere Zusammenarbeit mit den anderen landwirtschaftlichen Spitzenorganisationen noch enger (!) zu gestalten, so eng und vertrauensvoll, dass der Kampf um die Überwindung der Notstände und zur Sicherung der Zukunft unseres Gewerbes im wahrsten und besten Sinne zu einem gemeinsamen Ringen der gesamten deutschen Landwirtschaft wird.

Herr Präsident Brandes vom Deutschen Landwirtschaftsrat, Herr Minister Schiele vom Reichslandbund, Herr Minister Fehr von der Deutschen Bauernschaft und ich für die Vereinigung der Deutschen Bauernvereine haben eine Vereinbarung getroffen, die Rettungsaktion für die deutsche Landwirtschaft gemeinsam, Schulter an Schulter (!) durchzukämpfen." (80)

Dies war zweifellos ein anderer Weg als der von Schwecht gewünschte; daher die Unzufriedenheit der Zuhörer.

Schiele äusserte sich, wie zu erwarten (81), in der Formulierung weniger zurückhaltend als Hermes und forderte die "Schaffung der Reichsbauernfront" (82), was sich sachlich mit den Ausführungen von Hermes deckte.

"Deshalb heisst es alle nationalen Parteien mit bäuerlichem Geiste zu durchdringen, sie zu einer stets kampfbereiten Agrarfront im Parlament zusammenzufassen. Gegenüber dem parlamentarischen System, das sich in bedenklicher Abhängigkeit von unberechenbaren Massenbewegungen befindet, und in welchem Politik auf weite Sicht nicht zu machen ist, wird es der grössten Machtentfaltung des Berufsstandes bedürfen, um die Parteien für eine zielbewusste Agrarpolitik zu gewinnen. Nur geeint sind wir stark genug, um bei den Parteien und der Regierung einen energischen Druck anzusetzen und uns durchzusetzen. Deshalb gilt es ausserhalb des Parlaments die Reichsbauernfront zu schaffen, die Einheitsfront aller landwirtschaftlichen berufsständischen Organisationen.

(76) Ibid. vgl. Anm. 75.
(77) Rhein. Bauer, S. 73, vgl. Anm. 74.
(78) Ibid.
(79) Ibid.
(80) Ibid.
(81) Vgl. seine Rede auf dem schles. Landbund-Tag, Breslau, 19. I. 1929, Dtsch. Tageszeitung 34, 20. I. 1929, SchAM Abt. 1 M 3.
(82) Rheinischer Bauer, S. 74, vgl. Anm. 75.

Sein oder Nichtsein ist jetzt die Frage. Da heisst es, alles Trennende zurückzustellen. Die landwirtschaftlichen Organisationen müssen Schulter an Schulter im Kampf um ihre Existenz stehen, wenn das Werk gelingen soll. Dabei müssen wir uns bewusst sein:

Die Schwäche einer Front liegt stets da, wo die verbündeten Heere sich berühren. Hier werden gegnerische Kräfte stets versuchen, die Front zu schwächen und zu brechen.

Deshalb ist vertrauensvolle und aufrichtige Zusammenarbeit der Führer unerlässlich. Wir brauchen zur Sammlung und Ansetzung aller agrarischen Kräfte einen Burgfrieden innerhalb des gesamten Berufsstandes. Darum hinweg mit den Schranken parteilicher Zerklüftung. Nur mit geeinter Kraft und aufs engste miteinander verbunden, nur von dem einen Gedanken, von dem einen Willen beseelt: die deutsche Landwirtschaft zu retten, wird das Werk gelingen. Nur mit starker innerlicher Rüstung können wir des Erfolges gewiss sein." (83)

Zum Folgenden sei die kritische Darstellung der Köln. Zeitung zitiert:
"... der Versammlung aber war das auch noch nicht genug, sie verlangte deutlichere Ausdrucksformen für die Reichsbauernfront. Zu ihrem Sprecher machte sich, wenn auch wohl in einer Vormittagssitzung vorbereitet, aber zweifelsohne im Sinne der Versammelten, der Landwirtschaftskammerpräsident von Lüninck. Er legte folgende Entschliessung vor, die mit spontanem Beifall einstimmig angenommen wurde:

"Die von tausenden Bauern aus allen rheinischen Gauen besuchte Notkundgebung in der Messehalle zu Köln verlangt gebieterisch von den Führern der Landwirtschaft in Provinz und Reich die Bildung der wirtschaftspolitischen Einheitsorganisation aller deutschen Landwirte ohne Rücksicht auf Betriebsgrösse, Konfession und Partei als unentbehrliche Voraussetzung für den Erfolg der Entscheidungskämpfe um die Lebensmöglichkeit und Zukunft des deutschen Bauernstandes. (84)

Es folgte dann noch einiger Theaterdonner, ausgeführt von Leuten, die eigentlich nicht dazu gehörten. Hermes und Schiele schüttelten sich auf Aufforderung hin die Hände und Freiherr von Lüninck sprach das Schlusswort. Man hatte den Eindruck, dass Hermes innerlich der am wenigsten Beteiligte bei der Sache sei, dass ihm dieser Denkstein in der Geschichte des rheinischen Bauernstandes etwas schwer vorkomme. Das Werk kann gut werden, wenn man die Mahnungen beherzigt, die wir eingangs aussprachen. Eine Mahnung sei der Bewegung mit auf den Weg gegeben: das Zentrum möge nicht hintertreiben, und die Führer und Wegbereiter für die Einheitsorganisation mögen nicht versuchen, dieses Werk zu einem rechtspolitischen Machtwerkzeug zu stempeln. Man mache das Wort von der Notwendigkeit der agrarischen Querverbindungen durch alle bürgerlichen Parteien wirklich wahr und zur Tat." (85)

Mit diesem Bericht stimmt auch Erwin Topf überein, allerdings urteilt er schärfer und analysiert die Hintergründe der Aktion. Seine Meinung, die später noch viel zitierte "Rütli-Schwur-Szene" sei von v. Loe inszeniert und von v. Lüninck gegen die Führer an der Spitze durchgeführt worden, lässt sich schlüssig belegen. In Berlin wollte man keine volle orga-

(83) Ibid.
(84) Vgl. Rheinischer Bauer, 47. Jg. 1929, S. 25.
(85) Köln. Zeitung, Nr. 102, 21. II. 1928, vgl. zur Interpretation der am Vormittag in einer mit v. Lüninck abgesprochenen Entschliessung durch Hermes und Schiele das Rundschreiben der Vereinigung vom 11. VI. 1929, S. 12/3, Mappe Rheinland II, aus Privatbesitz (Dr. Dr. F. Jacobs).

nisatorische Einheit, keine Verschmelzung in einer Einheitsorganisation, was sich bald zeigte. Grund für das taktische Nachgeben war: man wollte durch scheinbares Entgegenkommen, durch Konzessionen an den Einheitswillen im Bauerntum die vorhandenen Verbände vor einer Revolution von unten behüten.

"Die Verbandsbürokratie spielte das taktische Spiel besser als die Wortführer des zur Einheit hindrängenden Wollens im Bauerntum - Hermes war Loe überlegen. Besonders deshalb, weil er es verstand, die Kräfte der Zentrums-Partei in seinem Sinne gegen den rheinischen Baron zu mobilisieren. Denn auch dem Zentrum war daran gelegen, die Bauernvereine als Zentrums-Wahlvereine intakt zu halten, und sie vor einer Vermischung mit evangelischen Elementen oder gar vor der Unterwerfung unter eine konfessionell gemischte - also zentrumspolitisch indifferente - Reichsleitung zu bewahren." (86)

Dass Hermes mit seiner Taktik Zentrumswünsche zu verwirklichen suchte, lässt sich mehrfach belegen; so z. B. durch einen Brief v. Kerckerincks an Hermes vom 20. April 1929 (87) und indirekt durch verschiedene Zeitungsartikel (88). Eine Auswahl von vier Beispielen sei angeführt:

1. Frankfurter Zeitung, 11. XII. 1930, Nachruf auf v. Loe: "Befangen in den Vorurteilen seiner aristokratisch-monarchischen Anschauungen, geriet er nach dem Kriege in heftigste Konflikte mit seiner Partei, dem Zentrum, auf dessen äusserstem rechten Flügel er stand und dessen Bauernpolitik er durch seine Verschmelzungsbestrebungen mit dem Landbund des öfteren zu durchkreuzen suchte."
2. Köln. Zeitung, 2. Juli 1929, anlässlich der Verschmelzung von Rheinischem Bauernverein und Rheinischem Landbund: "Man wird im übrigen anerkennen müssen, dass die Leute hier am Rhein mit starker Energie und unbekümmert um politische Hindernisse, wie sie sich u. a. durch den Widerstand des Zentrums ... ergeben, ihren Weg gegangen sind."
3. Vossische Zeitung, 2. VII. 1929, aus demselben Anlass wie unter 2. geschrieben: "Damit haben die rheinischen Landwirte eine Vereinigung vollzogen, die weder auf die Widerstände im Lager der Zentralverbände ... noch auf die des Zentrums Rücksicht nimmt."
4. Köln. Zeitung, 21. II. 1929: "Eine Mahnung sei der Bewegung mit auf den Weg gegeben: Das Zentrum möge nicht hintertreiben, und die Führer und Wegbereiter für die Einheitsorganisation mögen nicht versuchen, dieses Werk zu einem rechtspolitischen Machtwerkzeug zu stempeln" - beide Warnungen waren nicht unberechtigt.

Ein abschliessendes Urteil über die Kölner Kundgebung ist an dieser Stelle noch nicht möglich, da die Bedeutung der gleichzeitigen Gründung der Grünen Front mit berücksichtigt werden muss. Einiges aber kann hier schon gesagt werden: Anders als frühere Demonstrationen, z. B. in Krefeld und Koblenz, handelte es sich in Köln um ein Ereignis von überregionaler Bedeutung, was u. a. durch die Teilnahme von Hermes und Schiele demonstriert wurde.

Auch der Intention seiner Veranstalter nach sollte von Köln eine die gesamte deutsche Landwirtschaft erfassende Bewegung ihren Ausgang nehmen.

Durch Akteure, Datum und - wie vermutet wird - kausalen Zusammenhang war Köln mit der Grünen-Front-Gründung verknüpft. So schrieb die Westdeutsche Bauernzeitung: (89)

(86) Topf, S. 47/48.
(87) Mappe betr. Streit mit Rheinland; aus Privatbesitz (Dr. Dr. F. Jacobs).
(88) In: SchAM Abt. 1, E 26a.
(89) Nr. 42, 20. II. 1930.

"Er (= 20. Febr. 1929) ist mehr als nur ein lokaler, ein rheinischer Gedenktag. Gebar doch schon seine Ankündigung (wenn auch aus anders gearteter Taktik) jene Front, die heute den Kampf für die Belange der gesamten deutschen Landwirtschaft führt. ... Die Ankündigung der Kundgebung vom 20. Februar hat in Berlin am Vortage - also am 19. Februar - die Grüne Front herbeigeführt. Köln kann daher auch als die Wiege dieser losen Form der Geschlossenheit des Berufsstandes aufgefasst werden." (90)

So auch der Reichslandbund:

"Die erste Nutzanwendung der Reichsbauernfront ist der ... Aufruf der Führer unserer Spitzenorganisationen." (91)

Diese Art von Nutzanwendung entsprach aber zweifellos nicht den Vorstellungen v. Loes, v. Lünincks und Schwechts.

---

(90) Wohl kaum, höchstens in einem sehr oberflächlichen, äusseren Sinne.
(91) Reichslandbund, 9. X. 1929, Nr. 8, S. 82, 23. II. 1929.

4. Die grüne Front

a) Der Begriff "Grüne Front" und die Tendenzen in der Literatur

Bevor im Folgenden die Agrarpolitik der Grünen Front behandelt wird, soll eine Begriffsklärung und ein grober orientierender Überblick über die Literatur gegeben werden.

Der Begriff Grüne Front, heute allgemein gebräuchlich im Zusammenhang mit landwirtschaftlichen Interessenaktionen, soll hier auf den Anfang 1929 erfolgten Zusammenschluss der Führer der vier grössten landwirtschaftlichen Spitzenorganisationen beschränkt werden. Er wurde, was auch heute noch im allgemeinen Sprachgebrauch der Fall ist, schon in den zwanziger Jahren unscharf und zur Kennzeichnung verschiedener Bestrebungen benutzt. (1)

In Westdeutschland bezeichnete man mit "Grüner Front" den Plan einer berufsständischen Einigung, wie sie vom Rheinland, von v. Loe und v. Lüninck (s. o.) betrieben wurde. Beyer (2) meint dazu: "Für diese Zielsetzung gebrauchte man gerne die Abkürzungsformel "Grüne Front" - vor allem auch deswegen, weil sie die schwierigen organisatorischen und rechtlichen Fragen einer engeren Verbindung der Landbünde mit den Bauernvereinen offenliess". (3)

Daneben gab es den ideologischen Grüne-Front-Begriff der Landvolkbewegung in Schleswig-Holstein.

Schliesslich konzentrierte sich der Wortgebrauch auf den erwähnten Zusammenschluss vom Februar-März 1929.

Die Schwierigkeiten einer scharfen begrifflichen Abgrenzung ergeben sich daraus, dass die drei Strömungen personell und sachlich teilweise eng zusammenhingen. Alle drei waren Ausdruck einer grossen Unruhe in der Landwirtschaft, ausgelöst durch die Krise. Alle drei versuchten einen Weg zu finden, die organisatorische Zersplitterung zu überwinden. Die Bedrohung durch die Not bewirkte ein engeres Zusammengehörigkeitsgefühl des Standes und gleichzeitig eine politische Rechtsentwicklung. Zu völliger Einigkeit über die Form der Bewältigung der Krise kam es jedoch nicht. Die fortbestehende Begriffsunklarheit war ein Indiz für ungelöste Probleme, mit denen sich die Beteiligten der Grünen Front - hier soll das am Beispiel von Hermes dargelegt werden - laufend konfrontiert sahen. Die zugrunde liegenden organisatorischen Fragen, die wiederum ideologische Wurzeln hatten, führten während der ausgehenden Weimarer Republik zu laufenden, teilweise erbitterten Auseinandersetzungen. Innerhalb der Vereinigung kam es zu Konflikten mit dem Rheinland und Schleswig-Holstein. Endgültig wurden die Probleme erst 1933 mit der Bildung des Reichsnährstandes gelöst. Nach 1945 spielten diese Fragen, um die bis 1933 so ver-

(1) Wünschenswert wäre hier eine Untersuchung zur Entstehung und Geschichte dieses Begriffs, die es bisher noch nicht gibt.
(2) Beyer, H.: Die Agrarkrise und das Ende der Weimarer Republik; in: Zeitschrift für Agrargeschichte und Agrarsoziologie 13, 1965.
(3) Ibid. S. 67.

bissen gerungen worden war, aus verschiedenen Gründen keine Rolle mehr. Denn einmal waren die zum grossen Teil als positiv empfundenen Erfahrungen mit dem Reichsnährstand von 1933 bis 1945 (4) nicht wieder auszulöschen und sie hatten die deutsche Landwirtschaft in ihrem Organisationswesen und ihrem Bewusstsein entscheidend geprägt. Zum anderen war die Ernährungsbasis der Bundesrepublik Deutschland grundverschieden von der der Weimarer Republik, so dass alle Überlegungen von einer anderen realen Ansatzbasis ausgehen mussten. "Die alten Landbundgebiete waren zum grössten Teil verlorengegangen. Sonst hätte man - getragen vielleicht auch von anderen parteipolitischen Zielsetzungen - wohl versucht, an der Aufgliederung vor 1933 wieder anzuknüpfen. (5)" Der aus diesen Faktoren resultierende Wandel in der Einstellung zu Organisationsfragen in der Landwirtschaft lässt sich am Meinungswandel von Hermes besonders deutlich dokumentieren. Sowohl vor 1933 wie nach 1945 spielte er eine führende Rolle in der deutschen Landwirtschaft; beide Male als Repräsentant einer den politischen und wirtschaftlichen Verhältnissen Rechnung tragenden Strömung. Verfolgte er vor 1933 den Kurs mehrerer unabhängiger, neben- und miteinander arbeitender Organisationen, so wurde er nach 1945 der Begründer der einen berufsständischen landwirtschaftlichen Organisation, des Deutschen Bauernverbandes. "Die Beamten, Geschäftsführer etc. von früher waren zum Teil politisch belastet, "nicht tragbar", zum Teil hatten sie sich notgedrungen nach 1933 anderweitig eine Existenz geschaffen und sahen keinen Anreiz, in das landwirtschaftliche Organisationsgetriebe zurückzukehren. ... Die beiden Vertreter des Ostens in der früheren "Grünen Front", Brandes und Schiele, waren tot, Fehr hatte in der "Grünen Front" nie eine führende Rolle gespielt. So war Hermes, von der Vergangenheit hier gesehen, der "Grosse Alte Mann", der geschichtlich gegebene Begründer einer neuen wirtschaftspolitischen Standesorganisation der deutschen Landwirtschaft." (6) Während 1933 der Nationalsozialismus seine Bemühungen zunichte machte, hatte Hermes in der Bundesrepublik dauernden Erfolg.

Übersicht über die Tendenzen in der Literatur

Wissenschaftliche Spezialuntersuchungen über die Grüne Front gibt es bisher nicht. Gerade daraus resultiert aber häufig nicht etwa ein vorsichtiges Abwägen der Aussagen, sondern je nach der politischen Richtung gefärbte Pauschalurteile.

Weit verbreitet ist die Tendenz, die Bestrebungen der Grünen Front mit denen des Reichslandbundes gleichzusetzen bzw. von "der" Grünen Front zu sprechen, ohne die in ihr zusammengefassten verschiedenen Strömungen zu berücksichtigen. Da, wenn überhaupt über Landwirtschaftsorganisationen der Weimarer Republik, über den einflussreichen Reichslandbund gearbeitet worden ist, überträgt man die dort gewonnenen Ergebnisse auf "die" Grüne Front und die gesamte Landwirtschaft.

In der spärlichen, meist nicht sehr wertvollen Literatur sind drei Richtungen zu unterscheiden.

Eine Gruppe bilden die in der Deutschen Demokratischen Republik entstandenen relativ zahlreichen Untersuchungen zur Agrarpolitik der Wei-

(4) Weit verbreitet und nach 1945 häufig von Bauern geäusserte Meinung war es auch, es sei ihnen wirtschaftlich noch nie so gut gegangen wie im Dritten Reich.
(5) Brief von Dr. Dr. F. Jacobs vom 30. I. 1970.
(6) Ibid.

marer Republik, die ohne Ausnahme - soweit sie mir bekannt sind - mit
der politischen Linie der SED konform gehen. Es ist keine grobe Vereinfachung, wenn man feststellt, dass bei ihnen die Gleichung gilt: Reichslandbund = Grüne Front = Grossagrarier = ostelbische feudale Junker = Faschisten. Als prototypisch für diese Richtung sei nur Buchta (7) genannt.
Seine Darstellung dient der Illustration einer vorher festliegenden politischen Linie. Pseudowissenschaftlich verbrämt dienen Themenbegrenzung und Quellenauswahl der Parteipolitik. Er behauptet z.B.: "Beide Organisationen (8) hatten die Aufgabe, die gesamte Landwirtschaft der politischen Führung der Grossagrarier zu unterwerfen und einen systematischen Druck auf die Regierungsstellen im grossagrarischen Sinne auszuüben." (9)

Eine zweite Gruppe umfasst jene wirklich wissenschaftlichen Arbeiten, die die Grüne Front nur am Rande, im Rahmen einer weiteren Fragestellung streifen und im Hinblick auf die Grüne Front die Ergebnisse anderer Forscher übernehmen, ohne selbst detaillierte Untersuchungen angestellt zu haben. Dazu gehört z.B. Bracher (10). Hier kann man keine genau ausgeführten Analysen der Grünen Front finden, wohl aber wegweisende allgemeine Feststellungen, die allerdings zu differenzieren und quellenmässig genauer zu belegen wären. Bracher gibt den grösseren Rahmen, in den eine Spezialuntersuchung einzuordnen ist.

Schliesslich gibt es noch mehr oder meist minder wissenschaftliche Untersuchungen mit apologetischer Tendenz, wie z.B. Aufsätze von H. Beyer (11) und anderen. Häufig sind derartige Arbeiten auch von ehemaligen oder noch aktiven Landwirtschafts-Funktionären als eine Art von Rechenschaftsbericht oder Memoiren geschrieben. Infolge der Verknüpfung mit der eigenen Berufs- und Lebensarbeit, in der die Verfasser häufig in einer Generationen umfassenden Familientradition stehen, sind diese Darstellungen stark emotional gefärbt und eng an den politischen, durchweg konservativ-nationalen oder nationalsozialistischen Standpunkt der Verfasser gebunden.

Zuletzt muss die ausführlichste und fundierteste Darstellung Erwin Topfs in seinem 1933 erschienenen Buch "Die Grüne Front" genannt werden. Sie ist hervorgegangen aus der journalistischen Tätigkeit des Verfassers beim Berliner Tageblatt in den Jahren 1929-1933. Topf ist der liberalen Einstellung des Theodor-Wolffschen Blattes verpflichtet und steht der Grünen Front kritisch ablehnend gegenüber. Ohne seine teilweise polemisch überspitzten Formulierungen in allem unterschreiben zu können, scheint mir doch die Tendenz seiner Schrift bestens fundiert. Sie wird von wissenschaftlichen Einzeluntersuchungen immer wieder bestätigt.

Wie aus der kurzen Behandlung des Begriffes der "Grünen Front" und seiner Vieldeutigkeit hervorgeht, handelte es sich sowohl bei den Bestrebungen in Westdeutschland um eine Einheitsorganisation als auch bei dem überregionalen Zusammenschluss vom Februar/März 1929 um zwei personell, sachlich und zeitlich aufs engste verbundene Versuche der Bewäl-

---

(7) Buchta, Bruno: Die Junker und die Weimarer Republik. Charakter und Bedeutung der Osthilfe in den Jahren 1928-1933, Ost-Berlin 1959.
(8) Nämlich Reichslandbund und Grüne Front; hier von zwei Organisationen zu sprechen, ist in mehrfacher Hinsicht falsch.
(9) Ibid. S. 23.
(10) Bracher, K.D.: Die Auflösung der Weimarer Republik. Schriften des Instituts für Politische Wissenschaft, Bd. 4, 1955.
(11) Siehe Literaturverzeichnis.

tigung eines Problems, das sich seit dem Ersten Weltkrieg immer drängender stellte, seit dem Beginn der Wirtschaftskrise aber im Zusammenhang mit der notwendigen Rationalisierung mit nun nicht mehr zu übersehender Aktualität in den Vordergrund schob. Es ging um die prinzipielle Frage, wie die Landwirtschaft organisiert sein müsse, um am wirkungsvollsten ihre Interessen innerhalb einer sich industrialisierenden Gesellschaft vertreten zu können.

b) Die Vorgeschichte der Bildung der Grünen Front

Die Bildung der Grünen Front ist - wie schon gesagt - nur aus der zuerst in der Landwirtschaft einsetzenden Wirtschaftskrise und als Antwort auf die wirtschaftliche Bedrohung zu verstehen. Das bestätigt auch eine Analyse ihres Selbstverständnisses. Die Notlage hatte schon seit Anfang 1928 im ganzen Reich zu Demonstrationen, Kundgebungen, Unruhen und Streiks geführt, hatte die Landvolkbewegung in Schleswig-Holstein hervorgerufen und die Regierung mit Reichs-Ernährungsminister Schiele zur Aufstellung eines Hilfsprogramms für die Landwirtschaft veranlasst.

Dieses wurde nach den notwendigen Lesungen im Reichstag angenommen. Das Parlament wurde am 31. März 1928 aufgelöst. Die Neuwahlen vom 20. Mai 1928 brachten einen starken Erfolg für die SPD. Ihre Abgeordnetenzahl stieg von 131 auf 153. Die Folge war eine Regierungsbildung unter Hermann Müller (SPD), die auch eine Umbesetzung des Reichsernährungsministeriums mit sich brachte. Auf den deutschnationalen Schiele trat der den Demokraten angehörende Dietrich an die Spitze des Ernährungsressorts. Schiele erhielt am 1. August 1928 bei der Reorganisation des Reichslandbundes als Nachfolger des Grafen Kalckreuth den Präsidentenposten in einem dreiköpfigen Präsidium neben Hepp und Bethge (12).

Zweifellos hat die neue innenpolitische Konstellation, eine Grosse Koalition unter einem SPD-Kanzler mit einem liberalen Ernährungsminister, beschleunigend auf die Bildung der Reichsagrarfront gewirkt. Zum ersten Mal seit vielen Jahren sah sich der Reichslandbund einer Reichsregierung gegenüber, in der er keinen Vertrauensmann hatte. In der Befürchtung, die eigenen Interessen könnten zu kurz kommen, besann man sich nun auf die Möglichkeit eines ausserparlamentarischen Zusammenschlusses und übernahm die Initiative zur Bildung der Grünen Front. Später, als sich die innenpolitische Situation durch einen Regierungswechsel und die erneute Entsendung eines Vertreters ins Kabinett (Schiele als Ernährungsminister in den Regierungen Brüning, v. Braun als Ernährungsminister in den Regierungen v. Papen und v. Schleicher) änderte, verlor die Grüne Front für den Reichslandbund an Bedeutung und das Interesse an der Zusammenarbeit in ihr liess beim Reichslandbund sogleich merklich nach (13).

Die Einigungsbestrebungen in der Landwirtschaft, die seit Jahren nicht zur Ruhe gekommen waren, erhielten so Anfang 1929 neuen Auftrieb. Auf dem schlesischen Landbundtag (Jan. 1929) forderte Schiele als Hilfe für die Landwirtschaft
"Die Schaffung einer Reichsagrarfront quer durch alle nationalen Parteien. Die Ablehnung des parlamentarischen Systems dürfte nicht zu einem Kampf gegen den Staat schlechthin führen. Nur durch verantwortliche

---

(12) Frankfurter Zeitung, 1. VIII. 1928, Nr. 569 und Berliner Tageblatt, 2. VIII. 1928, Nr. 361, SchAM Abt. 1 M 3.
(13) S. u.; vgl. Vorstandssitzungsprotokoll der Vereinigung vom 15. II. 1933, Äusserung von Hermes, SchAM, Rundschreiben Bd. 21.

Arbeit im Staate gelte es, diesen mit bodenständigem Geiste zu durchdringen." (14)

Denselben Gedanken führte er auch am 28. Januar 1929 vor einem grösseren Publikum auf dem IX. Reichslandbund-Tag in Berlin aus (15). Auffallend an diesen Ausführungen ist: Erstens das von der Kampfideologie her geprägte Vokabular, welches die Feststellung Haushofers, die ich im Laufe meiner Arbeit noch mehrfach belegen werde, bestätigt: "Die deutsche Landwirtschaft empfand die Stellungnahme zu ihrer Lebensfrage überwiegend als ein einfaches Freund-Feind-Problem und der einzelne Landwirt die Notwendigkeit des Überlebens nach der Formel: Du oder ich." (16) Zweitens fällt auf, mit welcher Naivität, möchte man sagen, Schiele bekennt, den Staat nach den Vorstellungen der von ihm vertretenen Interessengruppe umgestalten zu wollen - was immer er auch unter dem nebulösen Ausdruck "bodenständiger Geist" verstand. Eng damit gekoppelt ist die offene Ablehnung der bestehenden Regierungsform. Und das aus dem Munde eines Mannes, der noch zwei Monate zuvor selbst der Regierung angehört hatte!

Die Entwicklung, die die stärkste berufsständische Organisation der Landwirtschaft, und mit ihr die Grüne Front, von diesem Zeitpunkt bis 1933 durchlief, ist nach diesen Worten eines als gemässigt geltenden Landbundführers nicht erstaunlich. Die Frage ist nur, wie ein auf dem Boden der Republik stehender Mann wie Hermes sich zu solchen Strömungen stellen würde.

Mehr im Sinne von Hermes als die Ausführungen Schieles war der Wunsch des Bayerischen christlichen Bauernvereins,
"dass die drei grossen Spitzenverbände der deutschen Landwirtschaft in Berlin einmütig die Durchführung eines bestimmten Programms verlangen." (17)

Um diesem Wunsch Nachdruck zu verleihen, hatte der am 14. und 15. Februar 1929 tagende Gesamtvorstand des Bayerischen christlichen Bauernvereins einen Brief an Hermes verfasst. Darin hiess es, "die entsetzliche Notlage der deutschen Landwirtschaft" erlaube es nicht länger, an dem "stümperhaften Notprogramm" der Reichsregierung festzuhalten, sondern es gelte, die gesamte Wirtschaftspolitik auf die Lebensbedürfnisse der Landwirtschaft umzustellen. Zur Erreichung dieses Zieles müssten die drei grossen landwirtschaftlichen Spitzenverbände: Vereinigung der deutschen Bauernvereine, Reichslandbund und Deutscher Landwirtschaftsrat - die Deutsche Bauernschaft wird nicht genannt (!) - sich zu "einheitlichem Zusammenwirken" verbünden und so gestärkt die Reichsregierung und alle in Betracht kommenden Parteien beeinflussen. Drei Hauptforderungen wurden erhoben: Erstens "Schutz der landwirtschaftlichen Erzeugung Deutschlands auf dem inneren Markte gegen die Übermacht der fremden Konkurrenz". In Einzelheiten würden dazu folgende Massnahmen notwendig sein: Getreidezollerhöhungen, Vermahlungszwang für Inlandsgetreide, Erhöhung der Viehzölle, Berücksichtigung der Landwirtschafts-Interessen bei künftigen Handelsvertragsverhandlungen, "Erhebung einer erhöhten Umsatzsteuer auf die ausländische Lebensmitteleinfuhr" und Tarifmassnahmen. Die zweite Hauptforderung lautete: "Sicherstellung der Rentabilität der deutschen

(14) Deutsche Tageszeitung, Nr. 34, 20. I. 1929, SchAM Abt. 1 M 3.
(15) Schulthess 1929, S. 13.
(16) Haushofer, Heinz: Ideengeschichte der Agrarwirtschaft und Agrarpolitik im Deutschen Sprachgebiet, Bd. II, München-Bonn-Wien 1958, S. 183.
(17) Der Fränkische Bauer, 37. Jg., Nr. 8, S. 58, 23. II. 1929.

Landwirtschaft durch einen ausreichenden Schutz der nationalen Arbeit" durch Quantitäts- und Qualitätssteigerung. Die dritte Forderung bezog sich auf die Absatzorganisation. -

Zweierlei ist an diesem Brief hervorzuheben. Erstens: Die Form der Durchsetzung landwirtschaftlicher Interessen entsprach dem, was Hermes unter der unmittelbar darauf gegründeten Grünen Front, allerdings unter Erweiterung durch die Hereinnahme der Deutschen Bauernschaft, verstand, eine enge Zusammenarbeit der Spitzenorganisationen. Der Begriff der Reichsbauernfront, wie Schiele ihn benutzte, liess auch andere Interpretationen zu und wurde tatsächlich von den Anhängern der Einheitsbewegung anders ausgelegt, nämlich im Sinne eines zu erstrebenden Zusammenschlusses der Organisationen. Dieser schon in der Vorgeschichte der Grünen Front vorhandene Gegensatz, der anfangs bewusst ausgeklammert wurde (s. u.), führte bald zu grossen internen Differenzen.

Ein Zweites ist bemerkenswert: Im Materiellen deckten sich die Vorschläge des Bayerischen Bauernvereins ebenso mit denen der Grünen Front wie im umfassenden Rahmen, in den sie hineingestellt wurden. Allerdings war das Programm der Grünen Front systematischer aufgebaut und klarer in seinen Grundgedanken. Der Vollständigkeit halber sei die Behauptung, Bayern habe die Vereinheitlichungsbestrebungen im Sinne von Hermes unterstützt, durch eine wahrscheinliche, wenn auch leider quellenmässig nicht genau nachgewiesene Äusserung Heims bekräftigt. Renner (18) schreibt, die Bildung der Grünen Front gehe auf einen Vorschlag Heims zurück:

"Am 13. November 1929 schrieb er (= Heim), es sei gerade ein Jahr her, dass er bei einer Konferenz "diese Einheitsfront der grossen Organisationen" gefordert habe: Und dieser Gedanke wurde vom Reichsvorsitzenden Dr. Hermes geprüft, gebilligt und aufgenommen, und so entstand die Grüne Front. Der Vater sitzt in Regensburg. Aber das ist bloss zu Ihnen gesagt. Es ist manchmal besser, wenn man mit einer Vaterschaft nicht zu sehr protzt um des Kindes willen." (19)

Die Gründungsgeschichte der Grünen Front ist aufschlussreich für die Deutung dieses Interessentenzusammenschlusses. Nur darum wurde auf sie hier kurz eingegangen. Zwei Anstösse aus verschiedenen Richtungen sind zu verzeichnen: Einmal von Stettin aus, vom Reichslandbund, von Schiele ausgesprochen. Topf folgert daraus: "In Pommern, der Provinz, die - trotz Ostpreussen - die geschlossenste Front des ostelbischen Grossgrundbesitzes ... beheimatet: in Pommern wusste man zuerst, was die Stunde geschlagen hatte. Von Pommern aus erging der erste Ruf zum Zusammenschluss. ... Die Tatsache, dass auch diesmal Pommern voranging, auch später noch so oft, wenn agrarpolitische Entscheidungen ausgefochten wurden, diese Tatsache zeigt deutlicher als viele Worte, dass die Bildung der Grünen Front eine Angelegenheit Ostelbiens war. Hermes und Fehr wurden nur mitgenommen, um der Sache einen überparteilichen Anstrich zu geben, und sie liessen sich auch gerne drängen ...

Später hat auch Graf Kalckreuth..., nicht ohne Hohn gegenüber den Partnern, besonders gegenüber Hermes und Fehr, das Wort gesprochen, dass die Politik der Grünen Front stets zu neunzig Prozent Landbund-Politik gewesen sei. Das war ein deutliches und handfestes Wort. Es zeigt, dass die Grüne Front die Sache Ostelbiens geführt hat ..." (20)

(18) Renner, Hermann: Georg Heim. Der Bauerndoktor. Lebensbild eines "ungekrönten Königs". München 1960.
(19) Ibid. S. 223.
(20) Topf, S. 50.

Aber auch einer anderen Richtung, nämlich den bäuerlichen katholischen Bauernvereinen, war eine einheitliche Interessenvertretung der Landwirtschaft wünschenswert. Materiell vertraten sie die gleichen Forderungen wie die mehr vom Grossgrundbesitz getragene Organisation. Darum die von Bayern unterstützte bereitwillige Mitarbeit von Hermes und Fehr. Hinzu kam für sie nach Topf (21) die Überlegung, auf diese Weise den von den bäuerlichen Massen mit der Forderung der Einheitsorganisation ausgeübten Druck abfangen und im eigenen Sinne, nämlich statt dessen auf die Einheitsfront hin umleiten zu können.

c) Das Selbstverständnis der Führer der Grünen Front

Hermes selbst sagte in einem Tätigkeitsbericht über die Arbeit der Vereinigung der deutschen Bauernvereine in den Jahren 1929-32:

"Die massgeblichen landwirtschaftlichen Organisationen Deutschlands hatten rechtzeitig die ungeheure Schwierigkeit des bevorstehenden Kampfes erkannt. Es galt jetzt, eine möglichst starke Stosskraft gegenüber den erheblichen Widerständen zu erzielen." (22)

Zu diesem Zwecke also die Bildung der Grünen Front. Gegen wen sich der Kampf richten sollte, sagen die voraufgehenden Passagen: gegen die einer liberalistischen Wirtschafts- und Gesellschaftsauffassung anhängende Reichstagsmehrheit, gegen den "positiver" Agrarpolitik feindlich gesonnenen Teil der öffentlichen Meinung, die Presse, gegen die exportorientierten und den Binnenmarkt vernachlässigenden Industrie und Handel und gegen die die Verbraucherinteressen vertretenden Gewerkschaften. Aus der Aufzählung der Gegner wird die politische und weltanschauliche Stellung der Grünen Front deutlich. Sie setzt sich ein für eine positive, "für das Volksganze gesunde Agrarpolitik" (23), ohne dieses Ziel zu präzisieren.

Wie die Reichslandbund-Vertreter ihre Rolle in der Grünen Front auffassten, möchte ich aus einer Aufzeichnung Kriegsheims vom November 1929 belegen (24). Zwar betonte Kriegsheim, dass es sich um seine persönliche Auffassung hierbei handele, bemerkte aber gleichzeitig, dass Schiele und Hepp bereits öffentlich Teile seiner Gedankengänge behandelt hätten, weshalb sie als repräsentativ zitiert werden können. Die Grüne Front sei eine aus der Not geborene berufsständische Interesseneinheit bei organisatorischer Vielheit.

"Die in der Grünen Front stehenden Organisationen und deren Führer bringen durch die Tatsache ihres Zusammenarbeitens hinsichtlich der Parteipolitik grundsätzlich zum Ausdruck, dass dem Vorhandensein der verschiedenen Parteien Rechnung getragen wird, und dass der Berufsstand nicht durch einzelne der genannten Parteien allein parlamentarisch zur Geltung gebracht werden kann. Die durch die Grüne Front hergestellte Querverbindung der Landwirtschaft in den verschiedenen Parteien setzt die Anerkennung der differenzierten parteipolitischen Vertretung des Landvolkes als eine gegebene Tatsache voraus. Der Anspruch irgend einer der genannten Parteien auf das Monopol der Landwirtschaftsvertretung im Parlament würde einen Widerspruch gegen das innere Grundgesetz der gegen-

---

(21) Ibid.
(22) Verf. Dr. A. Fritzen, aufgenommen in die Erklärung von Dr. A. Hermes zu der Anklageschrift vom 11.8.1933, Bd. II, S. 290 ff. in: Hermes-Nachlass, DBV.
(23) Ibid.
(24) Anlage zu Brief an Kayser, 21. XI. 1929, Mappe: Grüne Front, aus Privatbesitz (Dr. Dr. F. Jacobs).

seitigen Anerkennung der Glieder der Grünen Front bedeuten. Die in ihrem Kampfe für die Rettung der deutschen Landwirtschaft zusammenstehende und im Ziele einige Grüne Front kann es andererseits nicht nur ertragen, sondern verlangt geradezu von ihren Gliedern höchste individuelle Kampfleistung, deren Form, Ausmass und Zeitpunkt durchaus verschieden sein kann, je nach der taktischen Lage, in der sich das einzelne Glied innerhalb und ausserhalb des Parlamentes befindet." (25)

Die hier verbal zur Schau getragene Anerkennung der parlamentarischen Spielregeln ist, wie sich aus dem Folgenden ergibt, taktisch bedingt. Denn Kriegsheim fuhr fort, die Bedürfnisse des Landvolkes drängten nach einer Verfassungsreform. In diesem ebenso wie in anderen Zielen gehe die Grüne Front mit der Nationalen Front konform. Die durch das Volksbegehren gegen den Youngplan heraufbeschworene innenpolitische Machtprobe habe eine

"neue politische Situation geschaffen, die den Ruf nach Sammlung aller der Kreise immer lauter werden lässt, die gewillt sind, innenpolitisch die Befreiung von der Parteidiktatur der Sozialdemokratie zu erringen. ..."

"Die Losung könne nur heissen: Deutsche Sammlung gegen marxistische Diktatur." Angeblich bei Anerkennung des Parlamentarismus beschränkte Kriegsheim die anfangs proklamierte Toleranz und politische Unvoreingenommenheit auf die Parteien, "die sich für die Forderungen der Grünen Front einsetzen" und sah den Feind in Sozialismus und Marxismus, die er in einen Topf warf. Der Parlamentarismus wurde hier rein formal-juristisch als eine Verfassungsform verstanden, die man möglichst bald abschaffen wollte. So fehlte ihm auch jegliche innere Substanz, die sich gerade in der Gesprächsbereitschaft dem politischen Andersdenkenden gegenüber bewähren müsste. Äusserungen wie die hier zitierten sind von Hermes nicht überliefert und wären auch ganz undenkbar. In der Frage des Volksbegehrens hat er für seine Organisation jede Festlegung scharf abgelehnt, wie er überhaupt politische Aktionen der Grünen Front verurteilte.

Hier zeigt sich, dass innerhalb der Grünen Front trotz weitgehend gemeinsamer Wirtschaftsinteressen durchaus divergierende Strömungen zusammentrafen. Die Frage war nur, wann und in welchem Ausmass sie zu offenen Auseinandersetzungen führen würden.

Fast zum selben Zeitpunkt wie Kriegsheim verfasste Schiele einen Artikel über die Grüne Front (26), der weitaus sachlicher als die Ausführungen Kriegsheims war. Schiele definierte:

"Die Reichsbauernfront ist der ausserparlamentarische Zusammenschluss sämtlicher agrarpolitischer Organisationen zu gemeinsamem Handeln nach einheitlichem Programm."

Es gehe ihr darum, alle agrarfreundlichen Kräfte zum Wohle der Volksgemeinschaft zu sammeln.

"Entgegen den vielfach aus Bedrängnis und Missmut geborenen Stimmungen im Lande, dass die Parteien gegenüber den Forderungen der Landwirtschaft versagt hätten, und sich die Landwirtschaft daher überhaupt von den Parteien abwenden müsste, vertritt die Reichsbauernfront bewusst den Standpunkt, dass es nur mit Hilfe der politischen Parteien möglich ist, die

---

(25) Ibid.
(26) Anlage zu Brief an Hermes, 16. X. 1929, Mappe: Grüne Front, aus Privatbesitz (Dr. Dr. F. Jacobs). Bei einem Vergleich der beiden Texte sollte berücksichtigt werden, dass Schiele als verantwortlicher Exponent des Bundes in seiner Formulierung vorsichtiger sein musste als der weniger verantwortliche, aber intensiv hinter der Kulisse arbeitende Funktionär Kriegsheim.

notwendige Mehrheit im Reichstage für die Lebensinteressen der Landwirtschaft zu erlangen."

An der Verschiedenartigkeit der Äusserungen zweier Landbundvertreter zum gleichen Zeitpunkt wird deutlich, dass sogar in dieser Organisation verschiedene Auffassungen vertreten wurden. Mochten Schiele und Kriegsheim auch prinzipiell in ihren Ansichten übereinstimmen, die Art der Formulierung, der Ton sollte nicht übersehen werden.

Ein auf den Herbst 1929 zu datierender Zeitungsartikel (27), der eindeutig von Landbundseite herrührt und die Grüne-Front-Bildung als durch Landbund-Initiative herbeigeführt bezeichnete, begründete die Notwendigkeit dieses Zusammenschlusses mit dem Ver gen der Volksvertretung. Der Parlamentarismus sei zum Selbstzweck degeneriert, sachliche Gesichtspunkte würden von den Abgeordneten aus Rücksicht auf die Masse der städtischen Verbraucher, die dem Land entfremdet seien, vernachlässigt. Diese Situationsanalyse führte den Landbund-Autor zu dem Ergebnis:

"Der Druck der landwirtschaftsfreundlichen Abgeordneten im Reichstage genügte deshalb nicht mehr, um die Parteien zu grösserer gesetzgeberischer Aktivität im Sinne der Landwirtschaft zu veranlassen. Der Druck von aussen auf den Reichstag musste in weitestem Umfange organisiert werden. So entstand unter der massgeblichen Führung des Präsidenten des Reichs-Landbundes, Dr. Schiele, ein Einigungswerk, dessen Bedeutung gar nicht hoch genug eingeschätzt werden darf, die Grüne Front..."

Kritik am Parlament vom landwirtschaftlichen Interessenstandpunkt aus führte, wie schon Hermes bekannte, zur Bildung einer "Pressure-Group", die den Reichstag unter Druck setzen sollte. Anstelle früherer Zersplitterung sollte durch Einigung grössere Stosskraft erreicht werden. Schiele im Frühjahr 1929 (28):

"Das Ausspielen der verschiedenen landwirtschaftlichen Verbände gegeneinander im Streite der politischen Parteien hat aufgehört; es gibt nicht mehr den Wettlauf der Organisationen untereinander, von denen keine das Ziel erreichte, es gibt nur noch einen gemeinsamen Wettlauf um die gemeinsame Sache."

So weit war man sich also einig. Die Differenzen begannen jedoch bei der Frage der Folgen, die die Absprache für die landwirtschaftlichen Organisationen haben sollte. Wenn der Landbund-Artikel davon sprach, die Grüne Front sei das öffentliche Gewissen des deutschen Nährstandes, so konnte Hermes zustimmen. Schwieriger wurde es, wenn der Landbund die Dachorganisation als "Markstein auf dem Wege zur Geschlossenheit des gesamten Landvolkes" (29) bezeichnete, obwohl auch diese vage Globalfeststellung nicht konkret verpflichten konnte.

Eins jedoch stand mit der Gründung der Grünen Front am 20. Februar 1929 fest: Eine wirtschaftspolitische Einigung, wie die Massen sie forderten, konnte noch lange dauern. Denn, wie es in dem schon zitierten Artikel in den Deutschen Führerbriefen vom 12. März 1929 (30) hiess, parteipolitische und damit verwobene konfessionelle Abhängigkeiten standen ihr im Wege.

"Wie der Reichslandbund nicht so leicht aus der Front der politischen Rechten weichen wird, so wird das Zentrum es wohl nicht so leicht zulassen, dass die in den Bauernvereinen organisierte katholische Landbevölkerung in eine neutrale wirtschaftspolitische Gruppe übergeht und ihr so

(27) DZA, RLB-Schriftwechsel 14b, Bl 455.
(28) Vgl. Anm. 14.
(29) Ibid.
(30) DZA, Dtsch. Reichsbank, 2045.

allmählich entgleitet. Das Höchste der Gefühle, was aus dem Einigungsstreben vielleicht herauskommt, wird die Bildung eines Dachverbandes oder eine Arbeitsgemeinschaft sein, zu der die Spitzenorganisationen zusammentreten...", eine Prognose, die sich als richtig herausstellen sollte.

d) Das Programm der Grünen Front

Nach ihrer ersten öffentlichen Kundgebung (20. Feburar 1929) erarbeiteten die vier landwirtschaftlichen Führer in den folgenden Wochen das angekündigte Programm. Aus dieser Zeit stammt eine Beurteilung der Erfolgsaussichten der Grünen Front in den Deutschen Führerbriefen (31). Nachdem dort festgestellt wurde, hinter dem ersten Aufruf der Grünen Front stehe noch nicht die Ratifizierung durch die Organisationen, fuhr der Artikel fort:

"Ebenfalls nicht offiziell gedeckt durch die Organisationen arbeiten zur Zeit diese vier Männer die Forderungen aus, die sie gemeinsam an die Regierung zu stellen gedenken und für die sie sich, soweit sie Reichstagsabgeordnete sind, in ihren Fraktionen stark machen wollen. ...

Die parlamentarisch-politische Situation ist für sie günstig; denn in dem gegenwärtigen Reichstag mit seinen unklaren Mehrheitsbildungen und Machtverhältnissen liesse sich zweifellos gerade jetzt eine sichere Majorität für die landwirtschaftlichen Forderungen bilden, da keine der nichtsozialistischen Parteien mit Rücksicht auf etwaige Neuwahlen und die drohende Bildung einer grossen Bauernpartei ihre ländlichen Wähler vor den Kopf wird stossen wollen. Rein sachlich gesehen, würde man eine volle und wirtschaftspolitische Zusammenfassung der Landwirtschaft nur begrüssen können. Um so geschlossener nämlich könnten alle Kräfte auf die gründliche Besserung ihrer Lage, und zwar möglichst auf dem Wege der Selbsthilfe, konzentriert werden."

Am 20. März 1929 überreichten Brandes, Schiele, Hermes und Fehr der Reichsregierung - einzeln dem Reichspräsidenten, dem Reichskanzler und den Reichsministern - ihr in den vier Wochen seit der Gründungskundgebung ausgearbeitetes Programm, "dessen schleunigste Durchführung wir zur Behebung der unerträglich gewordenen Not der Landwirtschaft für unbedingt erforderlich halten." (32)

In einer Einleitung wird die Situation der Landwirtschaft geschildert. Der wirtschaftliche Niedergang habe "zu einer schweren sozialen Notlage des Bauernstandes geführt, die vielfach schon die Zeichen einer Verelendung an sich trägt". Die Selbsthilfemassnahmen der Landwirtschaft hätten zwar in begrenztem Umfange Erfolge zu verzeichnen, so in der "Steigerung der landwirtschaftlichen Erzeugung", so dass man "dem Ziel der Ernährung des deutschen Volkes aus der heimischen Scholle" näher gekommen sei. Auch die sachgemässe Absatzregelung und die Qualitätserhöhung sei in Angriff genommen, bleibe aber noch weiter von den Genossenschaften auszubauen. Alle Selbsthilfemassnahmen aber könnten an den Kernproblemen, dem Kapitalmangel und dem Missverhältnis zwischen "Einnahmen und Ausgaben im landwirtschaftlichen Betriebe", welche eine dauernde Unrentabilität der Landwirtschaft zur Folge hätten, nichts ändern. Die-

(31) Vgl. Anm. 30.
(32) Zitiert nach BA R 43 I/2541, Bl. 337-49; ebenso Rundschreiben der VDBV, Bd. 6, SchAM; vgl. DZA, Dtsch. Reichsbank, 2045, Bl. 266 ff. und DZA, Reichsministerium des Innern (= RMdJ), Nr. 25398.

se könne nur mittels "durchgreifender staatlicher Massnahmen" endgültig behoben werden. Erst dann habe die Selbsthilfe wieder die Chance, erfolgreich eingesetzt zu werden. Das Ziel,"Deutschland ... baldigst aus der gegenwärtigen gefahrdrohenden Abhängigkeit seiner Nahrungsmittelversorgung vom Auslande" zu befreien, führt in Teil A - Allgemeine Wirtschaftspolitik - zu vier Grundforderungen: 1. verstärkter Zollschutz, 2. zentrale Einfuhrregelungsstellen zur Stabilisierung der Preise, d. h. ein Aussenhandelsmonopol, 3. Änderung der Grundlage der Handelsverträge in diesem Sinne und 4. Beseitigung der Umsatzsteuerfreilisten für ausländische Agrarerzeugnisse. Diese Grundsätze werden in konkrete Massnahmen für die einzelnen Produktionszweige umgeformt: für Getreide, Vieh und Fleisch, Milch- und Molkereiprodukte, Kartoffeln, Zucker, Gemüse, Obst und Wein, Tabak, Eier und Geflügel. Danach werden die Konsequenzen für B) Steuerpolitik, C) Kreditpolitik, D) Siedlungspolitik, E) Bildungs- und Beratungswesen und F) Tarifpolitik gezogen.

Um zu einem Urteil über dieses Programm zu gelangen, möchte ich es unter zwei Gesichtspunkten beleuchten. Einmal möchte ich die Frage stellen: Welche Grundgedanken stehen unausgesprochen hinter dieser Konzeption, hinter dieser Agrarideologie, wie ich hier schon sagen möchte. Zum anderen will ich seinen Stellenwert in der Reihe der deutschen Agrarprogramme ermessen, mit anderen Worten seine Bedeutung innerhalb der Entwicklung von der liberalen zur staatlich gelenkten Wirtschaftsordnung abschätzen. Hierzu ziehe ich Kretschmar (33) und Sering (34) als Autoritäten heran.

Zur Frage nach den Grundgedanken des Programms der Grünen Front schreibt E. Topf:

"Diese grundsätzlichen Erwägungen ... lassen sich in vier Sentenzen zusammenfassen. Erstens: die Preise für die landwirtschaftlichen Produkte sind zu niedrig. Zweitens: die Preise fast aller (industriellen) Waren, die der landwirtschaftliche Betrieb braucht und die der Landwirt, als Konsument, kaufen muss, sind zu hoch; die Kostenseite des Betriebes ist also zu stark belastet, deshalb ist eine Rentabilität nicht möglich. Drittens: der Staat hat die Möglichkeit, durch wirtschaftspolitische Massnahmen die Preise der Agrarprodukte zu heben, um so "die Rentabilität der Landwirtschaft wieder herzustellen". Viertens: der Staat hat die moralische Pflicht, zugunsten seiner Landwirtschaft von dieser Möglichkeit Gebrauch zu machen, weil die Landwirte das ihrige getan haben, um sich selbst zu helfen, und um die Ernährung des Volkes aus eigener Produktion sicherzustellen; wirtschaftliche und aussenpolitische Erwägungen lassen gleichermassen eine Verstärkung dieser Autarkie-Tendenzen geboten erscheinen." (35)

Diese vier Thesen lassen sich auf den Grundgedanken zurückführen: es herrscht eine chronische Unrentabilität in der Landwirtschaft, aus der nur der Staat herausführen kann. Hier interessiert im Augenblick nur die erste Behauptung; die Folgerung daraus wird später bei der Gesamtbeurteilung behandelt.

Auf die Behauptung von der chronischen Unrentabilität, die hier den Ruf nach Staatshilfe begründet, ist schon in der einleitenden Betrachtung zur Gesamtsituation der deutschen Landwirtschaft eingegangen worden. Es

(33) Kretschmar, Hans: Deutsche Agrarprogramme der Nachkriegszeit. Berlin 1933.
(34) Sering, Max: Deutsche Agrarpolitik.
(35) Topf, S. 148/149.

kann kein Zweifel bestehen, dass sich die deutsche Landwirtschaft in der Nachkriegszeit in einer besonders ungünstigen wirtschaftlichen Position befand. Die Ursachen waren, wie aufgezeigt, vielfältiger Natur: allgemein weltwirtschaftliche und deutsche wirtschaftliche und wirtschaftspolitische Gründe kamen, sich steigernd, zusammen. Dieses komplizierte Ursachengeflecht wurde nun, da es sich propagandistisch nicht wirkungsvoll einsetzen liess, durch eine einseitig simplifizierende, schiefe Darstellung ersetzt, die unter dem Schlagwort von der "Preisschere" populär wurde.

Welche Entwicklung wollte man mit diesem terminus technicus charakterisieren und was impliziert er? Eine vergleichende Betrachtung der Entwicklung der Industrie- und der Agrarprodukte seit 1913, basierend auf den Indexziffern, kam zu dem in einem Schaubild dargestellten Ergebnis, die beiden Linien, die früher auf gleicher Linie verliefen, klafften nun wie die Schneiden einer Schere zuungunsten der Agrarprodukte auseinander. (36) Diese für die Landwirtschaft negative Erscheinung habe ihre Ursache in der ungünstigen Preisrelation. Dahinter stand die Behauptung, die Landwirtschaft sei als Produktions- oder Betriebsmittel auf industrielle Produkte angewiesen, deren Preise derart hoch seien, dass sie die Landwirtschaft zwangsläufig zur Unrentabilität verdammten. Selbsthilfe allein könne vor dem Ruin nicht bewahren. Der Staat müsse schützend eingreifen.

Dieses billige Agitationsschema der Grünen Front ist schon von den Zeitgenossen scharfer Kritik unterzogen worden. Fraglich war es schon, das letzte Vorkriegsjahr, 1913, als "Normal"jahr anzusetzen. Fragwürdig weiterhin die Indextheorie. Erstens "weil sie zunächst einmal den wirtschaftlichen Sinn einer dauernden Verschiebung in den Preisrelationen leugnet - weil sie eine bestimmte, früher gegebene Austausch-Relation zwischen Agrar- und Industriestoffen als eine feste Norm betrachtet, und nicht einsehen will, dass mittlerweile Verschiebungen im Produktivitätsgrade der menschlichen Arbeit eingetreten sind." (37) Zweitens ist gegen die Index-Theorie einzuwenden, dass sie allenfalls auf den kleinen Kreis von Betrieben anwendbar ist, für den die Relation Industrie- zu Agrarpreisen von einschneidender Bedeutung ist. Allgemein aufschlussreicher wäre es, die Preise der grundsätzlich wichtigsten Produktionsmittel und der wichtigsten Produkte einander gegenüber zu stellen, wobei vor allem Zinssätze, Steuern und Pachten zu berücksichtigen wären (38). Der grobe Indexvergleich müsste weiter durch Berücksichtigung der wirtschaftlichen Lage, der Hauptabsatzzeiten für die Produkte und andere Daten differenziert werden. Schliesslich darf man, worauf Topf (39) gerade im Hinblick auf die weltwirtschaftliche Entwicklung m. E. mit Recht aufmerksam macht - das Wort von der "Preisschere", die zuungunsten der Agrarwirtschaft geöffnet sei, stammt von Trotzki (!!) - nicht vergessen, dass der Vergleich von Industrie- und Agrarpreisen schon im Ansatz falsch ist, weil er Unvergleichbares zueinander in Beziehung setzt. Nicht Agrar- und Industrieprodukte dürfe man einander gegenüberstellen, sondern Rohstoffe, zu denen die überwiegende Zahl der agrarischen Erzeugnisse gehöre und Fer-

---

(36) Es handelt sich hierbei um einen weltweiten Prozess. Vgl. zur Entwicklung in Deutschland seit dem Ende des 19. Jahrhunderts und zu ihren Gründen: Sering, Max, Die deutsche Landwirtschaft unter volks- und weltwirtschaftlichen Gesichtspunkten, 1932, S. 88/9.
(37) Topf, S. 156.
(38) Vgl. Fabian, Friedr., Die Verschuldung der deutschen Landwirtschaft vor und nach dem Kriege, phil. Diss. Lpz. 1930 und Bayer, Die Preisschere in der Landwirtschaft, Diss. Bln 1928, S. 51 ff.
(39) Topf, S. 150 ff.

tigfabrikate, denen vor allem industrielle Produkte zugerechnet werden müssten. Die alle Rohstoffe erfassende Preiskurve sei, auch auf dem durch keine Manipulation geschützten Weltmarkt, stark abgesunken. Dabei fielen unter Rohstoffe sowohl "die organischen oder anorganischen Rohstoffe, die von der Industrie aufgenommen werden ... (als) auch ... die pflanzlichen oder tierischen Erzeugnisse, die - mögen sie auch zum Teil recht "konsum-nah", also völlig oder nahezu konsumfertig sein - ihrem Produktionsgang nach doch als Rohstoff anzusprechen sind." (40) Die Preise der Fertigfabrikate seien dem gegenüber auf der ganzen Welt relativ stabil geblieben. Das treffe auch auf solche Lebensmittel zu, "die zwischen ihrer Erzeugung als Rohprodukt auf dem Felde oder im Stall und dem endgültigen Verzehr einen längeren Umwandlungsprozess durchzumachen haben." (41) Grund für diese allgemeine Entwicklung sei, "dass die produktionstechnischen Errungenschaften der letzten zwanzig Jahre ganz besonders dem Gebiet der Gewinnung und Erschliessung von Rohstoffen zugute gekommen sind. Mit anderen Worten: dass sich die Produktivität der menschlichen Arbeit in der Rohstoffwirtschaft (die Agrarproduktion immer mit eingerechnet) stärker gesteigert hat als bei der Erzeugung von Fertigwaren. ... Der ausserordentlichen Verbilligung der Rohstoffgewinnung entspricht also erstens keine entsprechende Verbilligung in der Sphäre der Weiterverarbeitung, der "Veredelung" des Rohstoffs bis zum Fertigfabrikat - und zweitens eine Kostensteigerung beim Warenvertrieb." (42)

Beurteilt man die in Deutschland geführte Diskussion um die Situation der Landwirtschaft und zu den Möglichkeiten, ihr aus der Notlage zu helfen, so darf man ein psychologisches Moment nicht ausser acht lassen. Insgesamt drängt sich der Eindruck auf: Unterstützt wurde die propagandistische Agitation der Grünen Front von dem wirtschaftlich überholten Antagonismus Industrie-Landwirtschaft. Dieser stützte sich auf den ideologischen Gegensatz von Stadt und Land - vgl. Ferdinand Tönnies' "Gemeinschaft und Gesellschaft" - und war, da somit auch emotional begründet, mit rein rationalen Argumenten nicht zu widerlegen. Als gefährliche Konsequenz dieser weltanschaulichen Einstellung ergab sich hieraus eine Erschwerung des notwendigen Übergangs der Landwirtschaft zu den Methoden der modernen Wirtschaft. Mit anderen Worten: Die Erkenntnis Thaers, dass die Landwirtschaft ein Wirtschaftszweig unter anderen sei, konnte sich nicht im Bewusstsein durchsetzen, da von der Grünen Front im Bauern die Vorstellung von einer besonderen Aufgabe der Landwirtschaft für die Volksgemeinschaft gepflegt wurde. Dass die Landwirtschaft unter anderen Gesetzen steht als die Industrie, lässt sich dennoch rational begründen, wie sich auch für die nationalpolitische Bedeutung der deutschen Landwirtschaft einleuchtende Argumente anführen liessen (43). Wie das jedoch von der Grünen Front teilweise getan wurde, verschärfte sich die Kluft zwischen Stadt und Land. Sie vertiefte sich in Krisenzeiten zum Klassenkampf, was politisch verhängnisvolle Folgen zeitigte, die Selbstabdankung des Parlaments mit förderte und gefährliche Einbruchstellen für die nationalsozialistische Blut- und Boden-Ideologie bot.

Obwohl diese Analyse der Vorstellungen der Grünen Front ihrem Programm den Boden entzieht, kann man dennoch die wenigstens teilweise Be-

(40) Topf, S. 150.
(41) Ibid.
(42) Ibid. S. 150/151.
(43) Vgl. Schlange-Schöningen, H. v., Rationalwirtschaft und Nationalwirtschaft. Betrachtungen eines praktischen Landwirtes, Berlin 1927.

rechtigung ihrer Forderungen, allerdings eben anders begründet, anerkennen. Gerade die Übereinstimmung im Ziel bei Divergenz teilweise in den Methoden, völlig in der Begründung, machte es den Kritikern der Grünen Front, die der Landwirtschaft positiv gegenüberstanden, so schwer.

Eine Einordnung des Programms der Grünen Front in die Agrarprogramme der Nachkriegszeit - weiter unten im einzelnen belegt - kommt zu dem Ergebnis, "dass mit dem 19. März 1929 eine entscheidende Wendung in der Struktur der agrarischen Grundforderungen" (44) eintrat. Ob man diese Wendung als prinzipiell, wie Kretschmer es tut, oder als graduell, wozu Sering (45) neigt, anspricht, mag dahingestellt bleiben. Auf jeden Fall nimmt das Programm einen hervorragenden Platz in einer Entwicklung ein, an deren Ende die Prinzipien der liberalen Wirtschaftsordnung aufgegeben wurden. Im Kampf der Wirtschaftskrise "haben die im Grunde auf die Erhaltung des Bestehenden eingestellten Kräfte planwirtschaftliche Methoden, die ihnen von sozialistischer Seite vorgeschlagen wurden, ohne grundsätzliches Widerstreben angenommen und angewandt; sie haben damit eine neue Wirtschaftsverfassung, ohne es zu wollen, vorbereitet." (46) Vorbereitet war diese Entwicklung durch die staatliche Zwangswirtschaft des 1. Weltkrieges und die Bestimmungen des Vertrags von Versailles, durch die "die Grenze zwischen Staats- und Privatwirtschaft verwischt" worden war. (47)

"Das Revolutionäre der Agrarmarktgesetzgebung bis Mitte 1933 (48) liegt nicht in ihren Zielen, sondern in ihren Methoden." (49) Das Ziel war der Abschluss vom Ausland. Dies wurde nicht systematisch, sondern durch schrittweise Ergänzung und Ersetzung der alten durch neue, zeitlich begrenzte Methoden zu erreichen versucht. Aber aus zwei Gründen wurde die nach einer als Übergangszeit angesehenen Periode erhoffte Rückkehr zu den früheren Prinzipien vereitelt: die als provisorische Notbehelfe gedachten Massnahmen untergruben infolge der unerwartet langen Dauer der Krise die liberale Wirtschaftsordnung und zweitens führte die innere Dynamik der Regelungen immer tiefer in eine staatlich gelenkte Marktwirtschaft.

Vier Grundforderungen werden im Programm der Grünen Front erhoben: Zollschutz, staatliche Aussenhandelsmonopole, Preisregulierungen und -festsetzungen und Verwendungszwang. Als Massstab agrarpolitischer Massnahmen sollte die Indexorientierung gelten.

"Zoll, Verwendungszwang und Aussenhandelsmonopol unterbrechen die Verbindung mit den Auslandsmärkten. Je mehr sie um sich greifen, um so mehr wird die Weltwirtschaft des liberalen Zeitalters, die wesentlich eine

(44) Kretschmar, Hans: Deutsche Agrarprogramme der Nachkriegszeit, Berlin 1933, S. 94.
(45) Sering, Max: Deutsche Agrarpolitik.
(46) Ibid. S. 157.
(47) Ibid. S. 163.
(48) Die Agrarmarktgesetzgebung kann insofern mit den Forderungen der Grünen Front gleichgesetzt werden, als sie weitgehend deren Erfüllung brachte, bzw. teilweise über sie hinausging. - Mitte 1933: Eine entscheidende Zäsur in der Agrarmarktgesetzgebung ist der Rücktritt Hugenbergs und die Nachfolge Darrés, womit die deutsch-nationale Phase des Nationalsozialismus abgeschlossen wird. Vgl. Petzina, D., VjHZG 15. Jg. 1967, Heft 1, S. 18-56.
(49) Sering, Dtsch. Agrarpolitik, S. 159.

Verbindung von vielen Billionen von Einzelwirtschaften über die Staatsgrenzen hinweg war, in der die nationalen Volkswirtschaften ganz vorwiegend in Friedenszeiten nur als gedankliche, geographisch-statistische Summierungen erschienen, ersetzt durch ein Nebeneinander von Nationalwirtschaften, die zwar nie autark und deshalb auch nie verbindungslos sein können, von denen aber jede ihren wirtschaftlichen Austausch staatlich überwacht und beherrscht." (50) Das Resultat dieser drei Grundforderungen:
"Soweit der Staat nur den Aussenhandel Beschränkungen unterwarf und auf dem Binnenmarkt nur als Käufer und Verkäufer auftrat, blieb das innere Organisationsprinzip der deutschen Landwirtschaft weiterhin das liberale." (51)

"Alle die Forderungen (aber), die etwa die Preisbildung aus der freien Marktgestaltung herausheben und nach Massstäben festsetzen wollen, die nicht dem Verhältnis von Angebot und Nachfrage, sondern dem Vergleich mit anderen Preisen (Indexorientierung) oder den Wünschen rentabler Betriebsführung entnommen sind", (52) stehen in grundsätzlichem Widerspruch zum privatkapitalistischen System. Die innere Dynamik einer Massnahme wie der von der freien Marktwirtschaft losgelösten Preisbildung musste auf die Dauer zu planwirtschaftlichen Eingriffen auch in den Produktionsprozess führen.

"Diese Erwägungen zeigen, dass die dargestellten Programmforderungen (trotz des prinzipiellen Festhaltens an der Selbsthilfe) (53) zu viel weitergehenden Erwägungen und Konsequenzen führen, als zur Frage eines augenblicklich mehr oder weniger grossen Bereichs der Staatstätigkeit, und dass es auch die landwirtschaftlichen Verbände auf die Dauer nicht werden umgehen können, sich grundsätzlich mit den Fragen der Planwirtschaft usw. auseinanderzusetzen, sofern sie Forderungen innerwirtschaftlicher Preismanipulierung auch in Zukunft stellen." (54)

Der Übergang in die national-sozialistische Planwirtschaft wurde seit 1929 allmählich und unbewusst vorbereitet - und das von z. T. erklärten Gegnern des Nationalsozialismus.

e) Die erste Phase der Tätigkeit der Grünen Front (Febr./März 1929 - März 1930)

Gleichzeitig mit der Überreichung des Programms der Grünen Front an die Reichsregierung fand am 20. März 1929 im Bauernvereinshaus in Berlin eine wegen Hagen III (11. März) vorzeitig einberufene Vorstandssitzung statt, deren zwei Tagesordnungspunkte die Frage der Zusammenarbeit der Spitzenorganisationen der Landwirtschaft und die letzten Hagener Beschlüsse waren; zwei Problemkreise, die so eng miteinander verknüpft waren, dass ihr zeitliches Zusammentreffen kein Zufall war, sondern sich aus dem Kausalzusammenhang zwischen ihnen ergab. Um diese enge Verflechtung deutlich zu machen, habe ich die zwei Handlungsstränge: Einheitsorganisationsbewegung im Rheinland und Vorgeschichte der Gründung der Grünen Front nicht in abgeschlossenen Kapiteln nacheinander, sondern nebeneinander her behandelt, was vielleicht etwas verwirrend, aber methodisch aus dem Gegenstand zu begründen ist.

Wie Hermes die Gründung der Grünen Front, zweifellos eine Antwort

(50) Sering, S. 161/2.
(51) Sering, S. 162.
(52) Kretschmar, S. 96.
(53) Die in Klammern gesetzten Einschübe sind von mir.
(54) Kretschmar, S. 96.

u. a. auf die Herausforderung durch die unteren Landesverbände im Rheinland und Westfalen, interpretiert wissen wollte, geht eindeutig aus den scharfen Debatten in der Vorstandssitzung, vor allem mit v. Lüninck, hervor. Auch die Grüne Front war ein Versuch, die Organisationsfragen der Landwirtschaft in einer Krisenzeit zu lösen. Dies aber nicht im Sinne v. Lünincks. Hermes führte aus, der Grünen Front gehe es um die Rettung der deutschen Landwirtschaft. Dieses Ziel, in seinen wichtigsten Zügen im Programm für die Reichsregierung dargelegt, wolle man durch "sachliche Zusammenarbeit der Spitzenorganisationen" (55), durch gemeinsame Front "im Parlament und an anderen Stellen" (56) durchsetzen. Alles habe sich auf die Bewältigung der sachlichen Aufgaben zu konzentrieren. Organisationsfragen könnten diese Arbeit nur hemmen und müssten daher vorerst zurückgestellt werden. Also: erst Erledigung der sachlichen Probleme, dann Erörterung der Form des organisatorischen Zusammenschlusses. Die Grüne Front selbst sei nur eine Vereinbarung über die Zusammenarbeit der Spitzenorganisationen ohne Verschmelzung in eine Einheitsorganisation. Sie sei ein erster Schritt, der aber auch für eine spätere Verschmelzung der Spitzenorganisationen durchaus als Vorbereitung angesehen werden könne. Denn noch sei die Zeit nicht reif für eine Reichs-Einheitsorganisation. Erst nach vorausgegangener Angleichung der verschiedenen Organisationen und der Abschleifung von Gegensätzen durch den Zwang zu Kompromissen während gemeinsamer Arbeit sei eine Verschmelzung vielleicht möglich. v. Kerckerinck formulierte diese Auffassung im Sinne Hermes' folgendermassen:

"Ich halte die wirtschaftspolitische Zusammenfassung der gesamten deutschen Landwirtschaft in einer grossen einheitlichen Organisation an sich für ein hohes und des Schweisses der Edlen wertes Ziel. Doch ist eine Verschmelzung der bestehenden, so verschieden gearteten Einzelorganisationen nur auf der Basis einer vorher erfolgten weitgehenden inneren Angleichung möglich und durchführbar. Eine vorzeitige gewaltsame Verschmelzung führt nicht zur Einheit, sondern zu Explosionen und damit wieder zur Trennung, die nachher schärfer werden kann, als sie vorher gewesen ist.

Die Voraussetzungen für eine Verschmelzung sind heute bestimmt noch nicht gegeben. Unsere nächstliegende Aufgabe scheint es mir daher zu sein, in zäher Arbeit erst diese Voraussetzungen zu schaffen, so dass der letzte Schritt sich gewissermassen von selbst versteht, nicht aber das gewünschte Ergebnis gewaltsam vorweg zu nehmen und die Vorbedingungen späterer Sorge zu überlassen." (57)

Die Auffassung von Hermes setzte sich in der Vereinigung der deutschen Bauernvereine durch. Man bekannte sich in einer Entschliessung für die Grüne Front, lehnte aber Hagen ab und stellte bis auf weiteres auch alle Organisationsfragen zurück: Entschliessung der Vorstandssitzung vom 20. März 1929 (58):

"Der Vorstand ist der Auffassung, dass diese sachliche Arbeit für die Rettung des Bauerntums das erste Gebot der Stunde ist und dass sie unter keinen Umständen durch die in der letzten Zeit bekannt gewordenen Pläne

(55) Protokoll der Vorstandssitzung vom 20. III. 1929, S. 8, Hermes-Nachlass, DBV.
(56) Ibid.
(57) Protokoll, S. 103/04, Brief v. Kerckerincks an den Westfälischen Bauernverein.
(58) Protokoll S. 146-49 und Rundschreiben 20. III. 1929, Rundschreiben Bd. 6, SchAM.

auf organisatorische Umgestaltung in der Landwirtschaft gestört werden darf. ... Auf die baldigste Sicherung dieser Lebensnotwendigkeiten hat sich die Arbeit der ihm dienenden Organisationen zu konzentrieren. Andere Fragen, insbesondere auch Organisationsfragen, müssen demgegenüber unter allen Umständen zurücktreten.

Der Vorstand gibt der Hoffnung Ausdruck, dass die glückliche Durchführung der in ernster Notzeit eingeleiteten gemeinsamen Arbeit der landwirtschaftlichen Spitzenorganisationen dazu führen wird, dass dieselben auch in der Zukunft in wichtigen Fragen einheitlich vorgehen und sich über eine Form des organisatorischen Zusammenschlusses verständigen." (59)

Indem Hermes hiermit seine Linie für seine eigene Organisation verbindlich machte, war entgegen wirkenden Kräften vorerst das Gegen-ihn-Arbeiten erschwert, wenn nicht unmöglich gemacht. Er musste aber auch der Gefahr vorbeugen, dass sie von anderer Seite innerhalb der Grünen Front Unterstützung erhielten. Brandes mit dem Deutschen Landwirtschaftsrat und Fehr mit der Deutschen Bauernschaft kamen dafür nicht in Frage. Wohl aber der Reichslandbund. Daher setzte Hermes am 16. April 1929 mit Schiele (60) eine Abmachung durch, die genau dem Entschluss der Vorstandssitzung der Vereinigung vom 20. März entsprach. Nach dieser Klärung konnte Hermes beruhigt an der Arbeit der Grünen Front teilnehmen, ohne befürchten zu müssen, durch sie den Gegnern im eigenen Lager Auftrieb zu geben.

Einen Tag nach der Vorlage ihres Programms wurde die Grüne Front von Reichsernährungsminister Dietrich (61) und anschliessend von Reichskanzler Müller (62) empfangen. Mit der Feststellung, die von der Grünen Front angeschnittenen Fragen seien schon von der Reichsregierung in Angriff genommen worden und ebensowenig neu wie die Lösungsvorschläge, distanzierte sich Dietrich von dem Programm. Auch der Reichskanzler bemerkte, "dass das Reichskabinett sich bereits wiederholt mit den einzelnen Fragen befasst habe" (63), und nahm Vorwürfen gegen die Reichsregierung damit die Spitze. Konzilianter als Dietrich "stellte er in seinen Schlussworten sofortige Überprüfung der Anregungen in Aussicht" und gab zu, "zur Zeit gelte es, wie es sich ja auch aus der Denkschrift ergebe, neue Wege zu finden, um die Not der Landwirtschaft zu beheben." (64) Zwischen den Programm-Punkten der Grünen Front und der Einstellung Dietrichs hatten sich in der Besprechung viele Unterschiede herausgestellt. Hinzu kamen die vom Reichsernährungsministerium erwähnten Widerstände innerhalb des Kabinetts, gegen die nicht immer die Interessen der Landwirtschaft durchgesetzt werden konnten. So war es nicht verwunderlich, dass die in Aussicht gestellte Prüfung des Programms nicht günstig für die Grüne Front ausfiel. Am 11. Mai schrieb Dietrich in seiner Stellungnahme zum Grüne-Front-Programm an den Staatssekretär in der Reichskanzlei (65) u. a., das vorgeschlagene Einfuhrmonopol für Getreide müsse er ablehnen, da eine derartige Organisation zu teuer sei und nicht finanziert werden könne, ausserdem auch aus handelspolitischen Gründen nicht durchführbar sei. Statt dessen mache er den Vorschlag, eine Ausgleichsabgabe für Weizen und Roggen zu erheben und den Wert der Einfuhrscheine zu erhöhen. Der Butterzollforderung könne er nur etwas entgegenkommen. Typisch für den De-

(59) Vgl. das Presse-Communique der Vereinigung, Protokoll S. 151/2.
(60) Mappe Rheinland II, aus Privatbesitz (Dr. Dr. F. Jacobs).
(61) BA R 43 I/2541, Bl 353 = Deutsche Tageszeitung Nr. 138, 22. III. 1929.
(62) BA R 43 I/2541, Bl 354/5.
(63) Ibid.
(64) Ibid.
(65) DZA, Büro des Reichspräsidenten (= Büro des RP) Nr. 330, Bd. 4, Bl 48-61.

mokraten Dietrich ist das Festhalten an liberalen Prinzipien, wenn er die Massnahme als einen Erziehungszoll bezeichnete, der bis zur vollen Durchführung der Rationalisierung der deutschen Milchwirtschaft allmählich wieder abgebaut werden solle. Andere Zollforderungen der Landwirtschaft lehnte er aus handelspolitischen Überlegungen ab.

Bis zur Behandlung der Agrarfragen im Reichstag im Sommer 1929 setzten sich neben der direkt angesprochenen Reichsregierung auch privatwirtschaftliche Interessengruppen mit dem Programm der Grünen Front auseinander. Ich möchte nur die Stellungnahme des Reichsverbandes der deutschen Industrie genauer behandeln, da dieser einflussreiche Verband massgebend für einen ganzen Wirtschaftszweig sprach und darüber hinaus seine massvolle sachliche Einstellung in dieser Krisenzeit durchaus beachtenswert war (66). Im Gegensatz zu Agrar- oder Wirtschaftsprogrammen, die von dem konstruierten und zumindest für diesen Zeitraum überholten Gegensatz von Stadt und Land = Industrie und Landwirtschaft = Arbeiter und Bauer ausgehen, sprach der Reichsverband der deutschen Industrie von einer Interesseninterdependenz beider Bereiche. Die entscheidende Bedeutung der Landwirtschaft als Binnenmarkt für die gesamte Volkswirtschaft wurde hervorgehoben. Daraus ergab sich nach Anerkennung der Notlage der Landwirtschaft die Bereitschaft, von Seiten der Industrie Hilfsmassnahmen mitzutragen, um die Rentabilität der Landwirtschaft wiederherzustellen.

"Die Industrie erkennt die schwere Notlage der Landwirtschaft an. Alle Mittel, die mit den Interessen der Gesamtwirtschaft zu vereinbaren sind, müssen angewandt werden, um die Rentabilität der Landwirtschaft wiederherzustellen, die für die Erhaltung des inneren Marktes und für den staatlichen Aufbau unentbehrlich ist." (67)

"Die Aufforderung, die hier zum landwirtschaftlichen Notprogramm vertreten wurde, beruhte auf dem Grundgedanken, dass das Wohl der Gesamtheit eine Hilfsaktion für die deutsche Landwirtschaft erfordere ..." (68)

Als Mittel zur Wiederherstellung der Rentabilität wurden genannt:
"I. Erschwerung der Einfuhr ausländischer Erzeugnisse durch Zölle oder sonstige handelspolitische Massnahmen.
II. Aufbau einer zeitgemässen, den deutschen Verhältnissen angepassten Absatzorganisation.
III. Verbesserung der landwirtschaftlichen Technik mit dem Ziele, in erster Linie die Erzeugungskosten zu senken und erst in zweiter Linie die Erzeugung zu vermehren.
IV. Zeitgemässer Ausbau des landwirtschaftlichen Bildungswesens." (69)

Die erste Massnahme, Schutzzölle, wurde als Erziehungsmittel in einer Krisenzeit und Übergangsphase verstanden, in der die Landwirtschaft sich erholen, umstellen und für den Wettbewerb auf dem Weltmarkt rüsten solle. Auch dürften die Zölle nicht unbegrenzt hoch sein. Die allgemeinen Lebenshaltungskosten dürften nicht so sehr steigen, dass die deutsche Wirtschaft wettbewerbsunfähig werde. Auch hänge man hier keinem Wunderglauben an die Wirkung der Zölle an. Sie seien kein Allheilmittel und müss-

---

(66) Grundlagen: a) BA R 43 I/2541, Bl 521, WTB Nr. 1215, 21. VI. 1929,
b) Beiträge zu einem Agrarprogramm. Veröffentlichungen des Reichsverbandes der deutschen Industrie, Berlin 1930 (zitiert als: Agrarprogramm).
(67) Punkt 1; im Folgenden nach Anm. 66 a zitiert.
(68) Punkt 6, ibid.
(69) Agrarprogramm, S. 9.

ten je nach der Lage des betroffenen Produktionszweiges einer differenzierenden Beurteilung unterworfen werden (70).

"Wenn der Reichsverband der Deutschen Industrie demnach eine grundlegende Veränderung der Zollpolitik nicht befürworten, ihr auch, auf die Dauer gesehen, keine entscheidende Bedeutung für die landwirtschaftliche Rentabilität beimessen kann, so hält er doch zur Abwehr von Krisenzuständen in der deutschen Landwirtschaft eine baldige ausreichende Zollerhöhung für Getreide für unentbehrlich. Auch einer Angleichung der Viehzölle an die Fleischzölle ist grundsätzlich zuzustimmen." (71)

Die neben den Zöllen genannten anderen drei Gruppen von Mitteln zur Rettung der Landwirtschaft waren Selbsthilfemassnahmen. Das grundsätzlich liberale Bild von der Wirtschaft, das der Reichsverband der deutschen Industrie hier aufstellte, führte konsequent zur Hervorhebung der Selbsthilfe und Zurückdrängung zu weitgehender staatlicher Eingriffe, deren innere Dynamik zur Zwangswirtschaft führen müsse.

"Eine öffentliche Bewirtschaftung landwirtschaftlicher Produkte ist abzulehnen, weil sie notwendig zu steigenden behördlichen und parlamentarischen Eingriffen in die Wirtschaft und schliesslich zur Zwangswirtschaft auf dem gesamten Gebiet der Landwirtschaft führt." (72)

Vergleicht man mit diesen Sätzen das Grundsatzprogramm, das Hermes im Juli 1929 unter dem Titel "Um die Rettung der deutschen Landwirtschaft" als Heft 3 in der Reihe "Deutsches Bauerntum" veröffentlichte, so zeigen sich erstaunliche Übereinstimmungen. Ausgehend vom Ziel der höchstmöglichen Eigenversorgung (73) müsse es darum gehen, die Inlandproduktion zu steigern. Dafür aber sei eine gesunde Landwirtschaft, d. h. eine rentable Landwirtschaft, unabdingbare Voraussetzung. Warum diese nicht vorhanden war, zeigte ein kurzer historischer Gang durch die Entwicklung seit 1913 bzw. seit der 1924 einsetzenden Neuverschuldung und die Aufdeckung ihrer allgemeinen Gründe. Die Mittel zur Wiederherstellung der landwirtschaftlichen Rentabilität müssten, das ergab der historische Rückblick, ausgerichtet werden auf das Ziel, die Preisschere wieder zu schliessen, so dass Agrar- und Industrieprodukte und damit auch die Löhne in den beiden Wirtschaftszweigen auf gleiche Höhe gebracht werden könnten. Die Reihenfolge der nun aufgezählten Mittel stimmte genau mit der im Agrarprogramm des Reichsverbandes der deutschen Industrie überein:

1. Zölle, 2. Verbesserung der inländischen Absatzorganisationen, 3. Qualitätshebung, 4. Standardisierung und 5. Produktionserhöhung. Auch Hermes, der sehr sachlich argumentierte, sah in den Schutzzöllen eine Voraussetzung zu erfolgreicher Selbsthilfe der Landwirtschaft, die durchaus im Vordergrund stand. Zweifellos würden sich bei Festlegung auf konkrete Einzelmassnahmen Differenzen zum Reichsverband der deutschen Industrie ergeben. Diese sollten aber bei der grundsätzlichen Übereinstimmung zu überbrücken sein.

Ein Gegensatz zwischen den Forderungen der Grünen Front und diesem Programm der Vereinigung erklärt sich daraus, dass die Grüne Front ihrem Adressaten, der Reichsregierung, natürlich nur das vorlegte, was sie von ihr verlangte. Die Selbsthilfe, die von ihr - wie prinzipiell von der gesamten Landwirtschaft in allen Krisenjahren - nie ausdrücklich aufgegeben wurde, brauchte in dem Zusammenhang nicht erwähnt zu werden. Dadurch verschieben sich die Gewichte. Solange die Landwirtschaft die Vor-

(70) Vgl. Agrarprogramm, S. 10.
(71) Punkt 3 des Agrarprogramms.
(72) Punkt 6 des Agrarprogramms.
(73) Ibid. S. 12.

aussetzungen für die Selbsthilfe nicht gegeben sah, stellte sie immer weitere Forderungen an die Reichsregierung. Dass sich im Laufe der Jahre daraus praktisch, wenn auch nicht theoretisch, ein Gesinnungswandel ergab, ist eine Konsequenz, deren Gründe schon zu diesem Zeitpunkt, im Frühsommer 1929, rückblickend entdeckt werden können.

In der Diskrepanz zwischen den praktischen Forderungen der Grünen Front und dem theoretischen Grundsatzprogramm eines ihrer Führer, liegt der Ansatzpunkt für eine Entwicklung, in der die tatsächliche Agrarpolitik der Landwirtschaftsverbände und ihre theoretische Konzeption immer mehr auseinander gingen.

Seit April/Mai 1929 liefen in der Grünen Front interne Vorarbeiten für die "parlamentarische Durchfechtung" (74) von Anträgen im Reichstag. Die Art der Vorbereitung kennzeichnete Hermes folgendermassen:

"Persönliche und fraktionelle Fühlungnahme und Beratungen" "in engster Fühlungnahme und in ständigen, fast täglichen Beratungen". "Auch sind der Öffentlichkeit absichtlich von den bisherigen Arbeiten im Stillen keine Pressemeldungen übergeben worden, um zunächst eine einheitliche Front zu erhalten für die bevorstehenden zweifellos ernsten und schwierigen Auseinandersetzungen." (75)

Vier Anträge waren die Grundlage der Beratungen. Nach der Pfingstpause sollten und wurden sie auch tatsächlich im Reichstag eingebracht. Die Berliner Börsen-Zeitung (76) berichtete am 17. Mai unter der Überschrift "Erster parlamentarischer Vorstoss der Reichsbauernfront" von den parlamentarischen Anträgen zur Verwirklichung des Programms der Grünen Front. Die Anträge forderten: 1. Aufhebung der agrarischen Zwischenzölle, 2. Erhöhung der Zollsätze für Vieh und Fleisch, 3. Verschärfung der Fleischeinfuhrbestimmungen, 4. Verbesserung der veterinärpolizeilichen Bestimmungen. Auffallend ist, dass diese Anträge, die genau den intensiven Vorbereitungen entsprachen, von denen Hermes im zitierten Rundschreiben berichtete, nur von Deutschnationalen, Christl.-nat. Bauernpartei und Deutscher Bauernpartei eingebracht wurden, nicht aber vom Zentrum. Dieses hatte sich trotz engster Zusammenarbeit bei der Vorbereitung und dabei ausgesprochenem vollsten Einvernehmen im Reichstag aus koalitionspolitischen Gründen der Stimme enthalten, worauf auch Hermes in seinem Rundschreiben hinwies (77), allerdings ohne darin einen Widerspruch zu sehen.

Hermes befand sich in einer schwierigen Situation, in der er sein taktisches Geschick einsetzen musste, wollte er es nicht zu einem eklatanten Loyalitätskonflikt kommen lassen. Als Vertreter landwirtschaftlicher Interessen unterstützte er eifrig das Vorgehen der Grünen Front. Als Mitglied einer Partei jedoch, die mit in der Regierung sass, und ausserdem von der Regierung persönlich mit der Leitung der Verhandlungen mit Polen beauftragt, konnte er sich nicht zu eindeutig exponieren und Anträge unterstützen, von denen er fürchten musste, dass sie - auch innerhalb seiner Partei - als einseitig für die Landwirtschaft, als Belastung der Koalition und in der deutschen und ausländischen Presse als Boykott der deutschpolnischen Handelsvertragsverhandlungen durch den offiziellen deutschen Delegationsleiter empfunden würden - ein Vorwurf, der ihm von abschluss-

---

(74) Rundschreiben der VDBV Bd. 6, 17. V. 1929, SchAM.
(75) Ibid.
(76) Nr. 226, Reichslandbund-Archiv, Museum für Deutsche Geschichte, Berlin, Nr. 144, Bd. 5, Bl. 91 und Nr. 243, 29. V. 1929; DZA, Dtsch. Reichsbank, Nr. 2095, Bl. 2.
(77) Rundschreiben S. 3, vgl. Anm. 74.

williger deutscher und polnischer Seite häufig gemacht wurde (78) d. h. Hermes geriet in einen schwer überbrückbaren sachlichen Interessenkonflikt, auf Grund dessen sein Handeln zweideutig erscheinen musste. So musste er auf zwei Schultern tragen, wenn er nicht eine der beiden Positionen aufgeben wollte. Hermes unterstützte daher hinter den Kulissen Aktionen, die gegen starke Kräfte der Regierung gerichtet waren, und ausgerechnet denen zuwider liefen, die die ihm anvertrauten Verhandlungen mit Polen unterstützten, vor allem Stresemann, das Auswärtige Amt und das Reichswirtschaftsministerium.

Im Juni 1929 setzte sich die Grüne Front weiter für ihren dringendsten Punkt, die Getreidefrage, ein. Hermes und Schiele taten sich besonders hervor. Am 3. Juni wurde ein "Ausschuss zur Prüfung der Möglichkeiten auf dem Gebiete der Getreidewirtschaft" gebildet, dem Hermes und Schiele angehörten (79). Am 11. Juni übergab Schiele dem Reichspräsidenten eine "Denkschrift über die derzeitige Lage der Landwirtschaft und die zur Behebung der dringendsten Notstände gemachten Vorschläge." (80) Am 14. Juni hatten Hermes und Schiele eine Besprechung mit dem Reichsernährungsminister (81), in der es um die Beseitigung der Bindungen im Schwedenvertrag ging (82), eine Forderung, die sie Dietrich in diesen Tagen noch mehrmals vortrugen. Durch die katastrophale Lage am Getreidemarkt, den von der Grünen Front bearbeiteten Hindenburg, die beiden aktivsten Grüne-Front-Vertreter und einen diesbezüglichen Beschluss der Deutschen Volkspartei gedrängt, schrieb Dietrich am 14. Juni an den Staatssekretär in der Reichskanzlei, er bitte um einen Kabinettsbeschluss in der Getreidefrage. Währenddessen liefen, von der Grünen Front unterstützt, die Vorbereitungen für die Einführung eines Getreidemonopols,"welches nicht nur das eingeführte, sondern auch das binnenländische Getreide umfassen soll." (83)

Die Agrardebatte des Reichstages im Juni 1929, die hier nicht in Einzelheiten referiert werden soll, zeigte - was u. a. auch an einer Parteiführerbesprechung vom 25. Juni genau belegt werden kann (84) - folgende Merkmale: Im grossen und ganzen waren sich die Vertreter der Grünen Front einig.

Verschiedenen Parteien angehörend lassen sich in einigen Fragen jedoch Unterschiede feststellen. Die BVP (85) setzte sich am weitesten für die Landwirtschaftsforderungen ein, während die SPD durchweg gegen die Anträge der Grünen Front stimmte, im besten Falle eine zeitlich befristete Zustimmung gab oder unentschieden war und um Bedenkzeit bat. Das Zentrum war in einen landwirtschaftsfreundlichen Flügel unter Hermes und einen mit der SPD zusammengehenden unter Dessauer gespalten. (86)

Hier sei im Hinblick auf die Polen-Verhandlungen darauf hingewiesen, dass Hermes sich als einziger Zentrums-Vertreter auf der Parteiführer-

---

(78) Vgl. Teil II meiner Dissertation: Hermes und die deutsch-polnischen Handelsvertragsverhandlungen (1927-1929), ein Ausschnitt aus dem deutsch-polnischen Wirtschaftskrieg (1925-1934).
(79) DZA, Büro des RP, Nr. 330, Bd. 4.
(80) Ibid.
(81) Ba R 43 I/2541.
(82) 1. Antrag, vgl. S. 99.
(83) DZA, Büro des RP, Nr. 330, Bd. 4, Bl. 125/6 = (Meldung für Reichspräsidenten, gez. Meissner, 17. VI. 1929).
(84) BA R 43 I/2541, Bl. 524/5.
(85) BVP = Bayerische Volkspartei.
(86) Reichslandbund-Archiv, Museum für Deutsche Geschichte, Nr. 144, Bd. 5, Bl. 104 = Rhein. Tagesztg. 175, 28. VI. 1929.

besprechung für die Angleichung der Zölle für lebendes Vieh an die Fleischzölle auch bei Schweinen aussprach. Diese Haltung trieb im Herbst desselben Jahres den schwelenden Konflikt mit der Reichsregierung auf die Spitze und führte zum Eklat des Rücktritts von Hermes.

Hermes selbst gab am 6. Juli (87) ein ausführliches, dreissigseitiges Résümée über "Die erste Etappe der landwirtschaftlichen Rettungsaktion". Grund für seine Ausführungen war die Kritik, die gerade von radikalen Kreisen der Landwirtschaft vorgebracht wurde, und die es abzuwehren galt. (88) Nicht am absoluten Massstab des Wünschenswerten, sondern an dem, was unter den gegebenen Umständen durchzusetzen war, müssten die ersten Erfolge gemessen werden. Zu berücksichtigen sei die seit den letzten Reichstagswahlen (20. Mai 1928) für die Landwirtschaft ungünstige Reichstags- und Regierungs-Zusammensetzung mit dem hohen SPD-Anteil (89). Rücksicht auf die SPD, Furcht vor einer möglichen Regierungskrisis habe das Zentrum als Koalitionspartner zur Zurückhaltung gezwungen und Bindungen unterworfen, von denen nicht an der Regierung beteiligte Grüne-Front-Parteien frei seien (90).

Die wiederholte Verteidigung gegen Kritik aus den eigenen Reihen, wie sie in vielen Zeitungen auftauchte, u. a. in der Rheinischen Tageszeitung (91) unter dem Titel "Die zwei Gesichter. Der Nährstand ist Leidtragender. Das zwiespältige Zentrum" -, diese Verteidigung zeigt, wie sehr der Vorwurf traf.

Was Hermes über die Grundsätze der materiellen Forderungen schrieb, kann hier als bekannt übergangen werden.

Der September-Streit Grüne Front - Reichsernährungsminister

Neben den Aktionen im Parlament schrieb die Grüne Front in regelmässigen Abständen Briefe an den Reichsernährungsminister, in denen sie zur Eile bei der Durchsetzung ihrer Forderungen drängte. Nachdem der Brief vom 3. Juni (92) und der vom 15. August (93) nicht den gewünschten Erfolg gehabt hatten, starteten Hermes und Schiele Anfang September einen neuen Vorstoss. Offenbar von Hermes aus Berlin in seinem Urlaubsort Berchtesgaden benachrichtigt, traf Schiele am 5. September in Berlin (94) ein und legte schon am nächsten Tag einen ersten Entwurf für einen Brief an Dietrich vor. Hermes überarbeitete diesen, glättete ihn stilistisch bei Beibehaltung der materiellen Forderungen, gab ihm eine klare, leicht zu überschauende und einprägsame Gliederung. Dieser Text, nach den mir bekannten Unterlagen allein von Hermes und Schiele verfasst, fand die Zustimmung von Brandes und Fehr. Es ist denkbar, dass Brandes in Berlin war und ihm das Schreiben vorgelegt wurde. Fehr wurde durch Schiele telefonisch um seine Unterschrift gebeten und gab sie, nachdem ihm der

(87) Rundschreiben Bd. 7, SchAM.
(88) Ibid., S. 1 und S. 29.
(89) Ibid. S. 2.
(90) Ibid. S. 2.
(91) Nr. 175, 28. VI. 1929, Reichslandbund-Archiv, Nr. 144, Bd. 5, Bl. 104.
(92) Rundschreiben Bd. 6, SchAM.
(93) Im Brief vom 8. IX., im Entwurf für einen offenen Brief vom 11. X., Mappe Grüne Front, aus Privatbesitz (Dr. Dr. F. Jacobs) und im Brief vom 8. II. 1930, beide BA, s. u.
(94) Telegramm in Mappe Grüne Front, aus Privatbesitz (Dr. Dr. F. Jacobs).

Text vorgelesen und ihm mitgeteilt worden war, dass Hermes und Brandes unterschrieben hatten (95). Eindeutig waren Hermes und Schiele die Initiatoren der September-Aktion. Die beiden schwächeren Grüne Front-Mitglieder wurden mitgezogen.

Zur Empörung der Grünen Front hielt es Dietrich nicht für notwendig, direkt zu antworten. In diesem wie in späteren Fällen hielt er es für ausreichend, eine Mitteilung an die Presse zu geben (96). Daraufhin reagierte die Grüne Front mit einer scharfen Entgegnung in Form eines offenen Briefes, der in der Deutschen Tageszeitung am 14. September veröffentlicht wurde (97). Ihm lag ein Entwurf von Hermes (98) zugrunde, der jedoch in der Formulierung stark abgeändert war, so dass nun der Angriff schärfer und die kontradiktorische Gegenüberstellung der gegensätzlichen Auffassungen klarer hervortrat. Die Grüne Front warf Dietrich vor, unsachlich zu argumentieren, sich in der Form der Erwiderung vergriffen und überhaupt als Reichsernährungsminister versagt zu haben. Die Unzufriedenheit der Landwirtschaft mit Dietrich hatte einen ersten Höhepunkt erreicht. Bis zu seiner Ablösung durch Schiele hat sich an der Gegnerschaft nichts geändert.

Die zweite Hälfte der ersten Phase der Tätigkeit der Grünen Front vom Herbst 1929 bis zum Frühjahr 1930 war im wesentlichen durch zwei Merkmale gekennzeichnet: die Fortsetzung des Kampfes gegen den demokratischen Reichsernährungsminister und die stärkere Differenzierung innerhalb der Grünen Front, die zu Spannungen führte, die allerdings den Zusammenhalt noch nicht sprengten.

Ich möchte die wichtigsten Ereignisse im Hinblick auf diese beiden Tendenzen kurz darstellen.

Am 3./4. Oktober fand die Herbsttagung der Vereinigung der deutschen Bauernvereine statt. In einem Rechenschaftsbericht über die Arbeit der Grünen Front (99) stellte Hermes fest, "dass die bisher getroffenen Massnahmen eine weitere Verschärfung der Lage der Landwirtschaft nicht verhindert haben." Daher müssten die bisherigen Ansätze vertieft, fortgeführt und beschleunigt und - vor allem zugunsten der bäuerlichen Veredelungswirtschaft - erweitert werden. Daneben müsse "die Selbsthilfe der Landwirtschaft in jeder nur möglichen Weise zur Entfaltung kommen." (100)

Soweit in Übereinstimmung mit der Grünen Front, äusserte sich Hermes nun aber kritisch zum Volksbegehren gegen den Young-Plan. Im Juli 1929 hatte sich die Grüne Front gegen den Young-Plan ausgesprochen, dabei aber nicht zum Volksbegehren gegen ihn aufgerufen, wozu sie sicher nicht die Zustimmung Hermes' erhalten hätte. Im September 1929 formierte sich der "Reichsausschuss für das deutsche Volksbegehren". In seinem Präsidium sassen, was bei der Rolle, die Hugenberg bei der Bildung der "Nationalen Einheitsfront" spielte, nicht verwunderlich ist, massgebliche deutschnationale Reichslandbund-Mitglieder: Schiele, Hepp und Schwecht und der mit ihnen auch in der Frage der Einheitsorganisation sympathisierende bzw. im Falle von Schwecht zusammenarbeitende Frhr. Hermann v. Lüninck. (101)

(95) Mappe Grüne Front, Brief Fehrs an Hermes, 16. X. 1929, aus Privatbesitz (Dr. Dr. F. Jacobs).
(96) Vgl. BA R 43 I/2541 (= Vermerk der Reichskanzlei vom 17. II. 1930).
(97) BA R 43 I/2542.
(98) Mappe Grüne Front, aus Privatbesitz (Dr. Dr. F. Jacobs).
(99) DBC, 4. X. 1929, SchAM.
(100) Ibid. S. 2.
(101) Reichslandbund Jg. 1929.

Hermes und die Vereinigung distanzierten sich von diesem Vorgehen. In der Vorstandssitzung (4. Oktober) sagte Hermes klar und deutlich, er verurteile "nicht den Kampf gegen den Young-Plan, denn wir halten ihn alle für untragbar" (102); er fuhr jedoch fort: "Aber die Methode, die das Volksbegehren einschlägt, halte ich für völlig verfehlt", was er auch Schiele gesagt habe. Gerade weil der Grünen Front verschiedene Parteien angehörten, sei es unklug, wenn eine landwirtschaftliche Standesorganisation wie der Reichslandbund sich politisch eindeutig engagiere, was "für die Grüne Front eine Belastung" (103) darstelle und das Prinzip der landwirtschaftlichen Front quer durch die Parteien verletze. Ebenso deutlich war die Stellungnahme der Mitgliederversammlung der Vereinigung (104). In einem Brief vom 15. Oktober schrieb Hermes an Dr. Holtmeier, der der Vereinigung angehörte:

"Du weisst, wie ich aus Überzeugung für die Grüne Front stets eingetreten bin und auch weiter eintreten werde. Alle in der Grünen Front vertretenen Organisationen müssen aber peinlichst alles vermeiden, was irgendwie nach Politik aussieht. Du weisst, dass der Reichslandbund sich offiziell für das Volksbegehren ausgesprochen hat. Ich habe das für eine grosse Unklugheit gehalten. Wenn die einzelnen Mitglieder des Reichslandbundes für das Volksbegehren eintreten, so ist das ihre Sache. Die Organisation als solche muss sich jedoch von solchen Dingen fernhalten. Ich darf Dir versichern, dass dieses Vorgehen des Reichslandbundes gewisse Schwierigkeiten für meine Organisation geschaffen hat, und es war daher eine Selbstverständlichkeit, dass die Vereinigung mit aller Deutlichkeit in ihrer letzten Entschliessung zum Ausdruck brachte, dass sie derartige Dinge nicht mitzumachen gewillt ist." (105)

Wie Zeitungsartikel zeigen, wurde die Vereinigung teilweise recht scharf angegriffen. So in der Schleswig-Holsteinischen Tageszeitung vom 9. Oktober (106) und in der Westdeutschen Tageszeitung vom 13. Oktober (107). Heute, wo wir die innenpolitischen Auswirkungen des Volksbegehrens kennen, fällt es nicht schwer, dem Münsterischen Anzeiger vom 6. Oktober 1929 zuzustimmen, der schrieb:

"Er (= der Geist der Stellungnahme) unterscheidet sich nicht nur wesentlich von den extremen Forderungen mancher landwirtschaftlicher Organisationen, sondern will sich eingliedern in die Gemeinschaft der anderen Stände und Berufe, will im Einvernehmen mit der Regierung die Lösung suchen und finden, will nichts wissen von politischer Abenteuerei, wie sie in dem Volksbegehren gegen den Young-Plan zum Ausdruck kommt. Nein, sie will in positiver Verbindung mit dem Staate dem Ziel zustreben, diesem Staate eine gesunde existenzfähige Landwirtschaft zu geben und damit eine Grundlage für sein eigenes Wohlergehen." (108)

Trotz dieser schwerwiegenden politischen Differenzen arbeitete die Grüne Front, einig im Gegensatz zu Dietrich, auf sachlichem Gebiet weiter zusammen.

Am 8./9. Oktober tagte der Handelspolitische Ausschuss des Reichstages. Seine Einberufung, laut "Westfälischer Bauer" vom 16. Oktober der Initiative

(102) Protokoll der Vorstandssitzung vom 4. X. 1929, S. 105, Hermes-Nachlass, DBV.
(103) Ibid. S. 105.
(104) DBC, 4. X. 1929, S. 2, SchAM.
(105) Mappe Grüne Front, aus Privatbesitz (Dr. Dr. F. Jacobs).
(106) SchAM Abt. 1 C 5.
(107) Ibid. Nr. 240.
(108) Ibid. Nr. 1074.

der Führer der Grünen Front zu verdanken (109), war allein schon ein Affront gegen Dietrich. Denn dieser hatte in einer Erklärung vor dem Deutschen Landwirtschaftsrat in Münster am 18. September gesagt:

"Die Reichsregierung hält es daher nicht für zweckmässig, im jetzigen Augenblick zu einzelnen in der Gesamtvorlage zu regelnden Materien Stellung zu nehmen (da die Vorarbeiten für eine am 31. XII. 1929 notwendig werdende Neuregelung im Gange seien). Sie bitte deshalb den Handelspolitischen Ausschuss von einer Behandlung der Positionen, die in der Zolltarifnovelle von 1925 geregelt sind, insbesondere des Zolles für Futtergerste, Abstand zu nehmen." (110)

Unter Missachtung dieser Verlautbarung beschäftigte sich der Handelspolitische Ausschuss mit zoll- und handelspolitischen Forderungen. Zwei Anträge "in der Frage der Zölle für lebendes Rindvieh und lebende Schweine sowie für Rind- und Schaffleisch" (111) wurden gegen die Stimmen von KPD, SPD und DDP angenommen. "Auf diesem wichtigen Teilgebiete hat also die Grüne Front im Handelspolitischen Ausschuss einen vollen Erfolg davongetragen." (112) In der Getreidefrage konnte sich die Grüne Front nicht durchsetzen (113). Zum Ärger der Grünen Front setzte sich nach einigem Hin und Her die Rücksichtnahme auf die Reichsregierung durch, und eine Mehrheit entschied sich für die Vertagung bis zum Zusammentritt des Reichstages bzw. bis zur Fertigstellung der angekündigten Regierungsvorlage (114). Natürlich richtete sich nun erneut der Zorn der Grünen Front gegen Dietrich:

"Das Versagen des Ausschusses durch Schuld des Ernährungsministers, seiner Parteifreunde und seiner Helfershelfer bedeutet für die deutsche Landwirtschaft, dass diese bis auf weiteres allein in der Getreidewirtschaft täglich mindestens eine Million Mark bei ihrem Betriebe insgesamt zusetzen muss." (115)

Dass die Grüne Front selbst sich bewusst in Opposition zum Reichsernährungsminister sah, geht eindeutig aus einer zusammenfassenden Stellungnahme unter dem Titel "Wie der Handelspolitische Ausschuss des Reichstages den Schutz der deutschen Viehwirtschaft gegen Minister Dietrich beschloss" (116) und aus dem entworfenen offenen Brief (117) hervor. Aber auch die landwirtschaftlichen Vertreter, die sich im Handelspolitischen Ausschuss nicht völlig auf die Seite der Grünen Front geschlagen hatten, wurden nun angegriffen: zwei Artikel unter der Überschrift: "Die Haltung der Demokratischen Partei und der Deutschen Volkspartei zu der landwirtschaftlichen Aktion "(118) und ein Brief Schieles an den Vorsitzenden der Reichstagsfraktion der Deutschen Volkspartei vom 12. Oktober (119) legen davon Zeugnis ab.

(109) Westf. Bauer, 60. Jg. 1929, S. 864, 16. X. 1929.
(110) Westf. Bauer, S. 864; vgl. Mappe Grüne Front, aus Privatbesitz (Dr. Dr. F. Jacobs): Briefentwurf Grüne Front an Reichsernährungsminister Dietrich, 11. X. 1929.
(111) Briefentwurf vom 11. X., Mappe Grüne Front, aus Privatbesitz (Dr. Dr. F. Jacobs).
(112) Westf. Bauer, S. 864.
(113) Briefentwurf S. 4 und Westf. Bauer S. 864.
(114) Westf. Bauer, S. 864/5.
(115) Berliner Börsen-Zeitung Nr. 473.
(116) Mappe Grüne Front, aus Privatbesitz (Dr. Dr. F. Jacobs).
(117) Vgl. Anm. 110 (11. X. 1929).
(118) Mappe Grüne Front, Anm. 110 (11. X. 1929).
(119) Mappe Grüne Front, Anm. 110 (11. X. 1929).

Wichtig und interessant scheint es mir vor allen Dingen, die Vorgänge im Handelspolitischen Ausschuss unter zwei Gesichtspunkten zu betrachten: Was sagen sie über die Haltung des Parteipolitikers Hermes zur Regierungskoalition und über sein Verhältnis zur eigenen Partei aus. Oder mit anderen Worten: Wie verhalten sich Parteipolitiker und Interessenvertreter in Hermes zueinander. Dazu sei aus der Frankfurter Zeitung vom 18. Oktober, Nr. 779, zitiert:

"Feldzug der Grünen Front gegen Reichsernährungsminister Dietrich: Herr Hermes aber macht mit Herrn Schiele weiterhin agrarische Demonstrationspolitik, als ob er und das Zentrum mit der regierenden Koalition überhaupt nichts zu tun hätten. Es wird also auch Sache der Zentrumsführung sein, dafür zu sorgen, dass nicht einzelne Abgeordnete auf eigene Faust eine neue Koalition aufrichten, die da, wo es ihnen passt, gegen die regierende Koalition einseitige Interessentenforderungen durchsetzt." (120)

Die labile, brüchige Einigkeit der Grünen Front, schon mehrfach bedroht, wurde bald einer neuen Probe unterzogen. Und zwar gab es nun starke Differenzen mit Fehr. Dabei ging es einmal um seine Unterschrift unter die September-Briefe gegen Dietrich und dann um Meinungsverschiedenheiten wegen eines neuen Briefes an den Reichsernährungsminister. Wie es zum Brief vom 8. September und zur Unterzeichnung durch Fehr gekommen war, habe ich geschildert. Bald darauf kam es zu dem Gerücht, die Unterschrift Fehrs sei "erschlichen" worden. Diese Behauptung wurde schnell widerlegt und der wahre Sachverhalt von Fehr selbst klar dargestellt (121). Damit wäre der Fall abgetan gewesen, wenn nicht das Zustandekommen des Gerüchtes das eigentlich Interessante wäre. Zu der Vermutung, die Unterschrift sei nicht ganz rechtmässig erlangt worden, kam man durch folgenden Gedankengang: Da der Westfälische Bauernbund in der Frage der Gersten- und Futtermittelzölle eine gegen die von Fehr gebilligten Grüne-Front-Eingaben gerichtete Politik verfolgte, erklärte man sich vom Westfälischen Bauernbund - der Lübkeschen Deutschen Bauernschaft angeschlossen - die Diskrepanz durch die Behauptung von der erschlichenen Unterschrift (122). Aus diesem Fall, aus anderen Briefen (123) und aus dem Streit wegen eines Artikels im Regensburger Anzeiger vom 12. Oktober unter dem Titel: "Die Grüne Front oder eine Ironie des Schicksals" (124) geht hervor, dass - ebenfalls der deutschen Bauernschaft angeschlossen - auch der Bayerische Bauernbund gegen das Zusammengehen Fehrs mit der Grünen Front aufzumucken begann. Innerhalb der Deutschen Bauernschaft, die schon immer das schwächste Glied gewesen war, begann man sich immer mehr von der Grünen Front zu distanzieren. Das führte im November 1930 zur Trennung der Deutschen Bauernschaft von Fehr und dem Bayerischen Bauernbund.

Fehr selbst hielt weiter zur Grünen Front. Aber auch mit ihm gab es Meinungsverschiedenheiten. Nach dem unbefriedigenden Teilerfolg im Handelspolitischen Ausschuss setzten Hermes und Schiele einen neuen Brief an Dietrich auf (125), in dem sie ihre Forderungen erneut mit Nachdruck und unter Hinweis auf die Verantwortung des Ministers erhoben. Brandes

---

(120) DZA, Dtsch. Reichsbank 2095, Bl. 94.
(121) Mappe Grüne Front, aus Privatbesitz (Dr. Dr. F. Jacobs), Brief Fehrs an Hermes 16. X. 1929.
(122) Mappe Grüne Front, ibid., Brief Josef Niehues' an Hermes, 12. X. 1929.
(123) Z. B. Georg Kropp an Hermes 16. X., Hermes an Kropp 17. X. 1929.
(124) Mappe Grüne Front, ibid., dort auch Schriftwechsel dazu.
(125) 3. Entwurf 11. X. 1929, in Mappe Grüne Front, ibid.

billigte den Entwurf, nicht aber Fehr. Dieser verfasste einen neuen Brief, viel vorsichtiger, zurückhaltender im Ton, weniger anklagend (126). Hermes und Schiele schrieben an Brandes:

"Abgesehen davon, dass der Entwurf des Herrn Minister Fehr wichtige, prägnante Tatsachen nicht zur Darstellung bringt, entbehrt er auch in der vorliegenden Form der sachlichen Begründung." (127)

Die Meinungsverschiedenheiten konnten offenbar nicht beigelegt werden. Denn auch eine Überarbeitung des ersten Entwurfes durch Hermes (128) wurde nicht abgesandt. Neben dem Streit um den Inhalt löste der geplante Brief dadurch eine neue Krise aus, dass Teile des Entwurfes von Hermes und Schiele vorzeitig und ohne Wissen der Verfasser veröffentlicht wurden. Empört schrieben sie am 19. Oktober an Brandes, dieser grobe Vertrauensbruch, diese schwere Indiskretion könne nur auf Fehr zurückzuführen sein.

"Wir halten es für erforderlich, diese Angelegenheit restlos zu bereinigen, weil es auf der Hand liegt, dass die Grüne Front in ihrer bisherigen Ausdehnung nur schlagkräftig und aktionsfähig erhalten werden kann, wenn die ihr angeschlossenen Organisationen auf der ganzen Linie in allen ihren Handlungen unbedingte Zuverlässigkeit und Solidarität erkennen lassen." (129)

Die Darstellung der Aktionen der Grünen Front hat deutlich gezeigt, dass im Herbst 1929 eindeutig Hermes und Schiele die Führung der Reichsbauernfront in der Hand hatten und in völliger Übereinstimmung handelten. Brandes wurde offenbar mitgezogen, während Fehr infolge der Widerstände von seiten verschiedener Bauernbünde innerhalb der Deutschen Bauernschaft Schwierigkeiten machte.

Im November wurde die Agrarfrage offiziell von Regierungsseite erneut in Angriff genommen. Die Reichsregierung legte die in Aussicht gestellte Vorlage vor. Das Reichskabinett einigte sich am 22. November auf neue Getreidezölle (130). Die Landwirtschaft reagierte mit Ablehnung. Auf der gleichzeitig mit dem Parteitag der DNVP am 22. November abgehaltenen Führertagung des Reichslandbundes (131) führte Schiele seine grundsätzlichen Überlegungen zum Verhältnis von Grüner Front und Staat, genauer der geltenden Staatsform, aus. Er sagte:

"... Wir kennen ... die Unfruchtbarkeit des gegenwärtigen Regierungssystems. Es ist unschöpferisch und unserer Wesensart entgegengesetzt. Deshalb ist unser Ziel, es mit allen zu Gebote stehenden gesetzlichen Mitteln zu korrigieren." (132)

Am 12. Dezember schrieb die Grüne Front an den Reichskanzler (133), nicht an den Reichsernährungsminister. Sie lehnte die Vorlage der Reichsregierung ab und forderte höhere Schutzzölle für Futtergetreide, besonders für Futtergerste im Hinblick auf die Viehzucht. Gleitzölle für Getreide könne sie nicht akzeptieren. Für Schweine sei sie trotz grundsätzlicher Bedenken zur Zustimmung bereit. Auf jeden Fall müsse "eine be-

---

(126) Briefentwurf Fehrs vom 18. X. 1929, Mappe Grüne Front, ibid.
(127) 19. X. 1929, Mappe Grüne Front, ibid.
(128) 30. X. 1929, Mappe Grüne Front, ibid.
(129) Mappe Grüne Front, ibid.
(130) Schulthess, 1929, S. 202.
(131) Schulthess, 1929, S. 202-204.
(132) Deutsche Tageszeitung Nr. 500, 22. X. 1929, DZA, Dtsch. Reichsbank, 2095, Bl. 104.
(133) BA, R 43 I/2542, Bl. 102/103.

friedigende Regelung der Agrarfragen vor Beginn der Weihnachtsferien"
(134) sichergestellt werden. Dieser Brief wurde durch die Bitte an den Reichspräsidenten, sich für die Wünsche der Landwirtschaft einzusetzen, unterstützt. (135)

Daraufhin bat der Reichspräsident den Reichskanzler am 14. Dezember (136), für eine beschleunigte Durchbringung der Zolltarifnovelle zum besseren Schutz der Landwirtschaft zu sorgen.

Die Ergebnisse vom Dezember 1929 (Ermächtigungsgesetz) genügten der Grünen Front durchaus nicht. Am 8. Februar 1930 kritisierte sie in einem neuen Brief (137) die bisherigen Massnahmen, da sie zu spät erfolgt und zu wenig effektiv seien. Ein Kommentar (138) sprach von einer "Politik des Zögerns und der Entschlusslosigkeit" und von Dietrichs "Cunctator-Taktik". Der Reichsernährungsminister behandelte diesen Brief wie die früheren: er beantwortete ihn nicht. (139)

Am 28. Februar 1930 kam es zu einer Besprechung der Grünen Front mit dem Reichskanzler (140), an der auch der Reichsernährungsminister teilnahm. Die Landwirtschafts-Vertreter schilderten die steigende Notlage, aus der eine wachsende Radikalisierung des Landvolkes entstehe mit der Gefahr, dass es dem Einfluss seiner Führer entgleite. "Bei dem raschen Wechsel der Verhältnisse müsse eine starke Beweglichkeit in der Abwehr übermässiger Schwierigkeiten möglich sein." (141) Deshalb baten die Landwirtschaftsvertreter übereinstimmend, "ein Ermächtigungsgesetz für die Reichsregierung anzustreben," (142) "nach dem diese in der Lage sei, rasch die erforderlichen durchgreifenden Massnahmen zur Stützung der landwirtschaftlichen Preise durchzuführen" (143). Diese Forderung, aus der Notlage entstanden, ist nach Art und Zeitpunkt, zu dem sie erhoben wurde, sehr bemerkenswert. Zur gleichen Zeit, als die Verhärtung der Klassenkampffronten in der Frage der Arbeitslosenversicherung keinen Kompromiss mehr zuliess, so dass es zum Bruch der grossen Koalition und damit faktisch zur Selbst-Ausschaltung des Parlaments kam (144), ein Ereignis, das Rosenberg (145) als die entscheidende Zäsur, nämlich als das Ende der parlamentarischen Weimarer Republik ansieht, zu demselben Zeitpunkt verzweifelten auch die landwirtschaftlichen Interessenvertreter an der Wirksamkeit parlamentarischer Schritte und schlugen ein Abdanken des Parlaments zugunsten der Exekutive vor. Hier wie dort also der gleiche Vorgang.

(134) Vgl. Anm. 133.
(135) DZA, Büro des RP, Nr. 330, Bd. 4, Bl. 166/167.
(136) Ibid Bl. 168.
(137) BA, R 43 I/2542 und Westfälischer Bauer 61. Jg. 1930, Nr. 8, S. 131-133.
(138) s. o., BA, R 43 I/2542.
(139) BA, R 43 I/2542, Vermerk der Reichskanzlei vom 17. II. 1930, RK 1068.
(140) BA, R 43 I/2542, Bl. 247-49.
(141) Ibid. S. 2.
(142) Ibid. S. 1.
(143) Ibid. S. 1/2.
(144) Vgl. Timm, Helga: Die deutsche Sozialpolitik und der Bruch der grossen Koalition im März 1930, Beiträge zur Geschichte des Parlamentarismus und der politischen Parteien, Bd. 1, Düsseldorf 1952; ferner: Conze, Werner: Die Krise des Parteienstaates in Deutschland 1929/30. Hist. Zeitschrift 178, 1954.
(145) Rosenberg, Arthur: Geschichte der Weimarer Republik, res novae Bd. 9, Frankfurt 1961.

Ein ausgezeichnetes Beispiel für diese auffallende Koinzidenz der Ereignisse ist eine Äusserung von Hermes auf der am 17. März (!) stattfindenden Sitzung des Ausschusses für Zoll- und Handelspolitik der Vereinigung der deutschen Bauernvereine (146). An dem Zollgesetz vom 22. Dezember 1929 kritisierte Hermes, es gehe nicht weit genug, da es ziffernmässig nach oben begrenzt sei und den Roggenzoll nicht mit erfasse. Mit Schiele bemühe er sich daher um einen weiteren Ausbau der Regierungsermächtigung. Prinzipiell begründete er dies Bestreben folgendermassen:

"Es gibt in der gegenwärtigen wirtschaftspolitischen Lage für die Landwirtschaft zwei unsichere Faktoren, das Parlament und die Regierung. Mein Ziel war, den einen Unsicherheitsfaktor, das Parlament, auszuschalten aus dem Grunde, weil nach den letzten Erfahrungen der Weg über das Parlament nicht immer ein im Interesse der Landwirtschaft erforderliches, schnelles und entschlossenes Handeln gewährleistet." (147)

Zweierlei ist festzuhalten: Erstens, Hermes unterstützte mit seinen materiellen Forderungen die grossagrarisch orientierte Getreidepolitik Schieles; zweitens, Hermes sprach in erster Linie als Sachwalter einer Interessengruppe.

Auf parlamentarisch-demokratischen Bahnen verfolgte er in diesem Stadium der Auflösungsperiode der Weimarer Republik seine Ziele dann nicht mehr, wenn diese Mittel sich taktisch für die Landwirtschaft nicht mehr einsetzen liessen. Hermes war kein Gegner parlamentarisch-demokratischer Methoden überhaupt. Aber in diesem Abschnitt der Krise konnte man mit diesen prinzipiell akzeptierten Mitteln nicht mehr schnell genug auf die Veränderungen reagieren. Auch Brüning sah sich gezwungen, undemokratische Methoden zur Rettung der Freiheit anzuwenden.

Um die Wünsche der Grünen Front mit einer grösseren Zahl von Landwirtschaftsvertretern zu erörtern, wurde eine neue Besprechung im Reichsernährungsministerium für den 5. März einberufen. Dabei wurden übereinstimmend "sehr erhebliche Zollerhöhungen für fast alle landwirtschaftlichen Erzeugnisse gefordert und begründet" (148), da andere Massnahmen, wie z. B. Beimahlungszwang, Flockenverwertung, Aufhebung des Spiritusmonopols, im Vergleich mit ihnen weniger wirksam seien. Von seiten des Reichsernährungsministeriums wurden Bedenken den einzelnen Forderungen gegenüber geltend gemacht. In der Frage der Verbesserung des Getreidemarktes aber wurde die Notwendigkeit schneller und durchgreifender Hilfe zugegeben und ein in vierzehn Tagen im Reichstag durchzusetzendes Notprogramm zur Roggenstützung in Aussicht genommen (149). Mit ihm beschäftigte sich das Reichsministerium in seiner Sitzung vom 7. März 1930 (150). Das Kabinett erklärte sich damit einverstanden, dass der Reichsernährungsminister seine Vorschläge mit den Parteien bespreche. Das geschah, und in der Kabinettssitzung vom 20. März wurde darüber ein Bericht gegeben.

Die Reichsregierung Müller mit dem Reichsernährungsminister Dietrich war jedoch nicht mehr in der Lage, selbst ihr Agrarprogramm durchzuführen. Sie wurde am 27. März 1930 gestürzt und am 30. März durch die Reichsregierung Brüning mit Schiele, dem neben Hermes aktivsten Grüne-Front-Vertreter als Reichsernährungsminister abgelöst.

(146) Rundschreiben Bd. 9, SchAM; vgl. auch die Entschliessung des Vorstandes der Vereinigung der deutschen Bauernvereine vom 28. III. 1930, DBC, 29. III. 1930, ibid.
(147) Ibid. S. 16.
(148) BA R 43 I/2542, Bl. 255-60; hier Bl. 255.
(149) Ibid. Bl. 259/60.
(150) BA, R 43 I/2542.

Die Ernennung Schieles zum Reichsernährungsminister markiert einen Wendepunkt innerhalb der Geschichte der Grünen Front. Eine notwendige Änderung ihrer Methoden trat ein. Es ergab sich eine "Verlagerung der unmittelbaren Initiative und des Schwergewichtes nach der Seite der Partei-, Parlaments- und Regierungspolitik" (151). Von nun an fiel die Initiative für einen grossen Teil spezifisch agrarischer Gesetze und Verordnungen in die Tätigkeit Schieles als Reichsernährungsminister, d. h. in das Gebiet der Regierungspolitik.

Der Reichslandbund (152) behauptete mit einem gewissen Recht, die Grüne Front habe mit Schiele ihren Kampfplatz in das Reichskabinett selbst verlegt. Noch weiter ging das nach der Ernennung Schieles zum Ernährungsminister umgebildete Reichslandbundpräsidium in einem Brief vom 19. September 1930 an den Vorsitzenden des Oberschlesischen Landbundes. Es schrieb:

"Der Erfolg dieser Bemühungen (153) war der Sturz der Regierung Müller und der Eintritt des Reichs-Landbund-Präsidenten Schiele in die zur Durchführung des Hindenburg-Programms gebildete Regierung Brüning. Für den Reichslandbund handelt es sich bei dem Eintritt des Ministers Schiele nicht nur um die Eroberung einer Kampfposition für die Rettung der Landwirtschaft, sondern auch darum, den im Reichs-Landbund konzentrierten machtpolitischen Kampf- und Befreiungswillen in der politischen Reichsführung zum Einsatz zu bringen." (154)

Das Protzen des Reichslandbundes mit dem "Verdienst", den Sturz der Regierung Hermann Müller herbeigeführt zu haben, ist zweifellos übertrieben. Fest steht aber, dass die Regierungsneubildung mit der Einbeziehung Schieles, die übrigens auf besonderen Wunsch des Reichspräsidenten erfolgte (155), Hindenburg und seinen seit Monaten mit Westarp betriebenen Vorbereitungen für eine Rechtsregierung (156) und vor allem den landwirtschaftlichen pressure groups, an erster Stelle der ostdeutschen Landwirtschaft, entgegenkam. (157)

Indirekt, indem sie nämlich die Bemühungen für ein rechtsgerichtetes Hindenburg-Kabinett unterstützte, war die Grüne Front am Sturz der Regierung Müller beteiligt.

Schleicher argumentierte geradezu mit dem Hinweis, die konservativagrarische Rechte müsse durch das Versprechen, das Programm der Grünen Front durchzuführen, zur Regierungsbeteiligung gebracht werden. (158)

(151) Kretschmar, S. 79.
(152) 1930, S. 412 und S. 427 f.
(153) Gemeint sind die Bemühungen, die Voraussetzungen für eine breite Kampffront über die nationale Opposition hinaus bis Einschluss des Zentrums zu schaffen.
(154) DZA, RLB-Schriftwechsel 60, Bl. 24-26.
(155) Brüning-Festschrift (1967): Staat, Wirtschaft und Politik in der Weimarer Republik, Festschrift für Heinrich Brüning, Hrsg. von F. A. Hermens u. Th. Schieder, Berlin 1967; vgl. weiter: Morsey, Das Ende der Parteien, S. 322 ff.
(156) Bracher, Auflösung, S. 322 ff.
(157) Diese hatte durch ihre Denkschrift "Die Not der preussischen Ostprovinzen" vom Januar 1930 auf Hindenburg, die Reichs- und die Preuss. Regierung einen erheblichen Druck ausgeübt. Bracher, Auflösung, S. 324 Anm. 155.
(158) Vgl. Vogelsang, Thilo: Reichswehr, Staat und NSDAP, Stuttgart 1962, S. 73/74.

Das Ergebnis war:

"Der gegen den Hugenberg-Kurs in der DNVP opponierende Vorsitzende des Reichslandbundes, Schiele, war bereits vor dem Rücktritt Müller durch Hindenburg zum Eintritt in eine neue Regierung verpflichtet und ihm die Durchführung seines Agrarprogramms "unter Hinweise auf den Artikel 48" zugesagt worden." (159)

Das Frohlocken des Reichslandbundes über die Ernennung seines Präsidenten Schiele war verständlich. Mit ihm wusste die Landwirtschaft ihre Interessen an höchster politischer Stelle gut vertreten (160). Schon im Kabinett Marx III hatte er 1928 über das Ostpreussenprogramm hinaus "den Gedanken eines einmaligen Notprogramms der Reichsregierung zugunsten der gesamten Landwirtschaft" mit Hilfe "der weithin entfalteten agrarischen Agitation" im Reichstag durchgebracht (161), worin ihn der von Hermes geleitete Unterausschuss für Landwirtschaft des Enquêteausschusses mit einem vorläufigen Gutachten (162) gestärkt hatte. Schon in seiner (163) ersten Ernährungsministertätigkeit um grössere Agrarsubventionen bemüht, hatte er als massgeblicher Grüne-Front-Vertreter weiter in diesem Sinne gehandelt. Parteipolitisch der DNVP verbunden, deren Mandat er nun beim Regierungseintritt jedoch niederlegte, um frei von parlamentarischen Bindungen zu sein, war er mit Westarp bemüht, einen konzilianteren Kurs als Hugenberg zu steuern. Er vertrat einen "kompromissbereiten nationalen Konservatismus" (164) mit monarchistischem Einschlag.

Mit der für die Landwirtschaft positiv veränderten politischen Konstellation änderte sich die Methode ihrer Interessenvertretung. Kretschmar (165) schreibt: "... im Jahre 1930 trat das gemeinsame Wirken der "Grünen Front" in der Öffentlichkeit völlig zurück ... hinter der Tätigkeit parlamentarischer Vertreter, direkter Fühlungnahme mit den zuständigen Regierungsstellen und hinter Einzelaktionen der Verbände."

Im folgenden sollen die Aktionen der gegenüber der ersten Phase sich differenzierenden Grünen Front für die Zeit der Regierungen Brüning, v. Papen, v. Schleicher bis einschliesslich des deutschnationalen Abschnittes der Reichsregierung Hitler - also bis zur Ablösung Hugenbergs durch Darré Ende Juni 1933 -, soweit sie sich quellenmässig belegen lassen, an einigen Beispielen dargestellt werden. (166)

(159) Vogelsang, S. 75.
(160) Hermes vor dem Westf. Bauernverein, in: Westf. Bauer, 61. Jg. 1930, Nr. 17, S. 293, 23. IV. 1930.
(161) G. Schulz, in: Brüning-Festschrift, S. 190.
(162) Anlagen zu den Verhandlungen des Reichstags Bd. 422, Nr. 4058; vgl. RT Bd. 395, S. 12957 ff., 13023 ff., 13105.
(163) Vgl. auch den als "streng vertraulich" bezeichneten vervielfältigten Entwurf, HAB (= ehem. Preuss. Staatsmin. im Hauptarchiv Berlin), Rep. 90/1073.
(164) Bracher, Auflösung, S. 314 Anm. 109.
(165) S. 80.
(166) Die Auswahl erfolgt natürlich nicht mit dem Ziel, die Grüne-Front-Politik lückenlos darzustellen, sondern soll vor allem die Beteiligung der Vereinigung der deutschen Bauernvereine herausarbeiten. Dabei wird versucht, den Bezug zur gesamten Agrarpolitik und - soweit relevant - zu den wichtigsten innenpolitischen Ereignissen herzustellen.

f) Die zweite Phase der Tätigkeit der Grünen Front unter den Reichsregierungen Brüning-Schiele, v. Papen- v. Braun, v. Schleicher-v. Braun

Der April 1930 sah eine rege politische Tätigkeit zugunsten der Landwirtschaft. Auf die Regierungserklärung Brünings im Reichstag (1. April 1930) (167), in der er die Agrarkrise als eine allgemeine Volks- und Staatskrise bezeichnete, die er in Fortführung der bisherigen Politik bekämpfen wolle - er nannte sieben Punkte für ein durchgreifendes Hilfsprogramm: 1) Osthilfe, 2) allgemeines Agrarprogramm, 3) Um- und Entschuldung, 4) Zins- und Lastensenkung, 5) Ordnung der Kreditverhältnisse, 6) Festigung und Erhaltung der bestehenden wirtschaftlichen Betriebe, 7) zielbewusste Bauern- und Arbeitersiedlung - auf diese grundsätzliche Stellungnahme erfolgte die Annahme von Schieles Agrarprogramm im Kabinett (7./8. April) (168). Im Mittelpunkt dieses Agrarprogrammes stand, wie bei Schiele nicht anders zu erwarten, die Getreidefrage, die mit Hilfe von Einfuhrscheinen, Beimahlungszwang von Roggen zu Weizen und Zollmassnahmen für die verschiedenen Getreidesorten gelöst werden sollte. Um einen entsprechenden Gesetzentwurf möglichst schnell durchzubringen, fand am 8. April im Reichstagsgebäude eine Fraktionsführerbesprechung statt, an der Zentrum, DVP, DDP, Wirtschaftspartei, die Christl.-nat. Arbeitsgemeinschaft und die BVP teilnahmen. (169)

Im Interesse einer Beschleunigung der Gesetzesdurchbringung bat der Reichskanzler die Parteien, die Regierung durch Initiativvorschläge zu unterstützen. Vom 12.-14. April verhandelte der Reichstag und verabschiedete die Agrarvorlagen (170); der Reichsrat billigte am folgenden Tag die Gesetze und nahm am 16. April den Etat für 1930 an (171). Wie Fischer (172) und Born (173) mit Recht betont haben, stand das Entgegenkommen Brünings der deutschen Landwirtschaft gegenüber, sowohl in der Frage der Zollerhöhungen als auch der der Osthilfe, in diametralem Gegensatz zu seiner Deflationspolitik; ein Entgegenkommen, das jedoch von den landwirtschaftlichen Interessengruppen nicht honoriert wurde.

Noch am gleichen Tag erfolgte die Zustimmung des Reichskanzlers. Scharfe Ablehnung erfuhren die beschlossenen Massnahmen durch den kommunistischen Reichs-Bauernbund (174). Er begründete seinen Protest mit den Worten:

"So betrachten wir die Massnahmen der Regierung als nur im Interesse der landwirtschaftlichen Betriebe gelegen, die in den Händen von 4,1% Grossbauern und Gutsbesitzern sich befinden. Alle beschlossenen Massnahmen sind ... nicht im Interesse der Millionen klein- und mittelbäuerlichen Betriebe gelegen", sondern nützen "nur Grossbauern und Grossgrundbesitzern."

Ganz anders lautete die Stellungnahme von Hermes. Auf der Frühjahrstagung des Westfälischen Bauernvereins (175) stellte er sich voll und ganz hinter das Schielesche Programm mit seiner Betonung der Getreidefrage,

(167) Schulthess, S. 94 ff.
(168) Schulthess, S. 103.
(169) BA, R 43 I/2543, Bl. 78 ff.
(170) Schulthess, S. 110 ff.
(171) Schulthess, S. 112 f.
(172) Fischer, W., S. 45.
(173) Born, K. E.: Die deutsche Bankenkrise 1931. Finanzen und Politik, München 1967, S. 48 ff.
(174) BA, R 43 I/2543, Brief vom 28. V. 1930 an Brüning, Bl. 303 ff.
(175) Westf. Bauer, 61. Jg. 1930, Nr. 16 und 17.

wozu ihn nicht so sehr seine Führungsrolle der westdeutschen Bauern, als vielmehr seine Zugehörigkeit zum Verwaltungsrat der Getreidehandelsgesellschaft brachte. Der Erfolg Schieles war für Hermes "unser" Erfolg, d. h. der der Grünen Front.

"Was wir erreicht haben, ist nur ein Etappenfortschritt, nur eine Teillösung. Allerdings möchte ich auch sagen, für das Gebiet des. Getreides sehe ich es als eine Vollösung an. Denn auf dem Gebiete des Getreides hat die Regierung alles getan, was notwendig ist. Auf dem Gebiete der bäuerlichen Erzeugung bleibt aber ausserordentlich viel zu tun übrig." (176)

Hier kündigte sich die im Laufe der nächsten Jahre verstärkte Tätigkeit Hermes' zugunsten der bäuerlichen Veredelungswirtschaft an. Wie hier, so zeigte sich auch in Hermes' Kritik an der Ost- und Westhilfe der Reichsregierung seine Funktion in der christlichen Bauernbewegung (177). Die bisherigen Osthilfemassnahmen bezeichnete er als unzureichend und forderte ihre Intensivierung und Ausdehnung auf die ebenfalls bedrohten Westgebiete. Trotzdem glaubte er sich Ende Oktober 1930 (178) gegen den Vorwurf verteidigen zu müssen, er habe eine vom Reichslandbund beherrschte Grüne-Front-Politik unterstützt, die einseitig den Interessen der ostelbischen Getreidewirtschaft diene.

Die gute Zusammenarbeit von Schiele und Hermes wurde problematisch, seit sich der Reichslandbund unter Kalckreuth von der Schiele-Westarp- zur Hugenberg-Linie innerhalb der DNVP und damit zur radikalen Opposition wandte.

Am 4. Juli (179) forderte der Sächsische Landbund den Rücktritt Schieles vom Reichslandbund-Präsidium, da er die Verwirklichung der zugesagten Agrarforderungen nicht habe durchsetzen können. Diese Unzufriedenheit mit dem Berliner Vorstand teilten auch andere Provinzial-Verbände, z. B. der Pommersche unter v. Rohr-Dommin, dem späteren Staatssekretär im Reichsernährungsministerium unter Hugenberg. (180)

Der Pommersche Landbund forderte in einem Brief vom 4. September 1930 vom Präsidium:

"Neubesetzung des Amts des geschäftsführenden Präsidenten", ferner "dass die "Grüne Front" unter eigener vom Herrn Reichsernährungsminister unabhängiger Führung den Kampf für die Landwirtschaft wieder aufnimmt" und schliesslich, dass "die dem Reichs-Landbund nahestehende Presse zum Standpunkt freimütiger Kritik gegenüber der Reichsregierung zurückkehrt." (181)

Zur Begründung dieser Forderungen führte der Pommersche Landbund aus:

"Die frühere Haltung des Reichs-Landbundes, der "Grünen Front" und der Landwirtschaftspresse hat im letzten Jahr von der Linksregierung Müller-Dietrich eine grosse Reihe agrarfreundlicher Gesetze erzwungen. Die wirksamsten gesetzlichen Massnahmen, auf die sich heute noch die Regierung Brüning stützt, sind in jener Zeit geschaffen.

Andererseits ist die Landwirtschaft zur Zeit mit Recht aufs stärkste darüber beunruhigt, dass ihre der Regierung Brüning entgegengebrachten Hoffnungen sich bisher in keiner Weise erfüllten.

Der Grund hierfür liegt u. E. darin, dass seit der Bildung der Regierung

---

(176) Westf. Bauer, 61. Jg. 1930, S. 279.
(177) Westf. Bauer, 61. Jg. 1930, Nr. 28, S. 491/2.
(178) Westf. Bauer, S. 628.
(179) DZA, RLB-Schriftwechsel, Bd. 60, Bl. 276/7.
(180) Vogelsang, S. 89.
(181) DZA, RLB-Schriftwechsel, Bd. 60, Bl. 145-147.

Brüning die "Grüne Front" und der Reichs-Landbund sich zum mindesten aufs äusserste zurückhalten und dementsprechend die landwirtschaftsfreundliche Presse der Regierungspolitik nahezu kritiklos gegenübersteht.

Auch von der unerlässlichen Kündigung aller Handelsverträge, die dem Wirksamwerden der landwirtschaftlichen Schutzzölle entgegenstehen, ist es in der Öffentlichkeit seit der Bildung der neuen Regierung still geworden.

Eine Erklärung für dies alles sehen wir vor allem darin, dass die verantwortlichen Stellen der Landwirtschaft der gegenwärtigen Regierung nicht mit der notwendigen Freiheit gegenüberstehen.

Eine freie wirtschaftspolitische Organisation verliert ihr Wesen und ihre innere Kraft, wenn sie nicht jeder Regierung - auch einer befreundeten Regierung - völlig unabhängig gegenübersteht." (182)

Nach diesen Angriffen trat Schiele am 11. Oktober 1930 vom Reichslandbund-Präsidium zurück (183). Sein Nachfolger wurde am 22. Oktober Graf Kalckreuth (184). Unter ihm setzte die Rechtsentwicklung des Reichslandbundes und seine Radikalisierung ein, die über die Hugenberg-Linie zur NSDAP und d.h. zur Ablehnung der letzten Reichsregierung vor Hitler führte (185). Die Zusammenarbeit mit einem derartig sich entwickelnden Reichslandbund führte zu Spannungen in der Grünen Front.

Die 1930 sichtbare Distanzierung der Deutschen Bauernschaft von der Grünen Front sah sich unterstützt von der lauter werdenden Kritik an der ostelbisch-getreidewirtschaftlich orientierten Politik dieses Interessenzusammenschlusses. Zum Sprecher dieser Kritik wurde der 1929 von dem ehemaligen demokratischen Reichstagsabgeordneten Tantzen gegründete "Wirtschaftsverband für bäuerliche Veredelungsarbeit, e. V.". Dieser Verband, dessen Gründung und Aktivität kausal mit der Politik der Grünen Front zusammenhing, da man fürchtete, der kommende Reichstag werde weiter eine einseitige Zoll- und Preispolitik im Sinne des Landbundes treiben, stellte ein echtes Alternativ-Programm zu dem der Grünen Front auf. Gestützt auf die nordwestdeutschen Schweineschnellmastbetriebe, die sich durch die erfolgreiche Getreidezollpolitik der Grünen Front, insbesondere durch Gerstenzollerhöhung und Maismonopol getroffen fühlten - Tantzen hatte sein Reichstags-Mandat niedergelegt, weil er sich in der Frage des Maismonopols nicht gegen seinen Parteifreund Dietrich hatte durchsetzen können -, gestützt also auf den betriebswirtschaftlich einseitig orientierten Nordwesten Deutschlands forderte der Tantzen-Verband nicht wie die Grüne Front Schutzzoll und hohe, gesicherte Inlandpreise, sondern Verbilligung der Produktionsmittel, d.h. die Einfuhr verbilligter Auslandsgerste, was Beseitigung und Herabsetzung wichtiger Zölle hiess. In der "Tremonia" wurde am 16. August 1930 ausgeführt:

"Die Zölle können ... allein nicht das Allheilmittel sein zur Behebung der Agrarkrise, unter Umständen müssen sie sogar zu Hemmungen für den fortschrittlichen Aufbau der landwirtschaftlichen Betriebe führen, indem sie die Fähigkeit, mit den ausländischen Agrarstaaten, deren Hauptausfuhr nach Deutschland geht, zu konkurrieren, hintanhält." (186)

---

(182) Vgl. Anm. 181.
(183) Schulthess S. 201; vgl. Reichslandbund, 10. Jg. 1930, S. 494 und S. 507.
(184) Vgl. Stellungnahme des Berliner Tageblatts 485, vom 14. X. 1930, DZA, Dtsch. Reichsbank 2109, Bl. 80 Rs.
(185) Gies, Horst: NSDAP und Agrarverbände vor 1933; in: VjHZG, 15. Jg. 1967, Heft 4, S. 341 ff.
(186) DZA, RLB-Ztgs-Ausschnittsammlung 288, 20.

Der Wirtschaftsverband bezeichnete es als seinen Zweck, die "deutsche Bauernschaft durch fortschrittliche und rentable Einstellung der Leistungsfähigkeit ihrer Betriebe dazu (zu) bringen, sich so schnell als möglich zu verändern, (sich) Konsummöglichkeiten anzupassen, vor allem durch Herstellung von ganzjähriger Qualitätsware und Verbilligung der Erzeugnisse, die die Errichtung von Zollschranken illusorisch mache. Die Verbilligung der Produktionskosten könne vorläufig allein die Agrarkrise beheben.

Die Politik der Roggen- und Kartoffelpreise, die einseitig seit einem Jahr betrieben und der alles untergeordnet werde, sei die Politik der leichteren Böden der Grossbetriebe im Osten, nicht die Politik bäuerlicher Interessen des Westens und Gesamtdeutschlands." (187)

Warnend knüpfte der Tantzen-Verband an die Kritik an der Grünen-Front-Politik die Prognose an·

"Was im letzten Jahre bis heute geschehen ist, schädigt aber so sehr die bäuerlichen Interessen, dass der Not des Ostens die viel grössere Not des Westens folgt, wenn diese Politik fortgesetzt wird." (188)

Kein Wunder, dass angesichts der Radikalisierung in den Landbünden und ihrer Komplementärerscheinung auf demokratischer Seite, der Organisierung der Kritik der bäuerlichen Veredelungswirtschaft, die Zusammenarbeit in der Grünen Front 1930 starken Spannungen ausgesetzt war. Erst im November 1930 wurde die, typischerweise allerdings um die Deutsche Bauernschaft reduzierte, Grüne Front nach langer Zeit wieder aktiv (189). Am 6. November reichten Brandes, Kalckreuth und Hermes ihre Vorschläge für "eine Vervollständigung der bisherigen Massnahmen auf dem Gebiete der Getreidewirtschaft" - die Hermes (s. o.) zuvor als vollständig bezeichnet hatte (!) - und "eine nachdrückliche Aktion zur Wahrung der Interessen der bäuerlichen Wirtschaften" ein (190). Sie wurden noch am selben Tag zwecks mündlichen Vortrags von der Reichsregierung empfangen (191). Unmittelbar am folgenden Tag distanzierte sich die Deutsche Bauernschaft von diesem gegen die Reichsregierung Brüning-Schiele gerichteten Vorstoss. Eine derartige Reaktivierung der Grünen Front werde nicht von ihr getragen, und sie werde ihrem Präsidenten Fehr auf keinen Fall die Ermächtigung zur Unterschrift geben.

"Im Gegenteil! Die ganz einheitliche Stimmung innerhalb der Deutschen Bauernschaft geht dahin, sich an derartigen Aktionen nicht mehr zu beteiligen, sowie Herrn Minister a. D. Fehr keine derartige Ermächtigung zu erteilen. Wir müssen deshalb schon heute pflichtgemäss darauf hinweisen, dass Anträge oder Erklärungen der "Grünen Front" nicht als auch im Namen der Deutschen Bauernschaft abgegeben angesehen werden können."(192)

So blieb auch ein drei Wochen später an den Reichskanzler gerichteter Brief (193), der starke "Bedenken gegen die sogenannte landwirtschaftliche Einheitssteuer" vorbrachte und "nochmals auf die völlige Unzulänglichkeit des Wirtschaftsschutzes gerade für die Erzeugnisse der bäuerlichen Wirtschaft" hinwies, ohne Unterschrift Fehrs. Wenige Tage später (1. Dezember 1930) wurde eine Notverordnung (Verordnung zur Sicherung von Wirt-

(187) Vgl. Anm. 186.
(188) Ibid.
(189) DZA, Dtsch. Reichsbank, 2109, Bl. 136, Frankfurter Nr. 830/32, 7. XI. 1930.
(190) BA, R 43 I/2544, Bl. 444 ff.
(191) BA, R 43 I/2545, Bl. 3 ff.; vgl. DZA, Dtsch. Reichsbank, 2095, Bl. 254/56.
(192) BA, R 43 I/2545, Bl. 19.
(193) Vom 27. XI. 1930, BA R 43 I/2545, Bl. 96 ff.

schaft und Finanzen) erlassen (194), die im 8. Teil umfassende Massnahmen zum Schutze der Landwirtschaft festlegte. Die Grüne Front erklärte zur Notverordnung (195), die Massnahmen seien geeignet zur allmählichen Milderung für den Getreidebau, die bäuerliche Veredelungswirtschaft bleibe aber fast ganz unberücksichtigt und man fordere Ergänzungen (196).

Als daher die Grüne Front dem Reichspräsidenten am 17. Dezember ihre Wünsche für die bäuerlichen Wirtschaften, insbesonders die Veredelungswirtschaften, vortrug (197), beteiligte sich auch wieder die Deutsche Bauernschaft mit Fehr.

Die Reichsregierung, vom Reichsverband der deutschen Industrie gewarnt vor der Gefahr der Erhöhung von Agrarzöllen für den Export (198), empfand die Forderungen der Grünen Front als Angriff auf sich. In einem Vermerk der Reichskanzlei vom Januar 1931 heisst es ablehnend:

"Das neue Programm der Grünen Front bedeutet in seiner Totalität die Forderung, die ganze deutsche Wirtschaftspolitik auf die Interessen der Landwirtschaft abzustellen. Von Rücksichtnahme auf die anderen Erwerbsstände, insbesondere die Industrie und die Verbraucher kann bei diesen Plänen nicht mehr gesprochen werden. -

Die Grüne Front will das gesamte Preisniveau agrarischer Erzeugnisse restlos vom Weltmarkt lösen. ... Ziel ist, die Bodenerzeugnisse des Auslandes möglichst restlos von Deutschland fernzuhalten." (199)

Im Hinblick auf die Gesamtwirtschaft und unter Berücksichtigung der Finanzlage des Reiches lehnte die Reichskanzlei die Grüne-Front-Forderungen als egoistischen Interessenstandpunkt ab. Am 27., 29. und 30. Januar 1931 wurden die aufgeworfenen Fragen der wieder vollständigen Grünen Front in der Reichskanzlei besprochen (200). Offenbar durch die Vorhaltungen der Regierungsmitglieder, u. a. Prof. Warmbolds und Min. Dir. Ernsts, in die Defensive gedrängt, trat die Grüne Front mit einer Kundgebung an die Öffentlichkeit (201), in der sie ihre "gerechte Sache", ihre "sachlich begründeten Forderungen" verteidigte und versicherte, "sich in ihren Forderungen stets der Schicksalsverbundenheit des deutschen Bauerntums mit den übrigen Berufsständen bewusst geblieben" zu sein - was man nicht nur in der Reichskanzlei bezweifelte.

Mit dem Fortschreiten der Agrarkrise und ihrem Übergreifen auf die westlichen und südlichen Gebiete Deutschlands trat die Sorge für die bäuerliche Veredelungswirtschaft mehr ins Blickfeld. Hier konnte Hermes speziell als Präsident der Vereinigung der deutschen Bauernvereine sprechen. Das tat er auf der Frühjahrstagung der Vereinigung (7./8. Mai) (202), auf der auch Minister Schiele erschien. Die Entschliessung (203) forderte, die guten Erfahrungen mit Schutzzöllen, vor allem mit der Ermächtigung

(194) RGBl 1930 I, S. 517 ff., Nr. 47
(195) DZA, RLB-Ztgs -Ausschnittsammlung 288, 21, Bl. 11 = Dt. Tageszeitung. 572, 5. XII. 1930.
(196) vgl. DZA, Dtsch. Reichsbank, 2109, Bl. 203 = Voss. Ztg. 578, 5. XII. 1930.
(197) BA, R 43 I/2545, Bl. 195 ff.; vgl. DZA, Büro des RP, Nr. 331, Bd. 5, Bl. 185-88.
(198) Empfang des Reichsverbandes der deutschen Industrie beim Reichspräsidenten am 12. XII. 1930, DZA, Büro des RP, Nr. 331, Bd. 5.
(199) BA, R 43 I/2545, Bl. 310.
(200) BA, R 43 I/2546, Bl. 47-67; vgl. DZA, Dtsch. Reichsbank, 2096, Bl. 9 = Voss. Ztg. 45, 27. I. 1931 und Bln. Börsenztg. 45, 28. I. 1931.
(201) Westf. Bauer, 62. Jg., 1931, S. 117, 18. II. 1931.
(202) Vgl. DZA, Dtsch. Reichsbank, 2096, Bl. 163-5.
(203) Westf. Bauer, 62. Jg. 1931, S. 334, 20. V. 1931.

der Regierung für gleitende Zölle, vom Gebiet des Getreidewesens auf die tierische Veredelungswirtschaft zu übertragen. Allgemeine Begründung hier wieder wie schon im Programm der Grünen Front:

"..., dass die zu Ungunsten der Landwirtschaft weit auseinanderklaffende Preisschere zum Schliessen gebracht und der Index für die landwirtschaftlichen Erzeugnisse in ein angemessenes Verhältnis zu dem Index der landwirtschaftlichen Produktionserfordernisse gebracht wird. Solange der Agrarindex mit 108 erheblich unter demjenigen der industriellen Fertigwaren mit 137 liegt, kann von einer Berücksichtigung der Lebensnotwendigkeiten der Landwirtschaft nicht gesprochen werden." (204)

Die Reichsregierung wurde von der Vereinigung aufgefordert, "die ihr durch das Gesetz vom 28. März 1931 auferlegte Verpflichtung in die Tat" umzusetzen. Es gelte besonders die Milchwirtschaft, das "Kernstück der bäuerlichen Veredelungswirtschaft", zu fördern; sodann der Eier- und Geflügelwirtschaft, dem Obst- und Gemüsebau und schliesslich der Holzwirtschaft die Aufmerksamkeit zuzuwenden.

Dieselben Forderungen vertrat Hermes auch auf dem 8. Rhein. landwirtschaftlichen Genossenschaftstag am 29. Mai 1931 in Köln (205). Auch der Vorstand der Vereinigung erneuerte am 11. August die häufig erhobenen Forderungen (206). Die Vereinigung wurde in ihren Forderungen von der Grünen Front unterstützt. Das geschah in einem Brief vom 23. Juli 1931 an den Reichsernährungsminister (207), in dem als sofortige Schutzmassnahmen der Reichsregierung gefordert wurden:
1. Zahlungsaufschub für land- und forstwirtschaftliche und gärtnerische Betriebe im erweiterten Osthilfegebiet, 2. Sondermassnahmen zur Erntesicherung und 3. Schutz der bäuerlichen Veredelungswirtschaft durch Umstellung auf die einheimische Erzeugung. Konkret dachte man dabei an "schonende" steuerliche Behandlung der Landwirtschaft, Schutzzoll und Lösung von Zollbindungen mit dem Ausland. Nach Ansicht der Landwirtschaft tat die Reichsregierung nicht genug (208). Die Enttäuschung wuchs.

Bei einem Empfang der gesamten Grünen Front durch den Reichskanzler am 5. September (209) wurden erneut die Wünsche der Landwirtschaft vorgetragen. Der Reichskanzler antwortete eingehend auf die einzelnen Referate, betonte aber die Notwendigkeit, alle Wirtschaftszweige und sozialen Klassen gleichmässig zu berücksichtigen, führte die Fehler auf allen Seiten auf, beschönigte die Krise nicht, sondern nannte nüchtern die noch bevorstehenden Schwierigkeiten. Er bat um sachliche Mitarbeit und Eindämmung der Radikalisierung. Bei Zustimmung zu einzelnen grundsätzlichen Auffassungen, behielt er sich jedoch seine Stellungnahme vor.

Eine derart distanzierte Haltung entsprach durchaus nicht den Wünschen der Grünen Front. Die Entfremdung zur Reichsregierung Brüning-Schiele wuchs. So erklärte die Vereinigung der deutschen Bauernvereine am 10. Dezember 1931 (210) auch die neue Notverordnung der Reichsregierung vom 8. Dezember 1931 (211) als unzulänglich und schloss ihre Entschliessung mit den Worten: "Die Bauernvereine werden den Kampf um die Erhaltung des Bauernstandes mit aller Entschiedenheit fortführen." Hermes

(204) Ibid. (Anm. 203).
(205) DBC, 13. VI. 1931, SchAM.
(206) Westf. Bauer, 62. Jg. 1931, S. 540 ff., 19. VIII. 1931.
(207) DZA, Büro des RP Nr. 213, Bd. 5, Bl. 39/40.
(208) Vgl. Brief Brandes' an den Reichspräsidenten vom 27. VII. 1931, DZA, vgl. Anm. 207.
(209) BA, R 43 I/2548, Bl. 383 ff. und Rundschreiben Bd. 15, SchAM.
(210) Rundschreiben Bd. 16, SchAM.
(211) RGBl 1931 I, S. 699 und RT Bd. 452, Nr. 1255 unter 2.

setzte den Reichskanzler von der Meinung der Vereinigung in Kenntnis (212). Den Vorwurf des Reichskanzlers, nicht alle Bauernführer hätten sich in ihren Reden frei von Agitation gezeigt, gab der wegen des ebenfalls von Brüning erhobenen Vorwurfes, die Gehälter bei den Genossenschaften seien zu hoch (213), verärgerte Hermes an die Reichsregierung zurück mit den Worten,

"dass die Radikalisierung zweifellos nicht ein so verhängnisvolles Ausmass angenommen hätte, wenn die Reichsregierung den bäuerlichen Wirtschaften den immer wieder erbetenen Schutz in dem nur irgend möglichen Umfange gewährt hätte."

Wie immer, so äusserte sich auch in diesem Fall der Reichslandbund weitaus schärfer als die Vereinigung der deutschen Bauernvereine. Auf Kundgebungen am 31. Januar und 1. Februar 1932 (214) fasste der Bundesvorstand eine Entschliessung gegen die Politik Schieles und Brünings. Es war der Auftakt zu einer Agitation der Landbundkreise der DNVP und um Hindenburg, die schliesslich den Sturz Brünings herbeiführte. (215)

Die Reichsregierung v. Papen - v. Braun - v. Gayl

Die Zusammensetzung der neuen Reichsregierung war ganz dazu angetan, die Landwirtschaft mit neuen Hoffnungen zu erfüllen. Speziell vom Nachfolger Schieles, dem Freiherrn v. Braun, der bislang schon als Generaldirektor der Raiffeisengenossenschaften der Landwirtschaft eng verbunden war (216), konnte sich die Grüne Front noch grössere Aktivität in der Lösung ihrer Schwierigkeiten erwarten (217). Wie der neue Reichsernährungsminister, der sich in seinem Amt "ganz als den Sachwalter agrarischer Interessen begriff" (218), sich seine Tätigkeit dachte, legte er in einem Vortrag vor dem Deutschen Landwirtschaftsrat am 11. Juli dar (219). Die allgemeine Notlage der Landwirtschaft habe ihre Ursache im "Missverhältnis zwischen den Produktionskosten und den Einnahmen" - sprich Preisschere. "Eines der Ziele der Agrarpolitik müsse die Schliessung der Preisschere sein." (220) Als Mittel nannte er die Abkehr von den "alten Methoden der Handelspolitik" (221). Dies Wort, im Zusammenhang mit der erstrebten Autarkie gesprochen, "konnte nur heissen: weiteres Abgehen von den Prinzipien des freien wirtschaftlichen Austausches und verstärkte Abschliessung des Binnenmarktes gegenüber ausländischer Konkurrenz." (222) Dieses Ziel musste zwangsläufig in Gegensatz zu den Exportinteressen der Industrie geraten (223).

Die Folge waren ständige Auseinandersetzungen im Kabinett zwischen dem Reichsernährungsminister und Reichswirtschaftsminister Warmbold.

(212) Brief vom 11. XII. 1931, BA, R 43 I/2549, Bl. 337 ff.
(213) Empfang vom 5. IX. 1931 (Anm. 209).
(214) Schulthess, S. 20 f.
(215) Dazu: Muth, Heinrich: Agrarpolitik und Parteipolitik im Frühjahr 1932, in: Brüning-Festschrift, 1967, S. 317 ff.; dort auch die ältere Literatur angeführt.
(216) Im 1930 neu gegründeten genossenschaftlichen Einheitsverband, s. u., war v. Braun Vertreter des Präsidenten für die Raiffeisengruppe.
(217) Vgl. Petzing, D., VjHZG 15. Jg. 1967, S. 31.
(218) Petzina, ibid. S. 32.
(219) Schulthess 1932, S. 106 f.
(220) Ibid. S. 106.
(221) Ibid. S. 107.
(222) Petzina, S. 31.
(223) Vgl. Petzina, S. 32.

Dieser,"vorher Vorstandsmitglied der IG-Farben, vertrat dabei nicht weniger nachdrücklich die Wünsche der deutschen Industrie als von Braun die der Agrarier, so dass die Wirtschaftspolitik, soweit sie beide Sektoren der Wirtschaft betraf, häufig durch Entschlusslosigkeit oder Inkonsequenz gekennzeichnet war." (224)

v. Papens Ideologie des "Neuen Staates" (225) wurde im Bereich der Wirtschaft durch die Schlagworte "zurück zum Kapitalismus, zur Privatwirtschaft, zur freien Initiative des Einzelnen" und zum "Abbau des Wohlfahrtsstaates" (226) ergänzt.

Der "wirtschaftsfreundliche, konservativ-autoritäre, katholisch gebundene, betont privat-kapitalistische Unternehmer Papen" (227), war bei seiner Wendung zum privatkapitalistischen Liberalismus bemüht, einen agrarisch-industriellen Interessenausgleich herbeizuführen. Zu weitreichenden staatlichen Zwangseingriffen zugunsten der Landwirtschaft war er anfangs nicht geneigt. Im Juni und August 1932 waren "nur geringfügige Schutzmassnahmen beschlossen worden","die gegenüber der Brüningschen Agrarpolitik kaum Änderungen gebracht hatten." (228). Das rief sogleich die Kritik der Grünen Front hervor. Schon am 18. Juni war der Reichslandbund beim Reichspräsidenten vorstellig geworden (229), vier Tage darauf schickte Kalckreuth einen Brief an den Reichskanzler (230), in dem er ausführte, die Legitimation der Regierung der Konzentration der nationalen Kräfte müsse sich durch Hilfe für die Landwirtschaft ausweisen. Kalckreuths Kritik an den bisherigen Massnahmen der sieben Wochen alten Regierung (!) entzog nach der Voraussetzung, von der er ausging, der Regierung die Existenzberechtigung. Dies ist ein erstaunliches Beispiel für die Ungeniertheit, mit der hier die Interessen einer Gruppe mit denen des Staates identifiziert wurden. v. Papen antwortete nicht weniger scharf (231), konnte sich aber nicht lange mehr dem Druck der Agrarier entziehen. Auf Kalckreuth hatten die Ausführungen v. Papens keinen Eindruck gemacht. In einem Brief vom 22. August (232) machte er keinen Hehl aus seiner Enttäuschung über die Landwirtschaftspolitik des Kabinetts der nationalen Konzentration, von der man sich mehr versprochen hatte. Petzina (233) setzt für Mitte September 1932 eine Wende in der Wirtschaftspolitik v. Papens an, von wo an "der Schwerpunkt der Wirtschaftspolitik zur Agrarpolitik" verlagert worden sei. Dies sei unter der Drohung v. Brauns geschehen, "dass von der Einführung des Kontingentprinzips die Existenz des Kabinetts abhängen würde und die Nationalsozialisten bei den Reichstagswahlen im November ihren Wahlkampf auf die Frage des Agrarschutzes konzentrieren würden." (234) Der Kontingentierungswunsch wurde am 9. September von der Grünen Front dem Reichskanzler vorgetragen (235). Im Laufe der

(224) Petzina, S. 32.
(225) Vgl. Bracher, Auflösung S. 529 ff.
(226) Ibid. S. 543.
(227) Treue, Wilhelm: Der deutsche Unternehmer in der Weltwirtschaftskrise 1928 bis 1933, in: Die Staats- und Wirtschaftskrise des Deutschen Reiches, Hrsg. W. Conze und H. Raupach, Industrielle Welt 8, Stuttgart 1967, S. 123.
(228) Petzina, S. 33.
(229) DZA, Büro des RP Nr. 332, Bd. 6, Bl. 171/2.
(230) DZA, ibid., Bl. 294-97.
(231) DZA, ibid., Bl. 299-301.
(232) DZA, Büro des RP Nr. 332, Bd. 6.
(233) Petzina, S. 33/34.
(234) Ibid., S. 33.
(235) BA, R 43 I/1275, Bl. 119 ff.

Unterredung kam es - wie zu erwarten - nicht nur zu Meinungsverschiedenheiten der Grünen Front mit Prof. Warmbold, sondern auch zu Divergenzen mit dem Reichsernährungsminister. Der Reichskanzler meinte abschliessend:

"Die Verbände hätten nicht immer gebremst, wo es nötig gewesen wäre. Sie hätten in landwirtschaftlichen Verbänden nie die positiven Leistungen der Regierung in den Vordergrund gestellt. Die Landwirtschaft müsse wieder privatwirtschaftlich denken lernen. ... Er bat, in diesem Rahmen an der konservativen Staatsführung mitzuhelfen und der Regierung zu vertrauen."

- worauf Hermes sehr zurückhaltend antwortete "die Landwirtschaft sei bereit, die Regierung zu unterstützen, sie müsse aber konkrete Taten sehen." (236)

Für Hermes und die von ihm vertretenen Bauernvereine musste die Enttäuschung gross sein. Denn das Grundproblem Papenscher Agrarpolitik bestand mit Petzinas Worten ja gerade in folgendem:

"Ein Grossteil der vorgesehenen Agrarschutzmassnahmen - Vollstreckungsschutz, Getreidepolitik, Osthilfe - wirkte sich einseitig zugunsten der ostelbischen Agrarier aus. In der Vertretung der west- und süddeutschen Landwirtschaft, deren materielle Grundlage in viel höherem Mass als im deutschen Osten die Veredelungswirtschaft darstellte, zeigte sich die Reichsregierung wie auch der immer wieder intervenierende Reichspräsident weniger interessiert." (237)

So erklärt sich, dass sich die Vereinigung im Winter 1932/33 mit einer Agressivität an den Angriffen auf den Reichsernährungsminister beteiligte, die der des Reichslandbundes nicht nachstand und somit zur Verschärfung des Konfliktes v. Schleicher - Reichslandbund (Januar 1933) beitrug. Das war eine tragische Verkennung der Situation. Denn die Vereinigung hätte besser daran getan, das Kabinett v. Schleicher stärker zu unterstützen. Denn "seine (= Schleichers) geplanten Massnahmen mussten sich ... in relativ höherem Masse zugunsten der nichtostdeutschen Veredelungslandwirtschaft auswirken, die in ihrer mittelbäuerlichen Struktur wohl besser seiner Vorstellung von "nationaler Schollengebundenheit" entsprach als die Grossbetriebe des Ostens. Wie er sich in seiner Arbeitsbeschaffungspolitik von der de facto deutschnationalen Position Papens löste, so auch in der Agrarpolitik, bei der die Deutschnationalen in besonders schroffer Form zu Interessenvertretern des Ostens geworden waren." (238) Das verkannte Hermes und griff v. Braun immer heftiger an. Auf Zweifel darüber, "ob Freiherr von Braun die nötigen Garantien für eine erfolgreiche Tätigkeit als Sachwalter der Landwirtschaft bei der erneuten Übernahme seines Amtes als Reichsernährungsminister erhalten habe" (239), folgte eine Woche später der Vorwurf, in der Frage der Einfuhrkontingentierung sei v. Braun nicht wirksam genug vorgegangen. Die Schlussfolgerung lautete:

"... Freiherr v. Braun ... hat sich selbst den Boden für das Vertrauen der Bauern entzogen und kann keinen Anspruch mehr darauf erheben, dass die Bauern ihn als ihren berufenen Sachwalter in der Reichsregierung betrachten." (240)

Am 11. Januar 1933 sprach die Deutsche Bauern-Correspondenz bereits

(236) BA, R 43 I/1275, Bl. 125.
(237) Petzina, S. 34/5.
(238) Petzina, S. 36.
(239) DBC, 7. XII. 1932, SchAM.
(240) DBC, 14. XII. 1932, SchAM.

von mangelnder Verantwortung des Ministers den Bauern gegenüber, und am 25. Januar verstieg sie sich zu einer versteckten Rücktrittsforderung:

"Ein sachkundiger und entschlossener Kämpfer als Vertreter des Bauernstandes in der Reichsregierung ist die erste und wichtigste Voraussetzung für eine Besserung der Verhältnisse." (241)

Eine verhängnisvolle Agitation, wenn man den 30. Januar 1933 sieht. Die Umstände beim Sturz Schleichers (242) und der nationalsozialistischen Machtergreifung, an denen die Vereinigung nicht, wie der Reichslandbund, direkt beteiligt war, interessieren hier nicht. Wohl aber die Folgen, die nun unter der Reichsregierung Hitler auc von der Vereinigung der deutschen Bauernvereine und Hermes mit get. .gen werden mussten.

g) Die Agrarpolitik der Reichsregierung Hitler-Hugenberg (-v. Rohr) und die nationalsozialistische Machtergreifung innerhalb der Landwirtschaft im Bereich der berufsständischen landwirtschaftlichen Organisationen

Die deutschnationale Phase des nationalsozialistischen Regimes endete im Sommer 1933 mit der "Ablösung Hugenbergs durch den "Reichsbauernführer" Darré (30. Juni 1933). Dieser Wechsel, den Petzina (243) als Zäsur innerhalb einer "Periodisierung der nationalsozialistischen Politik in der Anfangszeit des Regimes" bezeichnet, war in den vorausgehenden Monaten durch eine "Unterhöhlung der deutschnationalen Position" (244) vorbereitet worden. Darunter fällt alles das, was man eine national-sozialistische Machtergreifung innerhalb der Landwirtschaft nennen kann, also die Anfänge der Gleichschaltung der drei Säulen der Landwirtschaft: der Agrarverbände, des landwirtschaftlichen Genossenschaftswesens und der staatlichen Berufsvertretung der Bauern, des Deutschen Landwirtschaftsrates. Andreas Hermes wurde infolge seiner wichtigen Rolle in der Landwirtschaft und als möglicher Gegner der Nazis im Zuge der Säuberungsaktionen aus dem politischen Leben ausgeschaltet. Nicht zufällig fallen die wirtschaftspolitische und die biographische Zäsur zusammen.

Bevor diese Entwicklung dargestellt wird, soll kurz der Rahmen, innerhalb dessen sie sich vollzog, nämlich die Hugenberg - v. Rohrsche Agrarpolitik, skizziert werden. (245)

Petzina kommt zu dem begründeten Urteil, sie habe "in ihrer einseitigen Interessengebundenheit ausgeprägt deutschnationalen Charakter" (246) besessen. Die wichtigsten Massnahmen waren:

Verordnung über den landwirtschaftlichen Vollstreckungsschutz (247),

Zollveränderungsverordnungen vom 8. II., 17. II., 18. II., 4. III., 23. III., 16. V., 10. VI. 1933 (248),

Getreidesubventionsprogramm vom 16. Februar 1933, dieses vor allem

---

(241) In einem Rundschreiben der Vereinigung vom 10. II. 1933, SchAM, Rundschreiben Bd. 20, sind auf neun Seiten die Angriffe gegen v. Braun zusammengestellt.
(242) H. Gies, in: VjHZG 15. Jg. 1967, S. 374; Muth, H., in: Brüning-Festschrift, 1967.
(243) Petzina, S. 19.
(244) Ibid., S. 54.
(245) Nach Petzina, S. 50 ff.; vgl. auch zu v. Rohr: Haushofer, Ideengeschichte Bd. II, 1958, S. 188 f.
(246) Ibid. S. 53.
(247) RGBl I, 1933, S. 63, Ausführungsverordnungen ibid. S. 64-66.
(248) RGBl I, 1933.

auf die Bedürfnisse der ostdeutschen Landwirtschaft ausgerichtet. Ziel dieses Planes und der Zollmassnahmen war die "Loslösung der Agrarpreise vom Weltmarkt" (249) und letztlich die"Aufhebung der marktwirtschaftlichen Beziehungen für den agrarischen Sektor". (250)

Dem weiteren Ausbau des erstrebten geschlossenen Kontrollsystems diente der sog. Fettplan vom März 1933: (251)

Verordnungen: 23. März 1933 (252)

"Die letzte grosse Massnahme deutschnationaler Agrarpolitik war die Entschuldung der deutschen Bauern zu Lasten der Gläubiger" (253) durch das "Gesetz zur Regelung der landwirtschaftlichen Schuldverhältnisse" vom 1. Juni 1933. (254)

Während Hugenberg mit der Durchsetzung seiner agrarpolitischen Vorstellungen noch beschäftigt war, hatte schon die Unterminierung seiner Stellung begonnen. "Hitler musste Hugenberg... einige Monate frei schalten lassen, um seine Position in den anderen Bereichen zu festigen. Auf lange Sicht widersprach das jedoch der nationalsozialistischen Zielsetzung einer Agrarpolitik, die über die Interessenpolitik hinaus die Verwirklichung ideologisch-rassischer Ziele vorsah. Es widersprach auch dem totalitären Machtstreben Hitlers, der es auf die Dauer nicht zulassen konnte, dass ein so wichtiger gesellschaftlicher Bereich dem nationalsozialistischen Einfluss entzogen blieb." (255) Somit musste es auch hier zur totalitären Gleichschaltung kommen.

Die Gleichschaltung der Agrarverbände
Die berufsständischen landwirtschaftlichen Organisationen

Die durch die Machtergreifung im politischen Leben herbeigeführte Wende zeigte schon sehr bald ihre Konsequenzen auch für das persönliche Schicksal zumindest der faktischen oder potentiellen Gegner des Regimes. Unter den ersten Opfern war Andreas Hermes. Er war als Zentrums-Mann, der aus seiner Abneigung gegen den Nationalsozialismus kein Hehl gemacht hatte, suspekt und als einflussreicher Agrarpolitiker den Bestrebungen auf Gleichschaltung in der Landwirtschaft im Wege. Das war Grund genug, ihn aus dem politischen Leben auszuschalten.

Teilweise Ergebnis geschickter Propaganda - man denke an die Stilisierung der nationalsozialistischen Machtergreifung zur nationalen Erhebung - wurde der Regierungsantritt Hitlers in weiten bürgerlichen Kreisen der Bevölkerung, auch in nicht nationalsozialistischen, als Aufbruch in eine neue Zeit empfunden. In einer Atmosphäre des Neubeginns, des Sich-Absetzens gegenüber dem korrupten parlamentarischen Weimarer System, der "Wo gehobelt-wird, da-fallen-Späne-Stimmung," stiessen NS-Massnahmen gegen angebliche Vertreter des verachteten Systems, als Säuberungswelle interpretiert, auf wenig Widerstand - ein wesentlicher Grund für den Untergang der Parteien, z. B. des Zentrums.

Dass Hermes kein Freund der Nationalsozialisten war, lässt sich lange aus der Zeit vor 1933 belegen. Im Gegensatz zu dem mit den Deutschnationalen eng liierten Reichslandbund hatte sich die Vereinigung, dem Zentrum verbunden, gegen gemeinsam mit den Nationalsozialisten in der "Na-

(249) Petzina, S. 51.
(250) Ibid., S. 52.
(251) Siehe RGBl I, 1933.
(252) RGBl I, 1933, S. 143 ff.
(253) Petzina, S. 53.
(254) RGBl I, 1933, S. 331-44.
(255) Petzina, S. 53/4.

tionalen Front" abgehaltene Agitationen ausgesprochen; so z. B. in der Frage der Annahme des Young-Plans und der Reichspräsidentenwahl 1932. War der Reichslandbund - wie die Arbeit von Horst Gies (256) erneut gezeigt hat - schon vor 1933 nationalsozialistisch unterwandert und dann zu einem Instrument der neuen Machthaber geworden, so dass er dann dem Reichsnährstand eingegliedert werden konnte, so hatte sich die Vereinigung unter Hermes trotz einiger Kämpfe insgesamt von einer derartigen Beeinflussung frei gehalten, was zu ihrer Auflösung im September 1933 führte. Das programmatisch nie aufgegebene Prinzip der parteipolitischen Neutralität der Vereinigung, das faktisch allerdings durch die enge Bindung an das Zentrum durchbrochen wurde, gab Hermes im Falle des Nationalsozialismus auf. Als in der Vorstandssitzung vom 14. September 1932 "der Zentrumsabgeordnete Schmelzer eine grundsätzlich scharfe Stellungnahme gegen den Nationalsozialismus forderte, da widersprach der Präsident der überparteilichen Organisation ... nicht, sondern liess, entgegen seinen feierlich verkündeten Worten ... das Tor der Vereinigung für Parteipolitik offen stehen." (257)

Aus dieser Einstellung heraus war es nur konsequent, dass Hermes sich der Hissung der Hakenkreuzfahne auf dem Haus der Vereinigung widersetzte (258). Danach ist es verständlich, dass aus den Worten von Hermes auf der Vorstandssitzung der Vereinigung vom 15. Februar 1933 einige Sorge über die Lage der Bauernvereinsbewegung unter der geänderten politischen Konstellation sprach. Obwohl er befürchtete, dass die Vereinigung nun wohl etwas länger antichambrieren müsse als andere Bauernorganisationen(259), sagte er doch der neuen Regierung nicht den Kampf an - was zweifellos auch völlig sinnlos gewesen wäre -, sondern er deutete die Möglichkeit der Zusammenarbeit, des Sich-Arrangierens unter bestimmten Voraussetzungen an.

"Wir nehmen dieser Regierung gegenüber die gleiche sachliche Linie ein wie gegenüber den anderen. Ich habe mir die Sache so gedacht, dass wir dieses Programm fertigstellen, der Reichsregierung überreichen und gleichzeitig eine Aussprache erbitten. Das, was wir von Herrn von Papen gefordert, das hätten wir auch bei von Schleicher gefordert, das werden wir auch bei der jetzigen Regierung fordern." (260)

Dieser Linie schlossen sich mehrere Redner an. Man war allgemein der Ansicht, es gehe darum,

"nicht Opposition grundsätzlicher Art gegen die Regierung zu treiben, sondern eine sachliche, allerdings kritische Haltung ihr gegenüber einzunehmen" (261),

keine oppositionelle Politik zu betreiben, sondern

"mit der derzeitigen Reichsregierung in direkte Fühlung einzutreten." (262)

Eine Woche später musste Hermes am eigenen Leibe erfahren, dass man sich mit einem derartigen Verhalten der skrupellos vorgehenden neuen Regierung gegenüber nicht behaupten konnte. Denn trotz der Scheinlegalität und obwohl die Reichsregierung Hitler eine Präsidialregierung wie

(256) Gies, Horst: NSDAP und Agrarverbände vor 1933, in: VjHZG 15. Jg. 1967, Heft 4, S. 341 ff.
(257) v. Lüninck, Stellungnahme S. 35/6, vgl. Anm. 265, aus Privatbesitz (v. Lüninck).
(258) Reichardt, S. 137; bestätigt im Gespräch durch Dr. Dr. F. Jacobs.
(259) Protokoll der Vorstandssitzung vom 15. II. 1933, S. 29, Rundschreiben Bd. 21, SchAM.
(260) Ibid. S. 29.
(261) Ibid. S. 29 (Hundhammer).
(262) Ibid. S. 29 (Hünten).

ihre Vorgängerinnen war, handelte es sich hier um eine Regierung, die sich nicht auf eine demokratische Partei, sondern eine revolutionäre Bewegung stützte, die das Ziel verfolgte, die Demokratie zu beseitigen.

Hier zeigt sich deutlich, dass sogar ein Gegner der Nationalsozialisten und ein Mitglied der Partei, die sich in den Jahren der untergehenden Republik am besten behauptet hatte, wie andere Zeitgenossen nicht klar genug erkannte, mit wem man es von nun an zu tun hatte. Auch Hermes sah nicht, welche Gefahr der Demokratie und den Freiheitsrechten des Individuums drohten. Was Hofer (263) zum Untergang des Zentrums sagt, trifft auch auf Hermes zu. Hofer (264) stellt fest, im Zentrum habe "im Laufe der Jahre der geistige Widerstand gegen die hochkommenden autoritären politischen Ideologien" nachgelassen. "Der Gedanke der parlamentarischen Demokratie verlor in den Reihen der Zentrumspartei zusehends an Boden zugunsten ständestaatlicher Konzeptionen und autoritär-konservativer Experimente".

Schon bald nach dieser Vorstandssitzung wurde Hermes die Möglichkeit genommen, die Vereinigung auf diesem Wege zu führen.

"Am 16. 3. 33 wurde ein Ermittlungsverfahren gegen Hermes eingeleitet wegen des Verdachtes, dass er ihm anvertraute, für die Rationalisierung landwirtschaftlicher Genossenschaften bestimmte öffentliche Gelder auftragswidrig verwendet habe.

Vom 16. bis 21. 3. 33 fanden in dieser Sache seitens der Staatsanwaltschaft Buchprüfungen und Vernehmungen in der Vereinigung und ihren genossenschaftlichen Instituten statt. Am 21. 3. 33 (= dem Tage von Potsdam -) wurde Hermes wegen "Fluchtverdachtes" und "Verdunklungsgefahr" in Haft genommen." (265)

Hatte Hermes noch am 15. Februar in der Vorstandssitzung der Vereinigung den Vorschlag des Vertreters des Emsländischen Bauernvereins, das Mandat der Zentrumspartei aufzugeben (266), entrüstet von sich gewiesen, so tat er es nun (267), nachdem er von verschiedenen Seiten mehrmals dazu aufgefordert worden war (von Hummel, Dieckmann und v. Lüninck). (268) Offiziell gab er als Grund berufliche Belastung an (269).

Die Einstellung des Zentrums zu der seit dem 30. Januar 1933 gewandelten politischen Lage war auch die von Hermes. Er hatte an der Fraktionssitzung vom 2. Februar, die der Wahlkampfvorbereitung diente, teilgenommen (270) und billigte und unterstützte die drei Tage später auf dem Reichsparteitag (5. März) festgelegte Haltung des Zentrums: Wahrung der Unabhängigkeit der Partei, Kampf gegen die Beherrschung des Staates durch eine einseitige Parteimacht (271). Die Antwort von seiten der NS-Regie-

(263) Hofer, Walther: Die Diktatur Hitlers bis zum Beginn des Zweiten Weltkrieges, Konstanz 1960, (Sonderdruck aus: Brandt-Meyer-Just, Handbuch der Deutschen Geschichte, Bd. IV, Abschnitt 4).
(264) Ibid. S. 24.
(265) v. Lüninck, Stellungnahme zum Anspruch Reichsminister a. D. Dr. Hermes auf Ersatz seiner Auslagen im Strafprozess 1933/34, S. 1, aus Privatbesitz (v. Lüninck); vgl. dazu im Vorstandsprotokoll der Vereinigung vom 27. III. 1933 den Bericht Dr. Dr. A. Kaysers, S. 6/7, aus Privatbesitz (Dr. Dr. F. Jacobs).
(266) Protokoll, S. 49 und v. Lüninck, Stellungnahme, S. 35.
(267) Vgl. Kölnische Volksztg. 18. III. 1933, Nr. 74.
(268) v. Lüninck, Stellungnahme, S. 35.
(269) Morsey, Ende der Parteien, S. 356.
(270) Ibid. S. 344 Anm. 32.
(271) Ibid. S. 345 Anm. 2/3.

rung war eine ab Mitte Februar gegen das Zentrum gerichtete konzentrische Welle des Terrors, bestehend aus propagandistisch aufgebauschter Aufdeckung angeblicher Korruptionsfälle, Verhaftung prominenter Abgeordneter, Entlassungen von Zentrums-Beamten im Reich. (272)

Von welcher Seite der gegen Hermes Mitte März eingeleitete,"offenbar aus genauer Kenntnis der Zusammenhänge geführte Schlag" (273) ausging, zeigt ein am 2. März im Völkischen Beobachter (Nr. 61) erschienener Artikel unter der Überschrift: "Das Programm der christlichen Bauernvereine kann nur durch den Nationalsozialismus verwirklicht werden." Will man die politische Bedeutung des Vorgehens gegen Hermes richtig beurteilen - und auf sie, nicht die rein juristische Seite kommt es mir an -, so muss man sich klarmachen, in welchem Rahmen die Aktion gestartet wurde.

Während die Untersuchungen gegen Hermes eingeleitet wurden, erneuerte der Vorstand des Rheinischen Bauernvereins und des Rheinischen Landbundes am 17. März den alten Plan, "ungesäumt den Zusammenschluss der landwirtschaftlichen Organisationen zu einer deutschen Einheitsorganisation herbeizuführen" (274), der seit Jahren auf den Widerstand von Hermes gestossen war. In der Entschliessung hiess es:

"... Der Vorstand der Vereinigung des Rheinischen Bauernvereins und Rheinischen Landbundes hält jetzt die Zeit für gekommen, den alten Gedanken erneut aufzugreifen und auf dem seit Jahren eingeschlagenen Weg in raschem Tempo das letzte Ziel zu erreichen.

Der Vorstand hat daher in seiner Sitzung vom 17. März 1933 einstimmig beschlossen, bei den Spitzenorganisationen diesen Zusammenschluss zu fordern und mit grösstem Nachdruck zu betreiben.

Der Vorstand sieht die einheitliche Standesvertretung als die unerlässliche Vorbedingung für die Erfüllung der dem Bauernstande bei der sich vollziehenden Neugestaltung von Wirtschaft, Gesellschaft und Staat zufallenden hohen Aufgaben an.

Er tritt damit zugleich konsequent für die Durchführung der letzten Standesziele und des berufsständischen Willens der Gründer der Bauernvereine ein und führt die jahrelangen Bestrebungen im rheinischen Bauernstand der endgültigen Verwirklichung entgegen." (275)

Diese Entschliessung wurde der Vereinigung in Berlin am 18. März übersandt mit dem Antrag auf Fusionierung von Vereinigung und Reichslandbund (276). Zwei Tage später (am 20. März) erhielt das Rheinland Unterstützung durch den Westfälischen Bauernverein, dessen Hauptvorstand sich, verbunden mit einem Bekenntnis zur neuen Regierung, hinter diesen Entschluss stellte. (277)

Hatte schon die Verhaftung von Hermes eine sofort telegraphisch auf den 22. März einberufene Vorstandssitzung notwendig gemacht, auf der die Tagesordnung für die seit dem 7. März (278) schon für den 27. März festgesetzte Vorstandssitzung geändert wurde (279), so wurde die Tagesordnung auf einen vom Westfälischen Bauernverein zusammen mit dem Rheini-

---

(272) Ibid. S. 356 und S. 372.
(273) Jacobs, Schorlemer, S. 52.
(274) Westf. Bauer, 64. Jg. 1933, Nr. 12, S. 148, 22. III. 1933.
(275) Vorstandssitzungsprotokoll der Vereinigung vom 27. III. 1933, S. 20, aus Privatbesitz (Dr. Dr. F. Jacobs).
(276) Ibid. S. 19.
(277) Westf. Bauer, 22. III. 1933, S. 148.
(278) SchAM, Rundschreiben Bd. 20.
(279) SchAM, Rundschreiben Bd. 21.

schen, Emsländischen und Oldenburger Bauernverein am 24. März gestellten Antrag erneut geändert. Eine Gegenüberstellung der ursprünglich vorgesehenen, von den Zeitereignissen noch relativ unbeeinflussten Tagesordnung mit der schliesslich angenommenen, ist sehr aufschlussreich:

Tagesordnung vom 7. März 1933:
1) Wahl des Präsidenten,
2) Wahl der stellvertretenden Präsidenten,
3) Mitteilungen der Zentralstelle,
4) Organisatorische Fragen der Vereinigung,
5) Deutscher Bauerntag 1933,
6) Entschuldung der deutschen Landwirtschaft,
7) wirtschaftspolitische Lage,
8) Verschiedenes.

Tagesordnung vom 24. März 1933 (bzw. 27. März 1933):
1) Stellungnahme zur heutigen Reichsregierung,
2) Beschlussfassung betr. Einheitsorganisation,
3) Präsidentenwahl,
4) Besprechung der gegenwärtigen Lage.

Die ursprüngliche Tagesordnung stellte die fällige Präsidentenwahl - Hermes' fünfjährige Präsidentschaft, am 27. März 1928 begonnen, lief turnusmässig ab - als wichtigsten Punkt an die Spitze der Verhandlungsthemen. Nach Darstellung (280) und mündlicher Aussage ehemaliger Mitarbeiter von Hermes (281) war die Wiederwahl von Hermes unter normalen Umständen keine Frage. Dass man mit einer reibungslosen, schnellen Abwicklung der Wahl rechnete, zeigt auch das grosse Programm, das man danach zu bewältigen hoffte. Ganz anders dachte man sich nach dem Antrag einer bestimmten Richtung von einflussreichen Bauernvereinen den Verlauf der Sitzung. Das Politische - "Stellungnahme zur heutigen Reichsregierung" - stand im Vordergrund. Dass diese Stellungnahme ein klares Bekenntnis zur Hitler-Regierung sein sollte, ergibt sich aus den vorangegangenen Verlautbarungen dieser Bauernvereine. Wie danach die Beschlussfassung zur Einheitsorganisation ausfallen würde, konnte ebensowenig einem Zweifel unterliegen. Und die schliesslich angehängte Präsidentenwahl konnte dann im Sinne der voraufgegangenen Diskussionen nicht auf Hermes fallen, selbst wenn er nicht in Untersuchungshaft gesessen hätte. Nach der Ausrichtung der nun im Besitze der Macht befindlichen Nationalsozialisten in der Agrarpolitik durfte nur ein ihnen genehmer Vertreter der Einheitsbewegung Präsident der Bauernvereine werden. Also war Hermann Frhr. v. Lüninck der unter den Umständen einzig denkbare Kandidat.

Die Vorstandssitzung vom 27. März 1933 verlief dann auch folgerichtig wie erwartet und - kann man hinzufügen - nach dem Wunsch der Nationalsozialisten.

Der Vorstand distanzierte sich von seinem Präsidenten. Am folgenden Tag (28. März) teilte der Vizepräsident der Vereinigung, Stamerjohann, dem Untersuchungsrichter mit:

"... Von dem ... Schriftwechsel zwischen Herrn Reichsminister a. D. Dr. Hermes und dem Präsidenten der Preussischen Zentralgenossenschaftskasse hat der Vorstand der Vereinigung der Deutschen Christlichen Bauernvereine erst in seiner Sitzung vom 27. März 1933 Kenntnis bekommen. An der Verteilung und Verwendung der Rationalisierungsgelder sind der

(280) Jacobs, Schorlemer.
(281) Jacobs, Schill.

Vorstand und andere Organe der Vereinigung nicht beteiligt gewesen." (282) (283)

Der Vorstand bekannte sich zur Reichsregierung Hitler und der von ihr intendierten "Gesellschafts- und Wirtschaftsordnung", und zur

"einheitlichen, festgefügten, alle Angehörigen des Berufsstandes umfassenden, durch freien Entschluss begründeten Körperschaft des Berufsstandes." (284)

Um die Verwirklichung des letztgenannten, ihm seit Jahren am Herzen liegenden Punktes zu beschleunigen, sagte Hermann v. Lüninck:

"Lediglich zur Vorbereitung und Durchführung des Zusammenschlusses von Bauernvereinen und Reichslandbund schlage ich vor, eine besondere Kommission zu bilden." (285)

Die dann aus v. Lüninck, Stamerjohann, Dieckmann, Hundhammer, Schill, Steves und Hummel (286) gebildete Kommission hatte den Auftrag,

"die Verschmelzung dieser beiden Spitzenverbände der deutschen Landwirtschaft baldmöglichst zu erreichen". (287)

Hermann Frhr. v. Lüninck wurde "bis auf weiteres" geschäftsführender Präsident "und zwar für eine bestimmte zeitlich und sachlich begrenzte Aufgabe" (288), nämlich für die "Fusionsverhandlungen mit dem Reichslandbund".

Mit Herm. Frhr. v. Lüninck, dem Darré "schon im Januar 1932 ein "für den Nationalsozialismus offenes Ohr" attestiert" (289) hatte, war für die Nazis ein der Gleichschaltung der Landwirtschaft weniger hinderlicher Mann als Hermes an die Spitze der christlichen Bauernvereine getreten. Eine Etappe in der Machtergreifung Darrés war gelungen. Nun schritt die Entwicklung im Sinne der Nationalsozialisten fort. Schon bei den am 31. März 1933 in Berlin mit dem Reichslandbund stattfinden Fusionsverhandlungen - der Reichslandbund hatte sich am 22. März für die Einheitsorganisation ausgesprochen - ging die Initiative schnell an den nationalsozialistisch unterwanderten Reichslandbund über (290). Gemeinsam sprach man sich für "eine auf freiwilliger Mitgliedschaft beruhende föderalistische und vom Staat unabhängige Organisation"(291) aus. Aber auch das war schon unmittelbar darauf überholt (292). "Bevor die Vertreter der grössten deutschen Landwirtschafts-Organisation auf Einladung des Reichs-

(282) Aus Privatbesitz (v. Lüninck).
(283) Dr. Dr. F. Jacobs schreibt dazu im Brief vom 30.I.1970: "Diese Erklärung darf wohl bezweifelt werden. Die Bauernvereine bzw. deren Genossenschaftsverbände partizipierten an diesen Geldern; die Verteilung der Quoten musste doch mit ihnen abgesprochen werden. Da sollte nie die Frage des Woher und Wieso gestellt und geklärt sein? Ebenso die Frage nach dem Woher der Gelder für den Ausbau der Zentrale usw. Bauernbank und die Regensburger Zentrale des Bayerischen Bauernvereins waren in die Zuweisung und Verteilung der Gelder eingeschaltet. So betrachtet war Stamerjohanns Erklärung an den Untersuchungsrichter eine glatte Unwahrheit."
(284) Protokoll S. 18, vgl. Anm. 275.
(285) Ibid. S. 21.
(286) Ibid. S. 25/26.
(287) Ibid. S. 21.
(288) Ibid. S. 23.
(289) Gies, Diss., S. 133 mit Quellenbelegen Anm. 348.
(290) Vgl. Jacobs, Schorlemer, S. 79 und Gies, H., VjHZG.
(291) Jacobs, S. 79.
(292) Gies, Diss., S. 134/5.

landbundes zur Bildung einer "Einheitsfront des deutschen Bauerntums" am 4. April 1933 zusammenkamen, konnten sie im Völkischen Beobachter die Bedingungen lesen, unter denen Darré zur Zusammenarbeit bereit war. Der Leiter des agrarpolitischen Apparates der NSDAP wies nicht nur auf die parteipolitischen Mehrheitsverhältnisse in der deutschen Landbevölkerung hin, er deutete auch die realpolitischen Machtverhältnisse im Staate an. "Aufgrund dieser Tatsache kann das nationalsozialistische Bauerntum an der gemeinsamen Aufgabe nicht nur beteiligt sein, sondern es muss ihm die verantwortliche Führung eingeräumt werden." Darré machte seine Gesprächspartner im Vorhinein mit zwei Forderungen bekannt, die er zu stellen beabsichtige: erstens im Präsidium der neuen Organisation dürfe keine Persönlichkeit sein, "die mit dem Kampf gegen das erwachende Deutschland im Zusammenhang steht" (293), und zweitens bei einer verantwortlichen Einbeziehung des agrarpolitischen Apparates, "ohne die dieser Zusammenschluss nicht denkbar ist", stehe dem Leiter des agrarpolitischen Apparates der Vorsitz der neuen Organisation zu.

Unter diesen Voraussetzungen war der Spielraum für die am 4. April 1933 stattfindenden Verhandlungen zwischen dem Reichslandbund, den christlichen Bauernvereinen und dem agrarpolitischen Apparat der NSDAP nicht sehr gross. Darré wurde einstimmig gebeten, den Vorsitz der "Reichsführergemeinschaft" zu übernehmen (294). Aber auch die mit grossem propagandistischem Aufwand herausgestrichene Reichsführergemeinschaft, deren Schirmherrschaft Adolf Hitler übernahm, führte nur ein kurzes Schattendasein, bis sie vom totalitären "Reichsnährstand" abgelöst wurde. (295) (296) (297)

Die Vereinigung ging unter den aufgezeichneten Umständen ihrem schnellen Ende unausweichlich entgegen. Zwar bestand die Zentralstelle in Berlin formell noch fort, aber schon die 1. Durchführungsverordnung zum Reichsnährstandsgesetz vom 13. September 1933 verbot ihr die satzungsgemässe Betätigung. In der letzten Mitgliederversammlung am 28. September 1933 wurde v. Lüninck zum Liquidator ernannt. Auf Grund der Verordnung über den vorläufigen Aufbau des Reichsnährstandes vom 8. Dezember 1933 wurde die Vereinigung auf Anordnung des Reichsbauernführers am 18. Januar 1934 aufgelöst. Die Liquidation, durch v. Lüninck durchgeführt, wurde erst am 16. Februar 1943 abgeschlossen.

Vergleicht man das Schicksal der verschiedenen Bauernorganisationen während der Zeit des Übergangs zum Reichsnährstand miteinander, so ergeben sich interessante Aufschlüsse.

(293) Also kam auch Hermes nicht in Frage.
(294) Gies, Diss.; vgl. auch Westf. Bauer 64. Jg. 1933, Nr. 15, 12. IV. 1933; und Fränkischer Bauer, 41. Jg. 1933, Nr. 13, S. 98, 15. IV. 1933 = Artikel: "Reichsführergemeinschaft" und "berufsständischer Aufbau" von Dr. A. Hundhammer.
(295) Gesetz über den vorläufigen Aufbau des Reichsnährstandes und Massnahmen zur Markt- und Preisregelung für landwirtschaftliche Erzeugnisse vom 13. September 1933, RGBl, Jg. 1933, Teil I, Nr. 99, S. 626.
(296) Erste Verordnung über den vorläufigen Aufbau des Reichsnährstandes, vom 8. Dezember 1933, RGBl, Jg. 1933, Teil I, Nr. 141, S. 1060.
(297) Zeitungsartikel zu diesen Vorgängen: a) A. Hundhammer: "Reichsführergemeinschaft" und "berufsständischer Aufbau", 15. IV. 1933, Nr. 13 und 29. IV. 1933, Nr. 17 b) v. Lüninck: "Der Weg zum Reichsbauernstand", 22. IV. 1933, Nr. 16, beide in: Fränkischer Bauer, 41. Jg., 1933.

"Die alten Organisationen konnten ... entweder in den "Reichsnährstand" eingegliedert oder ihm angegliedert oder aufgelöst werden. Es ist bezeichnend, wie bei den einzelnen Organisationen von diesen verschiedenen Möglichkeiten Gebrauch gemacht worden ist." (298) Eingegliedert wurden der Reichslandbund und die Landwirtschaftskammern, aufgelöst wurde die Vereinigung der deutschen Bauernvereine mit ihren Instituten, angegliedert wurde der Maidenbund - um nur einige Beispiele zu nennen. "Eine Ausnahmebehandlung erfuhren die Bauernvereine in Westfalen und im Rheinland, die vor 1933 mit den provinziellen Landbünden eine Arbeitsgemeinschaft gebildet hatten; sie wurden in den "Reichsnährstand" eingegliedert." (299) Darüber, wie das Ende der Vereinigung konkret aussah, berichtet aus eigenem Erleben Dr. Dr. F. Jacobs. "Geschäftsräume und Einrichtungen der Vereinigung waren schon April 1933 vom Rasse- und Siedlungspolitischen Amt der SS und vom SA-Hochschulamt in Anspruch genommen, die Akten aus den Fenstern geworfen, geschichtlich wertvolles Material vernichtet worden. Die Beamten der Zentrale, von denen keiner Mitglied der NSDAP war, wurden nicht in den Reichsnährstand übernommen." (300)

(298) Jacobs, Schorlemer, S. 82.
(299) Ibid. S. 88.
(300) Ibid. S. 87.

5. Das landwirtschaftliche Genossenschaftswesen

a) **Einleitung**

"Die ... Übernahme des gesamten ländlichen Genossenschaftswesens durch den agrarpolitischen Apparat der NSDAP war der nächste Schritt der "Machtergreifung" R. Walther Darrés." (1) "Ausgehend von der Tatsache, dass alle landwirtschaftlichen Genossenschaften, mit wenigen Ausnahmen in der örtlichen Ebene, "in Händen von Führern liegen, die der nationalsozialistischen Bewegung wesensfremd, in sehr vielen Fällen feindlich gegenüberstehen, "wurde eine Eroberung" vom Unterbau nach oben" angeordnet, da "das Aufrollen der Front von oben ... schwierig und auch z. Zt. nicht zu empfehlen sei." (2) Für diesen Plan, der nach den Richtlinien zur Eroberung der landwirtschaftlichen Genossenschaften vom 18. Februar 1933 bis Ende desselben Jahres durchgeführt werden sollte, schuf die Verhaftung von Hermes (21. März 1933) eine günstige Situation. Will man die Bedeutung der Verhaftung von Hermes für die Gleichschaltung der ländlichen Genossenschaften verstehen, muss man seine Rolle auf diesem Sektor des landwirtschaftlichen Organisationswesens kennen, was wiederum a) Vertrautheit mit der historischen Entwicklung der Genossenschaften und b) mit den Rationalisierungsvorgängen der Jahre 1928-33, welche Sering (3) "eines der wichtigsten Ereignisse in der neueren Entwicklung des deutschen landwirtschaftlichen Genossenschaftswesens" bezeichnet, voraussetzt.

b) **Das landwirtschaftliche Genossenschaftswesen in der Weimarer Republik bis zum Ende der Stabilisierungsperiode**

Wie war es zu der grossen Zersplitterung des landwirtschaftlichen Genossenschaftswesens gekommen?

Die Anfänge des Genossenschaftswesens reichen bis zur Mitte des 19. Jahrhunderts etwa zurück, also in die Zeit der Krise und Umstellung, in der auch die Bauernvereine entstanden. Zwei grosse Organisationen bildeten sich im letzten Viertel des vorigen Jahrhunderts heraus: der ältere, auf Friedrich Wilhelm Raiffeisen zurückgehende, auf dem Gedanken der christlichen Nächstenliebe beruhende, primär sittlich und dann erst wirtschaftlich ausgerichtete, zentralistisch aufgebaute Generalverband der deutschen Raiffeisen-Genossenschaften e. V., und der von Wilhelm Haas begründete, etwas jüngere, mehr pragmatisch bestimmte, dezentralisierte Reichsverband der deutschen landwirtschaftlichen Genossenschaften e. V.

Grundverschieden im Aufbau und in der Aufgabenstellung im einzelnen - bei Raiffeisen stand das Kreditgeschäft von Anbeginn im Vordergrund, während dem Reichsverband viele Spezialgenossenschaften den drei Aufgaben: Kreditbeschaffung, Bezug landwirtschaftlicher Bedarfsartikel und landwirtschaftlicher Absatz dienten -, beide Organisationen mit Vor- und Nachteilen, hatte der Haas'sche Verband einen enormen Aufschwung genommen und Raiffeisen zahlenmässig weit überflügelt. (4)

(1) Gies, Diss., S. 138/9.
(2) Ibid. S. 139.
(3) Deutsche Agrarpolitik, 1934, S. 99.
(4) Stand von Anfang 1930: Reichsverband mit etwa 28.400 Genossenschaften insgesamt, aufgeschlüsselt nach: 14.000 Spar- und Darlehnskassen, 3.400

Die Doppelorganisation des deutschen landwirtschaftlichen Genossenschaftswesens, so alt wie dieses selbst, hatte schon früh zu Versuchen geführt, das unwirtschaftliche Neben- und Gegeneinander zu beseitigen. "Schon vor dem Kriege waren Bestrebungen im Gange, die Genossenschaften zu einem Einheitsverband zusammenzuschliessen. Sie scheiterten vor allem an den Strukturunterschieden der grossen Verbände, von denen keiner sein System aufgeben wollte." (5) Noch grösser wurde die Zersplitterung nach dem Ersten Weltkrieg. Denn nun gliederten sich auch die wirtschaftspolitischen Organisationen der Landwirtschaft eigene Genossenschaftsverbände an, also vor allem die drei grossen: der Reichslandbund, die Vereinigung der deutschen Bauernvereine und die Deutsche Bauernschaft. Daneben entstanden einige regionale Genossenschaften ohne Verbandszugehörigkeit. Hinzu kam schliesslich noch als weitere Komplizierung der Umstand, "dass im Laufe der Zeit auch nicht genossenschaftliche Bankinstitute, wie Sparkassen-, Kreis- und Stadtbanken das landwirtschaftliche Kreditgeschäft in stetig steigendem Umfange aufnahmen." (6) Das Ergebnis war ein heilloses, unübersichtliches Durcheinander mit all seinen negativen Folgen und Gefahren, wie unwirtschaftliche genossenschaftliche Mehrfacharbeit, Verteuerung des Apparates, Unsicherheit im Kreditgeschäft, Verhinderung einer zeitgemässen Absatzorganisation mit Standardisierung und Qualitätssteigerung der landwirtschaftlichen Produkte, d. h. Vergrösserung der Handelsspanne, damit Verteuerung der Produkte, welche direkt auf Kosten des Konsumenten, indirekt durch Wettbewerbsherabminderung die Landwirtschaft selbst wieder schädigte und im Endeffekt wesentlich zum von der Landwirtschaft viel beklagten Auseinanderklaffen der "Preisschere" beitrug.

Dieser Zustand, schon in normalen Zeiten unter gesunden wirtschaftlichen Verhältnissen kaum tragbar, wurde vollends unhaltbar unter den schwierigen Verhältnissen der Nachkriegszeit und besonders den Auswirkungen der Inflation, in der die Genossenschaften ihr ganzes Barvermögen verloren hatten.

"Diese vernichtenden Folgen des Währungsverfalles konnten nur überwunden werden durch Inanspruchnahme öffentlicher Geldquellen, die den Genossenschaften durch die Preussische Zentralgenossenschaftskasse zugänglich gemacht wurden. Dadurch sank die genossenschaftliche Kreditorganisation, die vor dem Kriege den Personalkredit der Landwirtschaft fast ganz aus sich selbst befriedigt hatte, zu einem Verteilungsapparat für öffentliche Gelder herab." (7) Als im Jahre 1926 der Fusionierungsgedanke wieder aufgenommen wurde, war es daher klar, dass die Genossenschaften die Aufgabe der Vereinheitlichung nicht aus eigener Kraft zustandebringen

---

Molkereien, 4.000 Bezug- und Absatzgenossenschaften und 7.000 sonstige Genossenschaften. Raiffeisen mit rund 8.000 Genossenschaften, davon 5.700 Spar- und Darlehnskassen, 300 Molkereigenossenschaften, 2.000 andere Genossenschaften.

(5) Urteil, S. 3/4, in: Hermes-Nachlass, DBV; vgl. auch Sering, M.: Die deutsche Landwirtschaft, 1932, S. 609 f.

(6) Gutachten Wilh. Röhrsheim zum Hermes-Prozess, S. 13, in: Hermes-Nachlass, DBV.

(7) Sering, Deutsche Agrarpolitik, S. 79; Die Entwicklung der Beziehungen der Preussenkasse zum landwirtschaftlichen Genossenschaftswesen von ihrer Gründung an behandelt eingehend: Semper, K.: Die Konzentration im landwirtschaftlichen Kreditwesen Deutschlands, Berlin 1931.

konnten, sondern dass der Staat mithelfen musste, und dass ausserdem die Preussische Zentralgenossenschaftskasse eine wesentliche Rolle dabei mit spielen würde.

   c) Die Rationalisierung des landwirtschaftlichen Genossenschaftswesens und die Zusammenarbeit von Klepper (Preussische Zentralgenossenschaftskasse) und Hermes (Vereinigung der deutschen christlichen Bauernvereine)

Die Politik, genauer die Kredit-Politik der Preussischen Zentralgenossenschaftskasse unter ihrem Präsidenten Semper sah sich seit 1927 einer verschärften Kritik seitens der Linkspresse und der ihr nahestehenden Parteien ausgesetzt. Und zwar warf man Semper vor, erstens die Grossagrarier bei der Kreditgewährung zu bevorzugen - was bei einem den Deutschnationalen nahestehenden Mann nicht verwunderlich war - und zweitens bei der Kreditertilung unbekümmert um banktechnische und wirtschaftliche Überlegungen vorzugehen, so dass die Illiquidität der Preussischen Zentralgenossenschaftskasse herbeigeführt wurde. Diese Vorwürfe wurden auch von der DDP vorgetragen (8). Nach Topf (9) war das Ergebnis: "Ende 1927 hatte die Preussenkasse nicht weniger als 675 Millionen Mark an ländliche Genossenschaften ausgeliehen, bei einem Eigenkapital von rund 60 Millionen und einer Kreditbeanspruchung der Reichsbank in Höhe von 250 Millionen." Besonders hoch verschuldet bei der Preussenkasse waren die genossenschaftlichen Organisationen des Reichslandbundes und die Raiffeisenbank. Im ersten Fall sprach man von Verlusten in Höhe von 7 Millionen Mark, im zweiten von 40-50 Millionen. "Der Kredit, welchen die Preussische Zentralgenossenschaftskasse der Raiffeisenbank gibt, soll den erstaunlichen Betrag von 200 Millionen Mark übersteigen." (10) Dass angesichts dieser Sachlage die Kritik nicht abriss, ist nicht erstaunlich. Schliesslich sah sich die Preussische Regierung veranlasst, mit einem Wechsel im Preussenkassen-Direktorium auf die vielen Vorwürfe - vor allem seitens der Deutschen Bauernschaft unter Lübke - zu antworten. Am 13. Januar 1928 wurde Semper durch Klepper ersetzt (11). Die Vossische Zeitung (12) kommentierte diesen Vorgang am 15. Januar 1928 mit den Worten:

"..; die preussische Regierung hat einen kühnen und guten Griff getan, indem sie dem schärfsten und scharfsinnigsten Kritiker der Preussenkasse Gelegenheit gibt, es an Ort und Stelle besser zu machen."

Sie - d. h. die preussische Regierung - habe "den Angeklagten durch den Ankläger ersetzt." Ganz anders war die Reaktion der Landwirtschaft auf die Ernennung Kleppers. Dort fand er fast einhellige Ablehnung (13). Die Proteste aus landwirtschaftlichen Kreisen führten vor allem vier Argu-

(8) BA, Nachlass Dietrich, 324, Bl. 52-56.
(9) S. 86.
(10) BA, Nachlass Dietrich, 324, Bl. 52.
(11) Landwirtschaftliche Wochenschau 2, 14. I. 1928; Tgl. Rundschau 19, 12. I. 1928, in: DZA, RLB-Ztgs-Ausschnittsammlung Nr. 162, 2 Bl. 81 f. Auch Hermes hatte als möglicher Kandidat für diesen Posten zur Diskussion gestanden; vgl. Tgl. Rundschau 15. 10. I. 1928, DZA, ibid., Bl. 74 Rs.
(12) Voss. Ztg. Nr. 25, DZA, vgl. Anm. 11, Bl. 74 Rs.
(13) Natürlich nicht durch die den Sozialdemokraten nahestehende Deutsche Bauernschaft.

mente ins Feld. Erstens: Die preussische Regierung habe bei der Entscheidung das Mitspracherecht der Aktionäre der Preussischen Zentralgenossenschaftskasse unberücksichtigt gelassen; zweitens: gegen die lebenslängliche, d.h. unabsetzbare Stellung Sempers verstossen; drittens: in die Selbstverwaltung der Preussischen Zentralgenossenschaftskasse eingegriffen - hinter diesem Vorwurf stand die Befürchtung vor einem übermächtigen Einfluss des sozialdemokratisch regierten Preussen auf eine für das ganze Reich arbeitende Institution -; und schliesslich befürchtete man viertens, mit Klepper werde die sog. "kalte Sozialisierung" eingeleitet und ein vernichtender Schlag gegen das Genossenschaftswesen geführt. (14)

Klepper hatte sich bei diesen Kreisen der Landwirtschaft so unbeliebt gemacht, da er den Nachweis erbracht hatte, "dass zur selben Zeit, wo die west- und süddeutschen Bauernwirtschaften ihr Auskommen haben, der ostelbische Grossgrundbesitz über und über verschuldet ist, aber dass es auch in Ostelbien tüchtige und untüchtige Landwirte gibt, und dass es ein hoffnungsloses Unterfangen ist, die Untüchtigen aus öffentlichen Kassen und mit öffentlichen Mitteln zu speisen." (15)

Als Klepper sein neues Amt antrat, musste es ihm vor allem darum gehen, die Preussische Zentralgenossenschaftskasse wieder auf eine gesunde wirtschaftliche Basis zu stellen, d.h. vor allem die gefährdeten Aussenstände zu retten. Um das zu erreichen, sollten die beiden grössten Posten durch eine Verschmelzung von Raiffeisen, Reichsverband und Reichslandbund-Genossenschaften hereingeholt werden, wodurch schon eine gewisse Vereinheitlichung des landwirtschaftlichen Genossenschaftswesens erreicht worden wäre (16). Bevor dieser Plan jedoch in die Wirklichkeit umgesetzt werden konnte, "wurde schon von dem damaligen Reichsernährungsminister Schiele ein sehr gescheit angelegter Gegenzug gegen das "sozialistische" Regime Kleppers geführt" (17). Im Rahmen eines grossen landwirtschaftlichen Notprogramms für 1928 wurde ein 25-Millionen-Fonds für die Vereinheitlichung des gesamten landwirtschaftlichen Genossenschaftswesens bereitgestellt (18). Nach Reichstagsdebatten, Beratungen in einem besonderen Reichstagsausschuss (19) und der Zustimmung des Reichsrates wurden am 3. Mai 1928 durch den Reichsernährungsminister Richtlinien für die Verwendung der Reichsmittel zur Rationalisierung des landwirtschaftlichen Genossenschaftswesens erlassen (20). Nach Topf war Schieles politische Absicht, "mit dieser Aktion ... der neuen Leitung der Preussenkasse ein geschlossenes und nach der Sanierung wieder voll leistungsfähiges Genossenschaftswesen ..." entgegenzustellen. "Es war Kleppers gutes Recht, dass er in dieser Lage vor allem darauf bedacht war, die Interessen seines Instituts ... zu wahren.

Selbstverständlich konnte er der Einheitsparole nicht widersprechen - aber er musste verhindern, dass der neue Einheitsverband mit einer einseitigen Frontstellung gegen die Preussenkasse zustande kam, und er musste weiter dafür sorgen, dass ... die finanziellen Interessen seiner Bank

(14) Vgl. DZA, Bl. 77 ff., 15. II. 1928; SchAM Abt. 1, L 5 = Rhein. Bauernzeitung Nr. 38.
(15) DZA, Voss. Zeitung, 25, 15. I. 1928 (vgl. Anm. 12).
(16) Urteil S. 32.
(17) Topf, S. 100.
(18) RT Bd. 395, Stellvertreter des Reichskanzlers, 27. II. 1928, S. 12956 ff. und Reichsernährungsminister Schiele, Etatrede zum Haushalt des Reichsernährungsministeriums, 29. II. 1928, S. 13026.
(19) Vgl. RT Bd. 395 und Drucksachen Bd. 422.
(20) Reichsministerialblatt S. 275.

gewahrt blieben." (21) Das versuchte Klepper auf zwei Wegen zu erreichen. Einmal durch eine Änderung der Richtlinien, zum anderen durch eine ihm genehme Besetzung des Präsidentenpostens des neuen Einheitsverbandes. Für beides fand er in der Vereinigung der deutschen Bauernvereine und ihrem neuen Präsidenten Hermes einen Bundesgenossen. Über die Zusammenarbeit zwecks Änderung der Reichsrichtlinien einigten sich Klepper und Hermes im November 1928 in mündlichen Besprechungen und einem Briefwechsel (2. Oktober 1928 Klepper an Hermes, 15. November 1928 Hermes an Klepper, 18. November 1928 Klepper an Hermes). Es war, wie Hermes später betonte, ein Vertrag auf Leistung und Gegenleistung.

Die Änderung der (1.) Reichsrichtlinien

In zwei Richtungen erstrebten die Preussische Zentralgenossenschaftskasse und die Vereinigung der deutschen Bauernvereine, oder Klepper und Hermes, die Änderung der Richtlinien.

"Erstens dahin, die Verwendung der Reichsmittel für die Rationalisierung überhaupt möglich zu machen und zweitens diese Verwendung in einer die Interessen der Preussenkasse wahrenden Weise sicherzustellen." (22)

Die alten Reichsrichtlinien wollten das Ziel der Vereinheitlichung durch eine Rationalisierung von "oben" erreichen, d. h. die Rationalisierung sollte bei den Spitzenverbänden ansetzen, und kleinere Genossenschaften sollten erst nach dem Abschluss bindender Beschlüsse, sich zu einem einheitlichen Verband zusammenzuschliessen, Mittel erhalten (23). Dem Standpunkt Hermes' in der Frage der Vereinheitlichung entgegenkommend (s. u.), schrieb Klepper am 18. November 1928:

"dass man die in den erwähnten Richtlinien ausgesprochene starre Verbindung des Gedankens der Einheitsorganisation und der Rationalisierungsbeihilfe lockern, also auch solche Organisationen in den Bereich der letzteren ... ziehen darf, die nicht beabsichtigen, sich dem Einheitsverband anzuschliessen." (24) (25)

Ursprünglich sollte jede Verwendung von Rationalisierungsgeldern für eine finanzielle Sanierung von einzelnen Genossenschaften, Genossenschaftsverbänden oder Genossenschaftszentralen ausgeschlossen sein (26). Dieser Gesichtspunkt, der sonst schwer erklärlich ist, in den Beratungen des Ausschusses aber eine grosse Rolle spielte (27), scheint mir allein aus

(21) Topf, S. 100.
(22) Hermes, Andreas: Auszug aus der dem Herrn Reichsjustizminister eingereichten Zusammenstellung der Widersprüche, Irrtümer und Unvollständigkeiten in der schriftlichen Begründung zu dem gegen Dr. Hermes ergangenen Urteil der 11. grossen Strafkammer des Landgerichts Berlin vom 13. Juli 1934, S. 4, in: Hermes-Nachlass, DBV (im folgenden zitiert als: Auszug...).
(23) Vgl. zu diesem viel umstrittenen Problem die Ausführungen Bülows in seinem "Gutachten in der Sache 1 Ba J 53/34 der Staatsanwaltschaft Berlin" in dem Kapitel: "A der Komplex der Rationalisierung", S. 11 ff.
(24) Urteil S. 45/6.
(25) Dieser Satz bestätigt die von Topf angeführte Analyse der unterschiedlichen Intentionen des Reichsernährungsministers und Kleppers bei der Genossenschaftsrationalisierung. Tatsächlich führte die Änderung der Richtlinien zu einer Aufweichung des ursprünglichen Schieleschen Plans.
(26) Richtlinien Nr. II.
(27) RT Drucksachen zu Nr. 218, Bd. 430, S. 23 ff., 26 ff., S. 29, S. 37.

dem Bestreben, mögliche Widerstände von unten, von sanierten Genossenschaften, auszuschliessen, verständlich. Wenn man die Einstellung von Hermes und Heim und damit der Vereinigung der deutschen Bauernvereine zur Rationalisierung kennt (28), so ist es nicht verwunderlich, dass sie hier die Preussische Zentralgenossenschaftskasse in der Änderung der Richtlinien unterstützten.

"Der Tag" schrieb am 21. November 1928 unter der Überschrift "Sanierung unter falscher Flagge" mit ironischem Unterton:

"Und hier begegnen sich ihre (29) Wünsche mit den Bedürfnissen des Präsidenten Klepper. In ihrem beiderseitigen Interesse liegt es, den Richtlinien eine grössere Beweglichkeit zu geben. Sie muss allerdings so gross werden, dass es gelingt, aus dem 25-Millionen-Fonds möglichst viel für die Sanierung zu verwenden und andererseits der Gefolgschaft Heim - Hermes einen hübschen Happen - man spricht von ein paar Millionen - so zukommen zu lassen, dass die von ihnen betreuten Verbände sich nicht zu rationalisieren brauchen. Also ein ganz gewöhnlicher politischer Kuhhandel, könnte ein Unbefangener sagen, der kein Verständnis hat, dass die finanzielle Stärkung einer besonderen "Weltanschauung" doch ein hohes ethisches Moment in sich trägt und nicht mit den üblichen parlamentarischen Gebräuchen auf eine Stufe gestellt werden darf. ..." (30)

Trotz der Richtigkeit dieser Darstellung muss der Gerechtigkeit halber für die Preussische Zentralgenossenschaftskasse und Hermes und Heim angeführt werden, dass Rationalisierung und Sanierung praktisch nicht zu trennen waren. Dennoch: Die Änderung der ersten Reichsrichtlinien, die die Sanierung ausgeschlossen hatten, wurde auf seiten der Vereinigung entgegen den ursprünglichen Absichten der Reichsregierung aus Organisationsegoismus betrieben. Dabei stand Hermes unter dem Einfluss Heims, ohne den er auf genossenschaftlichem Gebiet nichts war (31). Deshalb scheint mir das abschliessende Urteil der Deutschen Getreidezeitung vom 4. April 1929 Nr. 77 richtig:

"Bei dieser Situation also würde die Abänderung der Richtlinien mit dem Ziel, die Verwendung von Mitteln für einzelne Organisationen zu ermöglichen, eine politische Aktion ersten Ranges bedeuten." (32)

Die neue Fassung der Richtlinien vom 12. Juni 1929 bestimmte daher, dass

"die Reichsmittel im Rahmen der Rationalisierung auch zum Zwecke der Sanierung genossenschaftlicher Einrichtungen verwandt werden durften. Diese unter meiner massgeblichen Mitwirkung (schreibt Hermes) zustandegekommene Abänderung der Richtlinien ermöglichte erst die tatsächliche Verwendung der Reichsmittel, die unter den alten Richtlinien völlig unterblieben war, die in Gang zu setzen aber die Preussenkasse ein grosses Interesse hatte." (33)

Denn die Preussische Zentralgenossenschaftskasse wollte unter allen Umständen eine gesonderte Rationalisierungsaktion des Reiches verhindern.

(28) S. u.
(29) D. h. Hermes' und Heims.
(30) DZA, RLB-Ztgs-Ausschnittsammlung 89, 17.
(31) Von den 1549 der Vereinigung nahestehenden Genossenschaften gehörten 1134 dem Heimschen Regensburger Verband an, nach: Deutsche Getreidezeitung, 21. II. 1929, DZA, Dtsch. Reichsbank, RLB-Ztgs-Ausschnittsammlung 89, 17.; vgl. E. Topf, in: Dtsch. Wirtschaftsztg. Nr. 19, 9. V. 1929, DZA, Dtsch. Reichsbank 89, 17.
(32) DZA, ibid.
(33) Hermes, Auszug, S. 4, Hermes-Nachlass, DBV.

"Die Preussenkasse hatte damals bereits aus eigenem Entschluss das gesamte Liquidationsrisiko für die Raiffeisen-Organisation und die Genossenschaftsorganisation des Reichslandbundes übernommen und legte nun entscheidendes Gewicht auf eine Entlastung von diesem sehr erhebliche Millionenbeträge bedeutenden Risiko. Hätte das Reich unabhängig von der Preussenkasse seine Mittel für die Rationalisierung verwandt, so bestand, abgesehen von den sachlichen Nachteilen für die Gesamtaktion für die Preussenkasse auch die Gefahr grösster Interessenschädigung, indem sie unter Umständen keine Entlastung von dem erwähnten, von ihr allein übernommenen Liquidationsrisiko erfuhr. Durch die Neufassung der Richtlinien wurde auch dieses massgebliche Interesse der Preussenkasse gewahrt, und ich darf hierzu bemerken, dass ich an dieser Regelung ebenfalls einen entscheidenden Anteil genommen habe. Wenn auch das Reich nicht auf die eigene, endgültige Entscheidung über die von ihm für die Rationalisierung bereitgestellten Mittel verzichtete, so verpflichtete es sich doch, von gesonderten Verhandlungen abzusehen. Da die Rentenbank - Kreditanstalt - wiederum unter meiner Mitwirkung - ebenfalls von besonderen Rationalisierungsverhandlungen Abstand nahm, besass damit die Preussenkasse die Möglichkeit, eine einheitliche Führung der Rationalisierungsverhandlungen wahrzunehmen unter vollkommener Sicherung ihrer grossen finanziellen Interessen." (34)

Das Versprechen, sich bei der Rentenbank-Kreditanstalt und im Parlament im Sinne der Preussischen Zentralgenossenschaftskasse einzusetzen, gab Hermes im Brief vom 15. November 1928:

"Sollte die Preussische Zentralgenossenschaftskasse sich unseren Gedankengängen anschliessen, wo würde die Vereinigung im Verwaltungsrat der Rentenbank-Kreditanstalt durch ihre beiden Vertreter sich dafür einsetzen, dass die von der Rentenbank-Kreditanstalt für die Rationalisierung des landwirtschaftlichen Genossenschaftswesens in Aussicht genommenen 25 Millionen Reichsmark der Preussenkasse zur weiteren Verwendung zur Verfügung gestellt werden.

Sie würde ferner bei den in Betracht kommenden Stellen dafür eintreten, dass auch die schon bewilligten 25 Millionen Reichsmark Reichsmittel ebenfalls der Preussenkasse überwiesen werden. Die Vereinigung wird sich schliesslich mit den ihr nahestehenden Abgeordneten des Reichstags in Verbindung setzen, um eine entsprechende Abänderung der vom Reichstag aufgestellten Richtlinien für die Verwendung des 25 Millionenfonds für die Rationalisierung des landwirtschaftlichen Genossenschaftswesens vorzubereiten." (35)

Die Gegenleistung der Preussischen Zentralgenossenschaftskasse für die Unterstützung durch die Vereinigung der deutschen Bauernvereine bestand in der Zurverfügungstellung von 3,5 Millionen an die Vereinigung der deutschen Bauernvereine, einer Rationalisierungspauschale, für die keine Rechenschaftspflicht bestand.

Eine zusammenfassende Beurteilung des Abkommens zwischen Klepper und Hermes kommt zu dem Ergebnis: Von anderen Grundsätzen als Reichsernährungsminister Schiele ausgehend, arbeiteten Klepper und Hermes Hand in Hand mit der Intention, das landwirtschaftliche Notprogramm den Interessen der eigenen Organisation - hier Preussische Zentralgenossenschaftskasse, dort Vereinigung der deutschen Bauernvereine - anzupassen und finanziell möglichst viel herauszuholen - was ihnen gelang.

(34) Hermes, Auszug, S. 4/5.
(35) Urteil, S. 36 ff.

Die neuen Reichsrichtlinien vom 12. Juni 1929, denen ein Antrag Stegerwalds (Zentrum) (!!) zugrunde lag (36), zeigten daher folgende Änderungen:
1. Bei der Rationalisierung standen die einzelnen Genossenschaften im Vordergrund. Der Zusammenschluss der zentralen Verbände zu einem einzigen Spitzenverband war nicht mehr wie in den alten Richtlinien vom 3. Mai 1928 der Ausgangspunkt. (37)
2. Die Massnahmen der Rationalisierung wurden erweitert und Sanierungen und Verlustbereinigung zugelassen.
3. Die Vergabe der Mittel unterstand nicht mehr zwei Ausschüssen, sondern nur noch dem Reichsernährungsministerium und der Preussischen Zentralgenossenschaftskasse.
4. Die Verwendung der Rationalisierungsmittel wurde nach den neuen Richtlinien weniger scharf überwacht. (38)

d) **Grundsätzliche Einstellung von Hermes und der Vereinigung der deutschen (christlichen) Bauernvereine zur Vereinheitlichung des landwirtschaftlichen Genossenschaftswesens**

Wie man in der Vereinigung der deutschen Bauernvereine zu der seit Schieles Notprogramm zum Schlagwort gewordenen Rationalisierung stand, sollen einige Zitate und Hinweise auf die Tätigkeit der Vereinigung der deutschen Bauernvereine zeigen.

Drei Tage nach der Veröffentlichung der ersten Reichsrichtlinien schrieb die landwirtschaftliche Zentralgenossenschaft des Bayerischen Bauernvereins an Hermes:

"Wie Sie wissen, stehen wir solchen Rationalisierungsbestrebungen durchaus nicht ablehnend gegenüber, soweit es sich um freiwillige, durch freie Vereinbarung zustandegekommene Vereinfachungen im Genossenschaftswesen handelt (gegenseitiges Ausweichen usw.). Auf keinen Fall aber können wir einer Einheitsgenossenschaft das Wort reden und beabsichtigen durchaus nicht unsere Selbständigkeit aufzugeben." (39)

Das hiess, freiwillige Vereinfachungen und Absprachen zwischen regionalen Genossenschaften, aber keine Aufgabe der Selbständigkeit und Ablehnung einer Einheitsorganisation für das ganze Reich. Dem stimmte auch Hermes zu. Einen Tag nach Annahme des Zentrums-Antrags im Reichstag auf Änderung der Reichsrichtlinien (am 14. Juli 1928) (40) schrieb Hermes an Heim, es gehe darum, "die genossenschaftlichen Kräfte der Bauernvereine zusammenzufassen", d. h. Hermes unterstützte innerhalb der Vereinigung die Bestrebungen zum Ausbau der eigenen Organisation (41). Die Erörterung hierüber wurde am 27. Juni 1928 auf der Sitzung der Vereinigung fortgeführt und eine Kommission gebildet, die sowohl der Beratung einer besseren gemeinsamen Wahrung der Interessen des Genossenschaftswesens der Bauernvereine im Hinblick auf die Änderung der Richtlinien als auch dem weiteren Ausbau des eigenen genossenschaftlichen Zentralverbandes dienen sollte. (42)

(36) RT-Drucksache Nr. 327, Bd. 430, S. 225 und Bd. 423, S. 230; Reichsrichtlinien, in: Reichsministerialblatt S. 369, 1929.
(37) Vgl. Bülow, A.: Gutachten in der Sache 1. Ba. J. 53/34.
(38) Ausführlicher zu diesen Fragen das Gutachten von Bülow.
(39) SchAM Abt. 1 L 5, Brief vom 8. V. 1928.
(40) SchAM Abt. 1 L 5.
(41) In welchem Sinne er daher die Änderung der Richtlinien vorantrieb, ist danach klar.
(42) Urteil, S. 31/2.

Im September 1928 verstärkte sich innerhalb der Vereinigung die Auseinandersetzung mit dem Rationalisierungsproblem. Auf der Herbsttagung der Vereinigung (27. September 1928) hielt Dr. Heim ein Referat über gegenwärtige Fragen des landwirtschaftlichen Genossenschaftswesens (43). In Übereinstimmung mit Heims Darlegungen fasste die Vereinigung eine Entschliessung, in der es u. a. hiess:

"Die Bauernvereine sind der Meinung, dass bei dem Wiederaufbau (des Genossenschaftswesens nach Kriegs- und Inflationszeit) eine gewisse Vereinheitlichung zweckdienlich ist. Jedoch lehnen sie den Gedanken ab, die Rationalisierung nur in einer Zentralisierung zu sehen. Sie wollen gewiss eine Vereinheitlichung des Genossenschaftswesens erstreben, lehnen jedoch die zwangsweise Herbeiführung einer Einheitsorganisation ab, indem sie betonen, dass der im Genossenschaftswesen liegende Gedanke der Selbsthilfe mit einem staatlichen Druck unvereinbar ist. Das Genossenschaftswesen hat sich von unten herauf organisch entwickelt unter Berücksichtigung lokaler und weltanschaulicher Eigenarten." (44)

Empört über diese unter dem Einfluss Heims entstandene Entschliessung schrieb die Schlesische Zeitung am 4. Oktober 1928 (45), Heim sei der spiritus rector des Reichstags-Antrags der BVP auf Änderung der Reichsrichtlinien, da er auf Grund der bisherigen Verhandlungen um die Ansetzung des Rationalisierungsfonds fürchte, für den von ihm ins Leben gerufenen und geleiteten Regensburger Genossenschaftsverband zu kurz zu kommen. Nun kämpfe er mit Schlagworten (Rationalisierung, Uniformierung, Zentralisierung), um die Vereinheitlichungsverhandlungen zu stören. Die Schlesische Zeitung schloss mit der Feststellung:

"Dr. Heim will keine wirkliche Rationalisierung, d. h. die Aufgabe seiner Regensburger Organisation zugunsten einer allgemeinen bayerischen Organisation...

Es ist auch nicht zu verstehen, dass die Bauernvereine sich die Forderungen Dr. Heims zu eigen gemacht und in einer Entschliessung verdeutlicht haben."

Denselben Tenor schlug v. Loe am 6. Oktober 1928 im Hannoverschen Kurier an (46).

Noch schärfer sprach sich Hermes selbst auf der Generalversammlung des Westfälischen Bauernvereins (21./22. September 1928) gegen den geplanten Einheitsverband für das gesamte Reich aus. Er führte u. a. aus:

"Wenn man daran gehen will, das gesamte Genossenschaftswesen zentral zu vereinheitlichen und zu uniformieren, so müssen wir demgegenüber betonen, dass gerade das Genossenschaftswesen als Selbsthilfeorganisation nur gehalten werden kann, wenn es das innerste Wesen des Bauerntums in allen seinen lokalen Eigenarten berücksichtigt. Weltanschauliche Fragen spielen dabei eine grosse Rolle, die nicht durch sogenannte Rationalisierung von oben her beeinflusst und verhindert werden können." (47)

Und zur Verwendung des 25 Millionenfonds des landwirtschaftlichen Notprogramms erklärte Hermes:

---

(43) Urteil S. 29 ff., vgl. Entwurf des Vortrags in: Brief Heims an Hermes vom 16. IX. 1928, SchAM Abt. 1 L 5.
(44) Urteil S. 31; vgl. Protokoll der Herbsttagung, in: SchAM, DBC 27. IX. 1928, S. 5 f.; vgl. auch: Fränkischer Bauer, 36. Jg., Nr. 45, 10. XI. 1928, S. 352 f.: Heim: "Ein Wendepunkt im landwirtschaftlichen Genossenschaftswesen."
(45) DZA, RLB-Ztgs-Ausschnittsammlung, 89, 17.
(46) Ibid.
(47) Westfälischer Bauer, 59. Jg. 1928, S. 692, 3. X. 1928.

"Aber diese staatliche Förderungsmassnahme darf nicht verbunden werden mit irgendeinem unberechtigten Zwange. Sie muss die organische Entwicklung des Genossenschaftswesens berücksichtigen ... Es ist eine Utopie, das Genossenschaftswesen von oben her zentral ohne Rücksicht auf Weltanschauung und lokale Eigenart organisieren und regulieren zu wollen." (48)

Hermes wehrte sich mit denselben Argumenten, mit denen er gleichzeitig auch die Einheitsorganisation der berufsständischen bäuerlichen Organisationen ablehnte, gegen die Einheitsorganisation des Genossenschaftswesens. Nicht Rationalisierung von "oben", wie die ersten Richtlinien es vorsahen, sondern Vereinheitlichung auf unterer und mittlerer Ebene. Daher Änderung der Richtlinien und Zusammenarbeit mit der Preussischen Zentralgenossenschaftskasse für eine Vereinheitlichung bei Bewahrung der Selbständigkeit der Genossenschaftsorganisation der Vereinigung. Hier wie dort dieselbe Politik: Ausbau und Stärkung der eigenen Organisation, wofür organisch gewachsene lokale Eigenart und weltanschauliche, d. h. konfessionelle Verschiedenheiten ins Feld geführt werden.

Auch anlässlich des 25jährigen Jubiläums des Oberbayerischen Christlichen Bauernvereins betonte Hermes:

"So lange er an der Spitze der Christlichen Bauernvereine stehe, werde er mit allem Nachdruck jeder Gefährdung ihrer Selbständigkeit entgegentreten. Man brauche keinen schematischen Einheitsverband." (49)

e) Die Gründung des genossenschaftlichen Einheitsverbandes (1929/30)

Nachdem das Abkommen Klepper - Hermes von beiden Seiten erfüllt war - Hermes hatte sich mit Erfolg für die Änderung der Reichsrichtlinien eingesetzt, Klepper hatte der Vereinigung die vereinbarte Rationalisierungspauschale ausgezahlt -, setzte sich Klepper 1929 dafür ein, dass der vom Reich geplante Einheitsverband nun auch seinen Vorstellungen entsprechend aufgebaut wurde.

Am 22. Februar 1929 - fast gleichzeitig mit der für die Einigungsbewegung der berufsständischen landwirtschaftlichen Organisationen bedeutenden Kölner Kundgebung und dem Beginn der Zusammenarbeit in der Grünen Front - fand auf Einladung der Preussischen Zentralgenossenschaftskasse eine Sitzung der ländlichen Genossenschaftsorganisationen statt (50). In der Sachfrage, d. h. der Frage nach dem Organisationsprinzip des neuen Verbandes und in der Personenfrage, d. h. der Frage um die Besetzung des Führerpostens, standen sich zwei Gruppen gegenüber: auf der einen Seite der starke, aus 26.000 Genossenschaften bestehende, finanziell solide Reichsverband, auf der anderen die Gruppe der etwa 11.000 sanierungsbedürftigen Genossenschaften, die sich aus den Genossenschaften von Raiffeisen, etwa 8.500, des Reichslandbundes, etwa 925 - 1.000, der Bauernvereine, ungefähr 1.135 und der Deutschen Bauernschaft mit 300 zusammensetzte (51).

(48) Ibid.
(49) DZA, RLB-Ztgs -Ausschnittsammlung 98, 4 Bl. 132 = Frankfurter Zeitung 746, 5. X. 1928. Weitere gleichgerichtete Stellungnahmen: 1) Dr.Dr. Kayser an Dr. Heim, 15. XI. 1928, 2) Referat Dr. Heims "Die Umschichtung der landwirtschaftlichen Genossenschaften", der Vereinigung der deutschen Bauernvereine am 12. VI. 1929 übersandt. Beide: SchAM Abt. 1 L 5.
(50) DZA, RLB-Ztgs -Ausschnittsammlung 89, 17 Bl. 57 ff.; BA R 43 I/2541.
(51) Angaben nach Dt. Getreide-Ztg. 44, 21. II. 1929, DZA, Anm. 31, Bl. 55; andere Zahlen BA, R 43 I/2541, Bl. 234 f.= Berliner Tageblatt Nr. 89, 21. II. 1929.

In der Frage nach dem Prinzip der Vereinheitlichung forderte der Reichsverband die "sofortige und vollkommene Durchführung der Vereinheitlichung","bei der die "alten" Verbände sofort den neuen Einheitsverband mit Haupt und Gliedern konstituieren und gleichzeitig völlig verschwinden." (52) Demgegenüber forderte die Raiffeisen-Gruppe einen allmählichen Neuaufbau, eine etappenweise Neuorganisation auf Länder- und Provinzebene: "Wenn erst die sämtlichen Provinzen und Länder mit der Rationalisierung und Vereinheitlichung "fertig" sind, dann ist auch der neue Einheitsverband "fertig" und die alten Verbände sind dann leere Hülsen, zur endgültigen Liquidation reif." (53)

Verglichen mit dem Vorschlag des Reichsverbandes hatte dieser "Dachorganisationsplan" folgende Vorteile:

1. einfachere Entscheidung über die Verteilung der Rationalisierungsgelder an die "fertigen" Verbände,

2. Ausschaltung der Gefahr des föderalistischen Abfalls sanierter Verbände, und

3. organische Entwicklung und Entgegenkommen den kleineren Verbänden gegenüber, die nach dem ersten Vorschlag das Gefühl haben könnten, "vom Reichsverband majorisiert und vollständig "aufgeschluckt" zu werden". (54)

Allerdings muss gegen die Dachorganisation auch angeführt werden, dass sie den föderalistischen Bestrebungen - wenigstens im Augenblick - entgegenkam und von denen vertreten wurde, vor allem Heim und Hermes, die hier wie bei den Bauernorganisationen ideologische Gründe gegen die Zentralisierung ins Feld führten. Die Dachorganisation entsprach der Zusammenarbeit in der Grünen Front, der Plan des Reichsverbandes - mit v. Loe (!!) - dem der einen Reichsbauernorganisation.

Die Versammlung vom 22. Februar 1929 beschloss, einen engeren Ausschuss für die Ausarbeitung eines Statuts für den neuen Einheitsverband einzusetzen. Am 9. März fand die nächste Sitzung statt, auf der der Organisationsentwurf und der vorgeschlagene Name angenommen wurden. Die betroffenen Verbände sollten bis zum 5. April zustimmen. (55)

Nun blieb noch die Personenfrage zu regeln. Der erste Plan Kleppers war die Ernennung Hoheneggs gewesen, um durch ihn den grossen Reichsverband, dessen Präsident er war, zu gewinnen. Dagegen aber wehrte sich dessen Konkurrent in Bayern, Heim. Dieser besass einen grossen Einfluss; und zwar einmal innerhalb der Bauernvereinsorganisation zur Berliner Spitze unter Hermes; sodann über die Bayerische Volkspartei auf das Zentrum und das heisst auf die Regierungskoalition im Reich; und schliesslich durch den Bayerische Volkspartei-Vertreter Horlacher auf den Reichstagsausschuss, der über die Verteilung des Fünfundzwanzig-Millionen-Fonds zu bestimmen hatte. Vom Zentrum unter Druck gesetzt, eine "für Heim und Hermes befriedigende Lösung (zu) schaffen" (56), gab Klepper die Kandidatur Hoheneggs auf, schob den Reichsverband zur Seite," sagte Raiffeisen die Wahrung seiner Traditions-"Belange" zu, versprach Heim und den "anderen genossenschaftlichen "Splittergruppen" (Landbund, Bauernver-

---

(52) BA, Anm. 51, Berliner Tageblatt Nr. 89, 21. II. 1929; und DZA, RLB-Ztgs - Ausschnittsammlung 89, 17.
(53) Berliner Tageblatt, vgl. Anm. 52.
(54) Ibid.
(55) DZA, Anm. 52, Bl. 60 ff; vgl. DZA, RLB-Ztgs -Ausschnittsammlung 89, 17, Deutsche Getreidezeitung 77, 4. IV. 1929.
(56) Topf, S. 104.

eine, Bauernschaft) Zuschüsse aus dem Rationalisierungs-Fonds ... und bot Hermes die Leitung des neuen Einheitsverbandes an." (57)

Nach aussen wurde dieser neue Plan durch den Hinweis auf die so gewonnene Unterstützung der kleinen Genossenschaftsgruppen motiviert.

Richtig scheint mir das Resumée in den Deutschen Führerbriefen vom 12. März 1929:

"Der Kern dieser Personenfrage ist in der Hauptsache darin zu suchen, dass in den eigentlich genossenschaftlichen Kreisen der grosse und überragende Führer, den die werdende landwirtschaftliche Grossmacht des Einheitsverbandes verlangt, fehlt und damit schliesslich eine im Grunde genommen aussenstehende Persönlichkeit wie Hermes starke Chancen gewinnen konnte." (58)

Die Kandidatur von Hermes stiess auf Kritik und Widerstand. Das Berliner Tageblatt (59) und die Deutsche Getreidezeitung (60) sahen eine Gefahr in der Ernennung eines Politikers für den höchsten Posten eines unpolitischen, rein wirtschaftlichen Unternehmens. Auch befürchtete das Berliner Tageblatt, diese Position könne als Sprungbrett für Politiker, "die sich in diese Position, von anderer Tätigkeit herkommend, auf ein paar Jahre zurückziehen, und die wahrscheinlich nach ein paar Jahren schon in andere Stellungen übergehen," missbraucht werden. Gefordert wurde statt dessen ein bewährter Genossenschaftler - was Hermes nicht war -, (61) "der die Gewähr für eine stetige, überparteiliche und überkonfessionelle Handhabung der Geschäfte bietet." (62)

Erstaunlich bei der ganzen Personenfrage war, dass der finanziell gesunde und an Mitgliederzahl bei weitem grösste Reichsverband keinen überragenden, in den eigenen Reihen unumstrittenen Kandidaten zu präsentieren wusste. Der sachlich begründbare Führungsanspruch des Reichsverbandes ergibt sich aus einer Gegenüberstellung der Zahlenverhältnisse. Nach in Einzelheiten divergierenden Angaben in der Deutschen Wirtschaftszeitung (63) und der Deutschen Getreidezeitung (64) lassen sich in etwa folgende Grössenordnungen gegenüberstellen: auf der einen Seite der gesunde Reichsverband mit 26.000 Genossenschaften, der sich gegen Hermes aussprach, auf der anderen Seite die sanierungsbedürftigen Splittergruppen, die unter dem Einfluss Kleppers die Kandidatur von Hermes unterstützten. Diese Gruppe mit insgesamt etwa 11.000 Genossenschaften - also Reichsverband gegen Splittergruppen gleich zwei Drittel gegen ein Drittel - setzte sich zusammen aus Raiffeisen mit 8.500, Vereinigung und ihr nahestehende Genossenschaften mit 1.500, Landbund mit 900 - 1.000 und die Deutsche Bauernschaft für den Rest (65). Auf diesen Zahlen basierende Überlegungen führten die Deutsche Zeitung am 29. Juni 1929 (66) zu der erstaunten Frage: "Sollte Hermes wirklich ...?", d.h. trotz der Ablehnung durch den Reichsverband den Präsidentenposten annehmen? Aber nicht auf Zahlen gründete die "Hermes-Gruppe" ihren Vorschlag.

(57) Topf, S. 105.
(58) DZA, Dtsch. Rentenbank 2045.
(59) Vgl. Anm. 31 und 51.
(60) Ibid.
(61) Hermes war nur vorübergehend 1926 im Aufsichtsrat der Deutschen Raiffeisenbank.
(62) Berliner Tageblatt, vgl. Anm. 51 und 31.
(63) Nr. 19, 9. V. 1929, DZA, RLB-Ztgs-Ausschnittsammlung 89, 17, Bl. 86/87.
(64) 21. II. 1929, DZA, vgl. Anm. 31, 89, 17.
(65) Hier differieren die Zahlenangaben sehr.
(66) Nr. 150 a, 29. VI. 1929, DZA, RLB-Ztgs-Ausschnittsammlung 89, 17, Bl. 110.

"Es heisst, dass sich im neuen Einheitsverband drei Partner zusammenfinden würden, die annähernd gleich stark seien: der Reichsverband durch die Zahl seiner Mitglieder, die Raiffeisen-Gruppe durch ihre Traditionswerte, beide Bauerngruppen - also Bauernvereine (Hermes) und Bauernschaft (Lübke) - durch ihre "wirtschaftspolitische Aktivität." (67)

Kommentar der Getreidezeitung: Man spricht von der Wirtschaftspolitik und meint die Parteipolitik.

Da sich die "Splittergruppen" unter der Führung Kleppers für Hermes einsetzten, konnte sich dieser schliesslich nach einigem Hin und Her - so hatte der Reichsverband sich ausdrücklich gegen Hermes ausgesprochen (68) und als Gegenkandidaten den Frhr. v. Loe aufgestellt, womit die Gegnerschaft Hermes - v. Loe neben den Divergenzen innerhalb der Vereinigung der deutschen Bauernvereine nun auch auf die Reichsebene gehoben wurden - so konnte sich schliesslich in einem Kompromiss, dem sog. "Frankfurter Frieden" vom Juli 1929, doch noch Hermes durchsetzen. Dieser Kompromiss, auf Klepper zurückgehend (69), sah nun zwar anstelle eines Präsidenten ein Präsidium vor, bestehend aus den beiden ersten gleichberechtigten Präsidenten Hohenegg und Hermes, praktisch aber kann man dennoch von einem Sieg Hermes' sprechen. Denn da der alte Geheimrat Hohenegg in München sass, Hermes aber, Reichstags-Abgeordneter, Präsident der Vereinigung der deutschen Bauernvereine und Leiter der deutsch-polnischen Handelsvertragsdelegation war und seinen Sitz in Berlin hatte, so waren seine Einflussmöglichkeiten bei weitem die grösseren (70). Der neue Einheitsverband sollte entsprechend der Bezeichnung der beiden grössten in ihm zusammengeschlossenen Organisationen den umständlichen Namen "Reichsverband der Deutschen Landwirtschaftlichen Genossenschaften - Raiffeisen E. V." tragen. Seine Konstituierung ging durch die Presse unter der Schlagzeile "Eine kommende Grossmacht der Wirtschaft" (71), was nicht so abwegig war, wenn man bedenkt, dass dem neuen Einheitsverband zur Zeit seines Entstehens etwa 36.000 Einzelgenossenschaften mit rund 3 Millionen - von insgesamt 4 Millionen - landwirtschaftlicher Betriebe angehörten. Nur die etwa 1.000 bayerischen Genossenschaften Heims blieben abseits.

Der Frankfurter Kompromiss musste noch von den betroffenen Verbänden angenommen werden. Ausserdem mussten weitere praktische Vorarbeiten für die endgültige organisatorische Vereinigung der Spitzenstellen und juristische Massnahmen für direkte Fusionen ergriffen werden. Das eigentliche Gründungsdatum des Einheitsverbandes ist der 13. Februar 1930 (72).

f) Der genossenschaftliche Reichsverband 1930 - 1933
(Reichsverband der deutschen landwirtschaftlichen Genossenschaften- Raiffeisen e. V.)

Der neu gegründete Einheitsverband nahm seine Arbeit öffentlich mit dem im Juli (2. - 5. Juli 1930) stattfindenden landwirtschaftlichen Genossenschaftstag in Stuttgart auf (73). In der Begrüssungsansprache wies Hohen-

---

(67) Deutsche Getreidezeitung, 21. II. 1929, vgl. Anm. 31.
(68) DZA, ibid., Bl. 55 Rs = Dt. Allg. Ztg. 92, 23. II. 1929; vgl. dort auch Bl. 71 Rs.
(69) DZA, ibid., Bl. 104 = Frankfurter Zeitung 451, 20. VI. 1929, u. a.
(70) Vgl. Topf, S. 108.
(71) DZA, ibid., Bl. 86/87 = Dtsch. Wirtschaftszeitung 19, 9. V. 1929 und BA, R 43 I/1297, Bl. 56 = Berliner Tageblatt 338, 20. VII. 1929.
(72) DZA, RLB-Ztgs-Ausschnittsammlung Bd. 89, 18, Bl. 37 ff.
(73) Vgl. DZA, RLB-Ztgs-Ausschnittsammlung 89, 18, Bl. 57 ff.

egg darauf hin, dass das Ziel, nämlich Milderung der Krise durch Selbsthilfe zur Kräftigung der Landwirtschaft von innen heraus, durch eine möglichst enge Verbindung mit der Grünen Front erreicht werden solle. In der Person von Hermes war für diese Zusammenarbeit, die sich tatsächlich in den nächsten Jahren entwickelte, die Voraussetzung gegeben. Dieser hielt nach der Rede des früheren Reichsernährungsministers Schiele, der die Gründung des Einheitsverbandes und dessen Zweck dargestellt hatte, ein grosses grundsätzliches Referat über "Die Aufgaben und Stellung der deutschen landwirtschaftlichen Genossenschaften im Rahmen der landwirtschaftlichen Berufsvertretung." Zum Abschluss der Tagung sandte der Verband Telegramme an den Reichspräsidenten und den Reichskanzler (74), das erste überaus herzlich im Ton, das zweite zurückhaltender. Hier und in der Antwort des Reichskanzlers (75) klang das Problem des Verhältnisses von Staats- und Selbsthilfe an. Während der Raiffeisenverband im Grusstelegramm an den Reichskanzler davon sprach, er hoffe "auf einen weiteren sachgemässen Ausbau des Landwirtschaftsschutzes durch die Reichsregierung" und wolle selbst "die staatlichen Massnahmen durch restlose Entfaltung der eigenen Kräfte der Landwirte nachdrücklich unterstützen" (76), argumentierte der Reichskanzler genau umgekehrt. Die Notwendigkeit des Zusammenwirkens von Staat und Selbsthilfe zur Überwindung der schweren Zeiten sah auch Brüning. Aber in seinen Augen sollte die Selbsthilfe der Landwirtschaft nicht zu den staatlichen Massnahmen hinzukommen, sondern zuvor für deren Wirksamkeit die wesentliche Voraussetzung schaffen. Der Unterschied sollte nicht als ein Streit um Worte abgetan werden. Vielmehr liegt hier, wie sich in den nächsten Jahren zeigte, ein prinzipieller Gegensatz. Die landwirtschaftlichen Genossenschaften geben auch in der Zeit der sich zuspitzenden Krise theoretisch nie den Grundsatz der Selbsthilfe auf, was sie als dessen Institutionalisierung ohne Selbstaufgabe auch nicht gut gekonnt hätten. Nicht recht vereinbar damit scheinen mir jedoch die dauernden Appelle an die Staatshilfe. Theorie und Praxis klafften, offenbar unbewusst, auseinander. Hier wie auch sonst in der Landwirtschaft war man sich offensichtlich über die Konsequenzen dessen, was man verlangte, nicht im klaren oder vertröstete sich mit dem Hinweis auf den Ausnahmecharakter der Notsituation.

Im Mai hielt Hermes auf einer Tagung landwirtschaftlicher Genossenschaften in Darmstadt einen Vortrag über "Staatshilfe und Selbsthilfe"(77). Schon im Februar hatte er in einer Chefbesprechung in der Reichskanzlei die Formulierung gefunden:

"Von der Selbsthilfe erwarte er wesentlich grössere Leistungen für die Landwirtschaft als von der staatlichen Unterstützung (im Verhältnis etwa 2/3 zu 1/3). Der Staat müsse nur die Voraussetzungen schaffen, um die Selbsthilfe weiter zu mobilisieren." (78)

Theoretisch war das alles sehr schön. Auf dem grossen Genossenschaftstag in Swinemünde (18./19. Juni) stellte Direktor Berg vom Raiffeisenverband fest: "Selbsthilfe gepaart mit Staatshilfe muss die Losung lauten, und nicht Staatshilfe und dann erst Selbsthilfe" (79); und Hermes sah durchaus keinen Widerspruch zwischen genossenschaftlicher Selbstverwaltung und

(74) BA, R 43 I, 2544.
(75) Ibid.
(76) Ibid.
(77) DZA, RLB-Ztgs-Ausschnittsammlung 89, 18, Bl. 57 ff.
(78) BA, R 43 I/1278.
(79) Kretschmar, S. 88.

berechtigter Aufsicht des Staates, im Gegenteil nannte er die
"Vertiefung der vertrauensvollen Zusammenarbeit mit den amtlichen Stellen das stärkste Unterpfand für die glückliche Lösung unserer grossen Zukunftsaufgaben," (80) und fuhr fort: "So wird die Einflussnahme des Staates vor allem dahin führen, die freien individuellen Kräfte zu stärken und zu freudiger Mitarbeit auf der ganzen Linie freizumachen." (81)

In der Praxis aber hörte man von den Genossenschaften ebenso wie von den übrigen Landwirtschafts-Organisationen dauernd Forderungen an die Hilfe des Staates und Klagen darüber, dass der Staat die notwendigen Voraussetzungen für eine erfolgreiche genossenschaftliche Selbsthilfe noch nicht erfüllt habe. So vermerkte die Reichskanzlei auf Vorhaltungen Raiffeisens verärgert:

"Der Staat kann diese Mängel nicht durch zwangswirtschaftliche Massnahmen beseitigen, wenn er nicht die Initiative der einzelnen Berufsstände weiter lähmen will. Die Not muss eben in dieser Richtung der Lehrmeister sein und kann nicht überall Stützungen durch die Staatsgewalt zur Folge haben.

... Die Grundeinstellung erheblicher Teile der Landwirtschaft gegen die Regierung und ihr Bestreben, alle Schuld an ihrem Niedergang behördlichen Unterlassungen und Massnahmen zuzuschreiben und entsprechend Forderungen zu stellen ... ist ein starkes Hemmnis gegen wirklich durchgreifende und umfassende Selbsthilfe." (82)

Aus der so charakterisierten Grundhaltung resultierten die zahlreichen Eingaben an die Regierungsstellen. Neben speziellen Interessen der Genossenschaften, die sich z. T. mit denen der Vereinigung der deutschen Bauernvereine, z. B. in der Siedlungsfrage, deckten, standen solche, in denen der Raiffeisenverband völlig mit den Forderungen der Grünen Front konform ging.

Speziell genossenschaftliche Interessen glaubte Raiffeisen vernächlässigt bei:

1. Der Zusammensetzung des Verwaltungsrats der Deutschen Siedlungsbank (83). Man betonte die ausserordentliche Bedeutung, "die die Siedlung gerade für das landwirtschaftliche Genossenschaftswesen" habe, da man nicht nur die Gründungen weitgehend finanziere, sondern auch später die Siedler durch Betriebskredite unterstütze und Bezugs- und Absatzgenossenschaften unterhalte.

2. Scharfe Proteste rief die "Verordnung zur Sicherung der Ernte und der landwirtschaftlichen Entschuldung im Osthilfegebiet" (84) hervor. In dieser Angelegenheit sandte Raiffeisen am 20. November 1931 dem Reichskanzler einen Brief (85), hielt man am 28. November im Osthilfekommissariat eine Unterredung ab (86), legte dieselben Bedenken dem Reichsernährungsminister am 2. Dezember dar (87) und sandte das Präsidium dem Reichsfinanzministerium am 4. Dezember ein Telegramm (88). Von der Feststellung ausgehend, "dass im gegenwärtigen Zeitpunkt eine dringende Notwendigkeit für den Erlass eines Moratoriums für die gesamte Land-

---

(80) Rede Swinemünde S. 19 (Sonderdruck; aus Privatbesitz, Dr. Dr. F. Jacobs).
(81) Ibid.
(82) BA, R 43 I/1298, Bl. 147.
(83) BA, R 43 I/1286 (= Raiffeisen an Reichsaussenminister, 20. II. 1931).
(84) RGBl I, 1931, S. 675; vgl. RT Bd. 451; Nr. 1242 unter b.
(85) BA, R 43 I/1811.
(86) BA, R 2, 4369.
(87) BA, R 43 I/2549 und DZA, RMdJ Nr. 25402.
(88) BA, R 2, 4369.

wirtschaft nicht vorliege (89), erhob man Bedenken "gegen die Einführung des beabsichtigten Schuldnerschutzes ausserhalb des Osthilfegebietes" (90) und sah grosse Gefahren in der, wie man es nannte (20. November, s. o.), entschädigungslosen Entrechtung genossenschaftlicher Gläubiger für die "Intakthaltung genossenschaftlicher Organisation" (91), insbesondere für den Personalkredit.

3. Neben den Protesten sind Hilferufe des Einheitsverbandes an die Regierungsstellen ein weiteres Indiz für die Furcht, mit der Krise nicht allein fertigwerden zu können. So bat man den Reichsernährungsminister am 7. Januar 1932 (92) um die "Übernahme einer weitgehenden Reichsbürgschaft für die Düngemittellieferungen" (93). Zu dieser Forderung glaubte man sich berechtigt, da die

"äusserst schwierige Lage, in der die landwirtschaftlichen Genossenschaften sich infolge des Rückganges des Düngemittelbezuges und besonders infolge der ihnen durch die Osthilfeverordnung zugefügten Schäden befinden," (94)

weitgehend der verfehlten Agrarpolitik der Reichsregierung zuzuschreiben seien. Die Frage der ungenügenden Kreditversorgung im Hinblick auf den Düngemittelabsatz 1932 wurde dem Reichsernährungsminister in mehreren Schreiben (4., 8., 12. Februar und 30. März 1932) (und 20. April 1932) (95) dringlich vor Augen geführt.

4. Mit ihr gekoppelt wurde die Kritik an der Preussischen Zentralgenossenschaftskasse und deren Kreditpolitik. Die von ihr zur Verfügung gestellten Düngemittelkredite reichten nicht aus (96), und überhaupt beklagte man sich bei einer Besprechung im Reichsernährungsministerium am 13. Mai (97) "über die Zurückhaltung der Preussenkasse gegenüber den Kreditanträgen von Genossenschaften", über deren Verweis auf die Selbsthilfe, über das Nachlassen der Hilfsbereitschaft der Preussenkasse und kritisierte ganz allgemein das zu sehr bankmässige Vorgehen der Preussischen Zentralgenossenschaftskasse (!) - ein Vorwurf, der äusserst aufschlussreich für die Grundeinstellung der Landwirtschaft ist.

5. Fragen der Kreditpolitik waren das Thema der Eingaben des Reichsverbandes vom 26. April und 14. Mai, der Besprechung im Reichsernährungsministerium vom 13. Mai (98), der Schreiben an den Reichskanzler vom 12. August (99) und vom 27. September (100). Mit ihr hängt auch die Furcht des Reichsverbandes vor der Konkurrenz der Sparkassen (101) und vor der am 6. April 1932 neu gegründeten "Deutschen Erntesicherungs-Gesellschaft m. b. H." zusammen (102).

6. Im übrigen stimmen die agrarpolitischen Forderungen des genossenschaftlichen Einheitsverbandes in dieser Zeit mit denen der Grünen Front

(89) Vgl. Anm. 87.
(90) Ibid.
(91) Ibid.
(92) BA, R 43 I/2550 und DZA, RMdJ, Nr. 25402.
(93) Ibid.
(94) Ibid.
(95) BA, R 43 I/2550.
(96) 20. April, ibid.
(97) BA, R 43 I/1298.
(98) Vgl. 10. VI. 1932 in: BA, R 43 I/1298, Bl. 203 ff.
(99) BA, R 43 I/1275.
(100) BA, R 43 I/1298.
(101) Besprechung 13. V. 1932, vgl. Anm. 98.
(102) Reichsverband an Reichskanzler, 23. IV. 1932, BA, R 43 I/2550, Bl. 317 ff.

überein; d. h. man verlangte neben den weitgehenden Zollunterstützungen "allgemeine Einfuhrkontingente für landwirtschaftliche Erzeugnisse" (103). Im einzelnen verstand man darunter "eine einheitliche Regelung der gesamten Getreidewirtschaft unter massgeblicher Führung des Reichs, also ein Getreidemonopol" und "ähnliche Regelungen ... auch auf dem Gebiete der Milch- und Eierwirtschaft", d. h. eine "durchgreifende Umgestaltung der Agrarwirtschaft". (104)

Die enge Zusammenarbeit von Vereinigung der deutschen Bauernvereine, Reichsverband und Grüner Front zu fördern, fiel Hermes in dieser Zeit besonders leicht, da sich in diesem Stadium der Krise die Interessen der von ihm repräsentierten Organisationen weitgehend deckten. Neben dem Wunsch der getreidebauenden ostdeutschen Landwirtschaft nach einem Getreidemonopol, zu dessen eifrigsten Verfechtern Hermes gehörte (105), stand jetzt die bäuerliche Veredelungswirtschaft, die vor allem die west- und süddeutschen Bauern betraf, im Vordergrund. In der Frage der Siedlung zogen Vereinigung und Genossenschaften, je von ihren speziellen Anliegen ausgehend, am gleichen Strang. (106)

g) Darrés "Machtergreifung" im landwirtschaftlichen Genossenschaftswesen

In seiner einflussreichen Stellung den agrarpolitischen Intentionen der Nazis im Wege stehend, wurde Hermes schon im März 1933 als Gegner ausgeschaltet.

Der Reichsverband wollte auf einer für den 19. April 1933 angesetzten Gesamtausschussitzung zur Verhaftung (107) seines erst im Januar 1933 einstimmig wiedergewählten Präsidenten Stellung nehmen. Drei Tage vorher, am 16. April, erschien in der NS-Landpost (108) unter dem Titel: "Uns die Führung der Genossenschaft" ein drohender Artikel, der den Reichsverband unter Druck setzen sollte. In ihm hiess es:

"Wir wollen den Herren im Generalverband nicht den geringsten Zweifel darüber lassen, dass das revolutionäre Bauerntum jetzt kategorisch die Berufung von Nationalsozialisten als Führer der Genossenschaftsorganisation fordert."

Das aber war nicht genug. Darré griff am 19. April selbst unmittelbar ein. Gies (109) schreibt zu den Vorgängen: "Am 19. April 1933 nahm Darré "Die Festung im Handstreich": er erschien mit drei Begleitern in der Verwaltungsratssitzung des Reichsverbandes und stellte den anwesenden Mitgliedern ein Ultimatum. Der geschäftsführende Vorstand trat daraufhin zurück, und der Verwaltungsrat empfahl dem Gesamtausschuss des Reichsverbandes der deutschen landwirtschaftlichen Genossenschaften - Raiffeisen die Wahl von drei Mitgliedern des agrarpolitischen Apparats der NSDAP

---

(103) Vermerk der Reichskanzlei, 7. III. 1932, BA, R 43 I/1298, Bl. 146 ff.
(104) Ibid.
(105) DBC 13. IV. 1931, SchAM; vgl. Teichmann, Ulrich: Die Politik der Agrarpreisstützung. Marktbeeinflussung als Teil des Agrarinterventionismus in Deutschland, Köln 1955, S. 260 ff.
(106) Vgl. Eingaben der Vereinigung der Deutschen Bauernvereine vom 12. II. 1931 an den Reichsaussenminister Stegerwald, BA, R 43 I/1286 und an den Reichsernährungsminister, ibid., mit der des Reichsverbandes an den Reichsaussenminister vom 20. II. 1931, BA, R 43 I/1286, Bl. 421 ff.
(107) Vgl. S. 122 ff.
(108) Nr. 16.
(109) Diss., S. 141.

in sein Präsidium. "Als Geburtstagsgeschenk" konnte Darré daraufhin Hitler die "Übernahme der Führung von 40.000 ländlichen Genossenschaften" melden."

h) Prozess und Urteil gegen Hermes

Die im engeren Sinne biographischen Fakten, unabhängig von dem voraufgehend geschilderten Zusammenhang mit der nationalsozialistischen Agrarpolitik, sind folgende: Wegen Fluchtverdachtes und Verdunklungsgefahr am 21. März 1933 inhaftiert, sass Hermes fünf Monate im Gefängnis Moabit. Die Anklageschrift vom 15. Juli 1933 warf ihm Verstoss gegen § 266 des Strafgesetzbuches vor, und zwar Veruntreuung von 1.237.234,90 Reichsmark von 3,5 Millionen, die Hermes von der Preussischen Zentralgenossenschaftskasse im Rahmen der Rationalisierung des landwirtschaftlichen Genossenschaftswesens für die den Zentralinstituten der Vereinigung angeschlossenen Genossenschaften erhalten hatte. Der eigentliche Prozess, insgesamt 27 Verhandlungen (110), fand im Mai, Juni und Juli des folgenden Jahres statt, begleitet von grosser Aufmerksamkeit der Presse. (111). Das Urteil vom 13. Juli 1934 lautete wegen Veruntreuung von 389.000 RM auf vier Monate Gefängnis, die durch Untersuchungshaft bereits verbüsst waren. Gegen das Urteil war Berufung nicht möglich. Die Revision, die Hermes erstrebte, wurde durch Amnestie vom 7. August 1934 (112) unmöglich gemacht.

Die Bemühungen von Hermes um Wiederaufnahme des Verfahrens blieben erfolglos. Seine Stellungnahme gegen das Urteil ist niedergelegt in einer 380 DIN A4 Seiten umfassenden, am 21. Dezember 1935 abgeschlossenen Broschüre: "Zusammenstellung der Widersprüche, Irrtümer und Unvollständigkeiten in der schriftlichen Begründung zu dem gegen Dr. Hermes ergangenen Urteil der 11. grossen Strafkammer des Landgerichts Berlin vom 13. Juli 1934." Diese umfangreiche Schrift wurde, wie der damalige Staatssekretär im Reichsjustizministerium Freisler Hermes in einem Brief vom 17. Februar 1936 mitteilte, zu den Strafakten gelegt, konnte aber keine Änderung der Rechtslage herbeiführen.

Eine kritische Würdigung des Verfahrens gegen Hermes kann im Rahmen dieser Arbeit nicht das Ziel haben, die rechtliche Seite des Falles aufzurollen. Auch einem Juristen dürfte es heute unmöglich sein, zu einem unanfechtbaren abschliessenden Urteil zu gelangen. Die noch vorhandene, sehr schmale Materialbasis lässt dies nicht zu (113). Die Quellenlage und die Schwierigkeiten, denen sich die Prozessführung schon 1934 gegenübersah, schliessen eine juristische Durchleuchtung des Prozesses heute aus. Schon das Berliner Tageblatt (114) schrieb am Tage der Urteilsverkündung,

(110) 1934: 7., 9., 11., 14., 16., 18., 23., 25., 28. +30. Mai; 1., 4., 6., 8., 12., 13., 15., 18., 20., 22., 25. + 27. Juni; 2., 4., 9., 11. + 13. Juli.
(111) S. u.
(112) RGBl 1934 I, Nr. 95, S. 769/70.
(113) Die Prozessakten sind laut Schreiben des Generalstaatsanwalts, Berlin, vom 19. IX. 1967, verbrannt durch Kriegseinwirkung. Vorhanden ist lediglich ein Ormig-Urteil von 239 DIN A4 Seiten. Weiter standen mir zur Verfügung die oben zitierte Schrift von Hermes und eine 37 Seiten und vier ausführliche Anlagen umfassende Stellungnahme des Barons v. Lüninck, die sich aus von Hermes an die Vereinigung gestelltem Anspruch auf Ersatz der Prozesskosten und dadurch ausgelöstem neuen Prozess Vereinigung contra Hermes 1943/44 ergab.
(114) Nr. 327, 13. VII. 1934 aus Privatbesitz (v. Lüninck).

es habe sich um einen ungewöhnlich schwierigen Stoff gehandelt, die Länge der verflossenen Zeit erschwere den Prozess, die beiden Hauptzeugen Klepper und Klimm seien nicht verfügbar gewesen, und so resümierte die Zeitung:

"Das in hundert Bänden niedergelegte Material hat zwar in wesentlichen Punkten einen Einblick in die Gestaltung der Dinge gewährt, aber kein völlig klares Bild über die Entschlüsse gegeben, die damals eine Rolle spielten."

Historisch-politische Beurteilung des Verfahrens gegen Hermes 1933/34

Ganz allgemein sei einer Beurteilung des Verfahrens die grundsätzliche Überlegung vorausgeschickt, dass man sich davor hüten muss, aus der Tatsache, dass der Prozess zur Zeit des Nationalsozialismus stattfand, die Folgerung zu ziehen, es habe sich um einen "Naziprozess" gehandelt. Bis 1934 kann zweifellos noch nicht von einer völligen Gleichschaltung der Justiz gesprochen werden (115). Zum anderen muss man im Fall von Hermes zwischen Anklage und Urteil genau unterscheiden. Die Anklage war zweifellos politisch motiviert (siehe die voraufgehenden Darlegungen, die die Gründe für die Ausschaltung von Hermes angeben) und gehört in die "Korruptionswelle" vom Frühjahr und Sommer 1933 (116). Das Urteil dagegen scheint nicht politisch gefärbt zu sein, wohl aber juristisch angreifbar. Das ausführliche Urteil sagt nach der Freisprechung von der aktienrechtlichen und genossenschaftlichen Untreue zum Strafmass:

"Was die Strafzumessung anbelangt, muss vor allem der Persönlichkeit des Angeklagten Rechnung getragen werden. Dieser ist mit besonderen geistigen Eigenschaften ausgestattet. Er verfügt über eine bedeutende wirtschaftliche Erfahrung, eine ungemein schnelle Auffassungsgabe und eine ungewöhnliche rednerische Gewandtheit. Der Angeklagte hat infolge seiner hervorragenden Stellung im politischen Leben eine grosse Rolle gespielt und ein sehr weitgehendes Vertrauen genossen. Dieses ihm in besonders hohem Masse geschenkte Vertrauen hat der Angeklagte missbraucht. Er hat öffentliche Gelder, bei deren Verwendung er besonders sorgfältig hätte vorgehen müssen, auftragswidrig verwendet.

Andererseits müssen die besonderen Zeiten, in denen die Veruntreuung erfolgt ist, berücksichtigt werden. Besonders zugunsten des Angeklagten fällt ins Gewicht, dass er die veruntreuten Gelder nicht seinen persönlichen Zwecken dienstbar gemacht hat. Die Gelder sind der Vereinigung zugeführt worden, die ihrerseits sie zu allgemein volkswirtschaftlichen Zwecken verbraucht hat oder noch verbrauchen wollte. Die Vereinigung hat nach der Darstellung des Zeugen Kayser unter der Präsidentschaft des Angeklagten einen grossen Aufschwung genommen und sich mit allen die Landwirtschaft angehenden Fragen eingehend beschäftigt. Es handelt sich damit nicht um einen der üblichen Korruptionsfälle." (117)

Hier wie überhaupt bei der Lektüre des ganzen Urteils gewinnt man den Eindruck, dass die Prozessführung selbst sachlich nach rein juristischen Kriterien vorgenommen wurde und politisch unbeeinflusst war. Nirgends

---

(115) Vgl. "Spiegel" 11. III. 1968, Nr. 11, 22. Jg., S. 32 zum Lübke-Prozess, einem Parallel-Fall zum Verfahren gegen Hermes: "So hat zwar Heinrich Lübke nicht eingesessen, weil er politisch verfolgt war. Aber weil er eingesessen hat, ist er zum Verfolgten des Nazi-Regimes geworden."

(116) Vgl. Bülow-Gutachten zum Lübke-Fall.

(117) Urteil der 11. grossen Strafkammer des Landgerichts Berlin vom 11. Juli 1934 gegen Dr. Andreas Hermes, S. 237/8.

finden sich parteipolitische Vorwürfe gegen den Angeklagten. Statt dessen werden sogar die besonderen Zeitumstände mildernd ins Feld geführt und festgestellt, dass die veruntreuten Gelder - nur etwa 11% der gesamten Gelder gegenüber etwa dem Drittel, das die Anklageschrift als veruntreut bezeichnet hatte - nicht zur persönlichen Bereicherung verwandt, sondern zu allgemein volkswirtschaftlichen Zwecken verbraucht wurden - ein Argument, das 1934 von grossem Gewicht war. Das abschliessende Urteil, es handle sich nicht um einen der üblichen Korruptionsfälle, ist angesichts der Darstellung in der Presse, die von einem für die "Systemzeit" typischen Korruptionsfall gesprochen hatte, wenn nicht als mutig, so doch auf jeden Fall als beachtlich zu bezeichnen und scheint mir von weitgehender richterlicher Unabhängigkeit auch 1934 noch zu zeugen. Denn die Presse hatte den Prozess als Teil einer Säuberungsaktion, als Aufräumen mit dem korrupten "System" dargestellt. So schrieb "Der Angriff" (118), es handle sich um einen Prozess "gegen eine Koryphäe des abgewirtschafteten marxistischen Systems." Die Berliner Illustrierte (119) berichtete vom Prozess unter der Überschrift "das schwarz-rote System wieder am Pranger", die Volksparole (120) schrieb, "eine ehemalige Systemgrösse" ziere einmal wieder die Anklagebank, eine Formulierung, die sich in Abwandlungen immer wieder findet. So schrieb z. B. der Hannoversche Anzeiger (121), nachdem er mehrere fragwürdige Episoden der politischen Laufbahn von Hermes gross herausgestrichen hatte:

"Dass ein solcher Mann überhaupt einmal eine derartige Rolle im politischen Leben spielen konnte, ist bezeichnend für das hinter uns liegende System. Hermes war nicht der einzige, und wenn ein System derartige Sumpfblüten zulässt, dann liegt die Schuld in ihm selbst. Der Fall Andreas Hermes ist die schärfste Verurteilung dieses Systems."

Juristisch angreifbar scheint Folgendes zu sein:

1. Die Begründung des Untreue-Vorwurfs auf Grund der zumindest anfechtbaren Annahme von einem Auftragsverhältnis Preussische Zentralgenossenschaftskasse - Hermes, der Hermes die Feststellung gegenüberstellte, es habe sich um einen Vertrag auf Gegenseitigkeit mit Leistung und Gegenleistung gehandelt, der überhaupt die Möglichkeit der Untreue ausschloss. (122)

2. Die enge Auslegung der Reichsrichtlinien für die Rationalisierung als a) allein auf Genossenschaften und nicht wirtschaftspolitische Organisationen wie die Vereinigung der deutschen Bauernvereine anwendbar und b) deren Verbindlichkeit auch für die Preussische Zentralgenossenschaftskasse (123).

3. Da es sich bei der Verteilung der Rationalisierungsgelder weitgehend um Ermessensfragen handelte, wie das Urteil selbst zugibt, scheint mir die Tatbestandsfeststellung auf unsicherem Grund zu ruhen.

4. Falsche Anwendung der Amnestie von 1934, was für die Anfechtung des Urteils von Bedeutung war. (124)

(118) Berlin, 7. V. 1934, aus Privatbesitz (v. Lüninck).
(119) Nr. 105, 7. V. 1934, aus Privatbesitz (v. Lüninck).
(120) Düsseldorf, 8. V. 1934, aus Privatbesitz (v. Lüninck).
(121) 18. VII. 1934: Das "System auf der Anklagebank", aus Privatbesitz (v. Lüninck).
(122) Dieser Auffassung von Hermes entspricht die "Kaufpreis-Theorie" Lübkes; vgl. Bülow-Gutachten.
(123) Vgl. Bülow-Gutachten.
(124) Die Familie Hermes, die sich auf persönliche Erfahrungen und Erinnerungen beruft, ist der Auffassung, es habe sich um einen politischen

Zu welcher Beurteilung man auch immer im Hinblick auf das Verfahren kommen mag, im Zusammenhang dieser Untersuchung interessiert hier im Grunde nur eines: Hermes wurde als potentieller Gegner des Regimes bei Beginn der Gleichschaltung der Landwirtschaft, den Vorbereitungen für den Reichsnährstand, politisch ausgeschaltet.

Prozess gehandelt. Diese Interpretation lässt sich nicht beweisen, aber nach dem vorhandenen Material auch nicht widerlegen. - vgl. zur Version der Familie Hermes die Darstellung bei Reichardt, S. 137 bis 151.

Schluss

1933 hatte somit auch für das persönliche Schicksal von Hermes die entscheidende Zäsur gebracht. Während des Nationalsozialismus hatte Hermes in Deutschland keine Möglichkeit mehr zu beruflicher Betätigung, suchte sie wohl auch nicht. Im März 1936 ging er für drei Jahre als Wirtschaftsberater der Kolumbianischen Regierung nach Bogota. Im Ausland, nicht in der Emigration lebend, dort aber von aussen her gewiss besser informiert und mit einem klareren Urteil über die Vorgänge in Deutschland als diejenigen, die im Reich lebten und zwangsläufig gewisse Bindungen mit dem Regime eingehen mussten, wollte Hermes 1939 seine ganze Familie nach Kolumbien nachholen; ein Beweis dafür, dass ihn, der sich ausgesprochen als Deutscher fühlte, nichts an das Nazi-Deutschland band. Mit Kriegsausbruch in Deutschland geblieben, nahm er während des Krieges Kontakte zum Goerdeler-Kreis auf, stellte sogar mehrfach sein Haus zu Besprechungen zur Verfügung, erklärte sich bereit, nach dem Tage X einer neuen deutschen Regierung anzugehören und geriet so auf die Ministerliste Goerdelers und in den Kreis der Verhafteten des 20. Juli. Zum Tode verurteilt, allein einem Zufall das Leben verdankend, erfuhr Hermes aus den Erfahrungen des Widerstandes Impulse für den Neuanfang 1945. Als einer der zum Tode Verurteilten sass Hermes bei Kriegsende und dem Einmarsch der Russen im Mai 1945 in Berlin im Gefängnis in der Lehrter Strasse. Unmittelbar nach der Entlassung aus dem Gefängnis (25. April 1945) begann für Hermes eine rege administrative und politische Tätigkeit, die mit dem Schwerpunkt in der alten Reichshauptstadt ein Sprungbrett für eine politische Karriere im ganzen Deutschen Reich abgeben sollte und 1945 auch zu werden schien.
Kaum aus dem Gefängnis in der Lehrter Strasse entlassen, eröffnete sich für Hermes die Möglichkeit, seine organisatorischen Fähigkeiten für den Neuaufbau der alten Reichshauptstadt einzusetzen. Die Initiative ging von Walter Ulbricht aus, der, mit einer kommunistischen Gruppe seit dem 30. April wieder in Deutschland, von der, in ihrer Deutschlandpolitik taktisch noch nicht festgelegten sowjetischen Regierung, den Auftrag erhalten hatte, unter Absehung von Parteigründungen einen Block der kämpferischen Demokratie und überparteiliche antifaschistische Zeitungen zu gründen und mit dem Aufbau der Verwaltungen zu beginnen. Zweck dieses Auftrages war es zweifellos, die zu diesem Zeitpunkt noch allein von der Roten Armee besetzte ehemalige Reichshauptstadt weitgehend unter kommunistische Kontrolle zu bringen. Mit einer Liste fähiger Fachleute ausgerüstet, wandte sich Ulbricht schon Anfang Mai an Hermes. Daraufhin wurde dieser am 7. Mai zum "Chef der Ernährungsabteilung der Städtischen Hauptverwaltung der Stadt Berlin" ernannt und am 13. Mai als 2. Stellvertreter des Oberbürgermeisters Mitglied des Berliner Magistrats. Der Plan von Hermes, das Amt des Ernährungskommissars von Berlin zum Ausgangspunkt für die Erfassung der Zone und weiter für ein zukünftiges Reichsministerium für Ernährung und Landwirtschaft zu machen, scheiterte am Widerspruch der Sowjets. Ende Juli 1945 musste Hermes aus dem Berliner Magistrat ausscheiden (1). Ihm verblieb zu diesem Zeitpunkt noch die führende Rolle in der neu gegründeten Berliner CDU unter

---

(1) Vgl. Hermes, Peter: Ein Versuch mit den Sowjets. Berlin im Mai 1945; in: Die politische Meinung, 10. Jg., Heft 105, Bonn 1965.

dem vollen Namen Christlich Demokratische Union Deutschlands. Infolge eines politischen Kurswechsels erliess die sowjetische Besatzungsmacht am 10. Juni den sogenannten Befehl Nr. 2, in dem nun "für das Territorium der sowjetischen Besatzungszone .... die Bildung und Tätigkeit aller antifaschistischen Parteien und die Vereinigung der Werktätigen in freien Gewerkschaften und Organisationen zum Zwecke der Wahrung der Interessen und Rechte der Werktätigen nicht nur" (2) gestattet, sondern befohlen wurde. In der sowjetischen Deutschlandpolitik hatte sich offenbar eine mittlere Linie, getragen von Semjonow, Shukow und Mikojan, durchgesetzt, die, flexibler taktierend, für ein ungeteiltes Deutschland eintrat. In diesem sollten für eine Übergangszeit auf dem Weg zur sozialistischen Gesellschaft auch nicht-kommunistische Parteien einen gewissen Spielraum für eigene politische Betätigung erhalten (3). Von seiten der Sowjets hat bei dem Erlass des Befehls zweifellos die Erwartung mitgesprochen, von der noch allein von der sowjetischen Armee besetzten Reichshauptstadt und von der sowjetischen Besatzungszone aus Einfluss auf die politische Entwicklung ganz Deutschlands nehmen zu können (4). Zumindest war es ein Versuch, noch vor einer Absprache mit den Alliierten die Entwicklung zu beeinflussen und damit das zukünftige Konferenzergebnis zu präjudizieren. So wurden in der Sowjetischen Besatzungszone eher als in den anderen Besatzungszonen politische Parteien gegründet. Schon einen Tag nach dem Befehl Marschall Shukows wurde der Gründungs-Aufruf der KPD erlassen.

Die Gründungsversammlung einer christlich orientierten Partei fand am 16. Juni im Hause von Frau Gertrud Schaller, einer Tante von Frau Hermes statt. Vorausgegangen waren zahlreiche Besprechungen, an denen unter anderen ausser Hermes als dem Leiter der Zusammenkünfte Theodor Steltzer, Jakob Kaiser, Ernst Lemmer, Josef Ersing, Walther Schreiber, Hans Lukaschek, Otto Lenz und Heinrich Krone teilgenommen hatten. Es sind im wesentlichen die Mitglieder der Berliner Gründung, die von Wieck der engeren Gruppe zugerechnet werden (5). Auf die Gründungsversammlung folgten am 17. und 22. Juni weitere Beratungen. Offiziell an die Öffentlichkeit trat die Partei am 26. Juni mit einem Gründungsaufruf. Am 10. Juli erhielt sie ihre Lizenz von der Sowjetischen Militäradministration (6), worauf am 22. Juli im Theater am Schiffbauerdamm die Gründungskundgebung stattfand. (7)

Nach diesem kurzen Überblick über die äusseren Daten der Parteigründung möchte ich nun auf einige spezifische Merkmale der Berliner CDU und ihre Probleme bis zum Jahresende 1945, d. h. unter Hermes eingehen.

(2) Deuerlein, Ernst: Deutsche Geschichte der neuesten Zeit von Bismarcks Entlassung bis zur Gegenwart. 3. Teil: von 1945-1955. Handbuch der Deutschen Geschichte, Brandt-Meyer-Just Bd. 4, Konstanz 1965, S. 16.
(3) Krippendorff, Ekkehart: Die Liberal-Demokratische Partei Deutschlands in der Sowjetischen Besatzungszone 1945/48. Entstehung, Struktur, Politik. Beiträge zur Geschichte des Parlamentarismus und der politischen Parteien, Bd. 21, Düsseldorf o. J., S. 19 ff.; Schwarz, Hans-Peter: Vom Reich zur Bundesrepublik, Politica Bd. 38, Berlin 1966, S. 421 ff.
(4) Deuerlein ibid., S. 96.
(5) Wieck, Hans-Georg: Die Entstehung der CDU und die Wiedergründung des Zentrums im Jahre 1945. Beiträge zur Geschichte des Parlamentarismus und der politischen Parteien, Bd. 2, Düsseldorf 1952.
(6) Hermes, Peter: Die Christlich-Demokratische Union und die Bodenreform in der Sowjetischen Besatzungszone Deutschlands im Jahre 1945, Saarbrücken 1963, S. 17.
(7) Hermes, Peter, ibid. S. 20; vgl. Hermes-Nachlass, DBV Teil A M 5.

Am einfachsten lässt sich die Partei durch eine ihre Anfangsgeschichte und deren Dokumente einbeziehende Interpretation der einzelnen Komponenten des bewusst programmatisch gewählten Namens charakterisieren. In Fortsetzung einer alten Zentrums-Problematik, nun jedoch aufbauend auf den Erfahrungen des Widerstandes, gelang hier die Bildung einer interkonfessionell-christlichen Partei, der Brückenschlag zwischen den Konfessionen. Der Zentrumsturm (8) war endgültig zerstört und die Erfahrungen des Widerstandes hatten das Verbindende der christlichen Konfessionen über das Trennende gestellt. "Beide Konfessionen wie alle Widerstandsgruppen insgesamt hatten .. über die tagespolitischen und kirchenpolitischen Gegensätze hinaus in gemeinsamer Bedrohung verbindende Substanz erfahren." (9) So wurde es möglich, das Christliche als das Verbindende in den Parteinamen eingehen zu lassen: das schon damals und auch heute noch viel umstrittene "hohe C".

Das Bekenntnis zur Demokratie bedarf nach den Erfahrungen während des Faschismus keiner Erläuterung.

Wohl aber die auffallende Bezeichnung als "Union". Die bewusste Neugründung verfolgte nicht nur das Ziel einer Einigung der Konfessionen, sondern darüber hinaus auch das der Überbrückung der sozialen Gegensätze, Prinzip der doppelten unio, wie Narr (10) es nennt, weshalb man nach verschiedenen Entwürfen sich schliesslich auf den von Hermes vorgeschlagenen Namen "Union" anstelle von Partei entschied (11), denn man wollte keine neue Partei, sondern eine allen Ständen und Klassen geöffnete Volksbewegung sein. ".... es entsprach der sozialen Atomisierung, die sich in dem vorübergehenden Verlust des eigenen Standes- bzw. Klassenbewusstseins ausdrückte, und es kam schliesslich der deutschen Abneigung gegen die politische Aufspaltung in Parteien weit entgegen. Ganz bewusst hatte man den Namen "Union" gewählt, um sich von der Weimarer Parteientwicklung zu distanzieren und das zu werden, was auf demokratischer Basis tatsächlich das bleibend-Neue der CDU in Deutschland gewesen war und ist: Eine Sammlungs- und Volkspartei neuen Typs, die das Volk nicht irgendwie qualitativ fasst, sondern ihm sich anpasst und es in und durch die Anpassung lenkt." (12) Hermes sprach daher von der Sammlungsbewegung. (13)

Schliesslich darf der Bezug auf das ganze Deutsche Reich nicht vergessen werden: Christlich-Demokratische Union Deutschlands. Die Hermes-Schreiber-Gruppe, die bis Ende 1945 die Partei führte und ihr Gesicht entscheidend prägte, verfolgte eine bestimmte Deutschland-Konzeption. Das

(8) Vgl. Julius Bachem: "Wir müssen aus dem Turm heraus", 1906.
(9) Vgl. Begründung von Hermes im Entwurf für eine Erklärung an die "Allgemeine Zeitung", Historisches Archiv beim Sekretariat des Hauptvorstandes der CDU, Berlin (= HA), Nr. 317.
(10) Narr, Wolf Dieter: CDU-SPD. Programm und Praxis seit 1945. Stuttgart 1966, S. 75 f.
(11) Vgl. dazu Brief von Frau Anna Hermes, zitiert bei Reichardt, S. 207/8; Deuerlein, S. 102; Wünschmann, Werner: Zur Deutschland-Konzeption der Führung der CDU in der sowjetischen Besatzungszone 1945-1947. Beiträge zur Geschichte, CDUD, Berlin-Ost 1966, S. 9; Text der Godesberger Rede im Auszug bei Reichardt, S. 45 ff.
(12) Narr, S. 75.
(13) HA Nr. 317, a) Entwurf für Allgem. Ztg., b) Godesberger Rede s. o.; vgl. Kritik Steltzers an den Parteien, Brief an Hermes vom 16. Juli 1948, in: Festschrift Andreas Hermes 1948.

liesse sich an vielen Äusserungen belegen. Die eindeutige Ausrichtung von Hermes am Reichsgedanken - die übrigens auch ganz bestimmte Konsequenzen in Bezug auf die deutsche Aussenpolitik implizierte - zeigte sich u. a. in den Bemühungen vom Herbst 1945, von der Reichshauptstadt Berlin aus auch die politische Entwicklung der Westzonen zu beeinflussen (14) und in der Bezeichnung der Berliner Zentrale als "Reichsgeschäftsstelle". Die hier verfolgte Politik fand ihren Höhepunkt auf dem auf Anregung von Hermes vom 14. - 16. Dezember 1945 in Bad Godesberg abgehaltenen "Reichstreffen".

Der Anspruch, repräsentativ für das ganze Deutsche Reich zu sein, wurde durch die besondere personelle Zusammensetzung der Berliner CDU begünstigt. Erstens konnte die Partei mit berechtigtem Stolz darauf hinweisen, dass ihre Verbindung zum Widerstand nicht nur ideell, sondern auch personell besonders eng war (15). Zweitens war die Berliner CDU durchaus keine lokale Gründung, denn sie rekrutierte sich aus zahlreichen Politikern, die mehr oder minder zufällig zu diesem Zeitpunkt in Berlin waren, so dass die Bezeichnung "Berliner" Gründer nur etwas über den Tagungsort, nicht aber über die Herkunft der Mitglieder aussagt (16). Drittens ist der Berliner Kreis, aufgeschlüsselt nach der früheren politischen Zugehörigkeit seiner Mitglieder, ziemlich gleichmässig aus ehemaligen Anhängern des früheren Zentrums, der Deutschen Demokratischen Partei, der Deutschnationalen Volkspartei und anderer konservativer Parteien - ausgenommen die Deutsche Volkspartei - entstanden (17) und stellte eine Synthese der in den west- und norddeutschen Gruppen der Christlichen Demokraten vertretenen früheren Parteien dar. Die Berliner CDU kann daher als durchaus repräsentativ "für alle früheren politischen Richtungen, die sich unter dem Gesichtspunkt der "Christlichen Demokratie" zusammengefunden hatten," (18) angesprochen werden.

Soweit zur prinzipiellen Charakterisierung der Partei. Ausgespart blieb bisher die wirtschafts- und sozialpolitische Konzeption der Partei unter der Führung von Hermes und Schreiber. Gerade an ihr entzündete sich der Konflikt mit der Sowjetischen Militäradministration, der das politische Schicksal von Hermes Ende 1945/Anfang 1946 entschied. Untrennbar verknüpft mit den Parteigründungen im Bereich der Sowjetischen Militäradministration, überhaupt erst Voraussetzung, Ermöglichung ihres Entstehens und gleichzeitig Begrenzung ihres politischen Freiheitsraumes war die Bildung einer antifaschistischen Einheitsfront oder eines Blockes, auch Antifa-Block genannt. Krippendorff (19) spricht wegen der Gleichzeitigkeit von Parteibildung und Einheitsfront - welche am 14. Juli offiziell konstituiert wurde und der KPD, SPD, CDUD und Liberal-Demokratische Partei Deutschlands beitraten - von einem "Hineingründen" der Parteien in den Block. Dem ideologisch begründeten, wenn auch ausschliesslich negativ bestimmten Einheitsaufruf - gegen Faschismus, Militarismus und Separatismus - konnte sich im Sommer 1945 keine Partei entziehen; auch wäre es nicht opportun gewesen. Denn nur durch Rückhalt bei der Besatzungsmacht und ihrem verlängerten Arm, der KPD, war die Voraussetzung für politische Arbeit gegeben. Diese hofften die bürgerlichen Parteien

(14) Vgl. Schwarz, S. 469, Wieck S. 208 und S. 118, Hermes, P., Bodenreform, S. 82 f., u. a.
(15) Vgl. Reichardt, S. 463.
(16) Godesberger Rede, Reichardt, S. 466 ff.
(17) Vgl. Aufschlüsselung bei Wieck, S. 208.
(18) Wieck, S. 207/8.
(19) Krippendorff, S. 86.

durch Eintritt in die Einheitsfront zu erhalten; d. h. Teilnahme am Einheitsblock war die conditio sine qua non jeder Parteienbetätigung. Den Sowjets sollte der Antifa-Block dazu dienen, die Kontrolle auch der nicht kommunistischen Parteien zu behalten. Die enge Zusammenarbeit von Parteien und Sowjetischer Militäradministration über die KPD sollte durch Mitverantwortung aller politischen Kräfte für notwendige, einschneidende Massnahmen eine Popularitätsbasis schaffen. Auf diese Weise wollte man eine formulierte Kritik unterbinden und, was für die Praxis entscheidend wurde, den Block zum Instrument der Durchsetzung von SED-Zielen machen.

Seit Ende August kam es zu Spannungen über der Frage der Bodenreform. Die CDUD unter Hermes, obwohl sie sich in ihrem Gründungsaufruf (26. Juni) zur Verstaatlichung der Bodenschätze und Heranziehung des Grossgrundbesitzes für Siedlungszwecke ausgesprochen hatte, weigerte sich, den Aufruf der KPD und SPD zur Bodenreform vom 30. August zu unterstützen. Denn trotz aller Bereitschaft, notwendige strukturelle Agrarmassnahmen durchzuführen, fühlte sich die CDUD an das Privateigentum und an das Recht gebunden und lehnte die im Herbst in der Sowjetischen Besatzungszone durchgeführten entschädigungslosen Enteignungen als neues Unrecht schärfstens ab (20). Proteste der CDUD drohten die Einheitsfront zu sprengen. Auch ein Versuch Hermes', die vier Oberbefehlshaber in einem Brief vom September 1945 (21) auf die Vorgänge in der Sowjetischen Besatzungszone aufmerksam zu machen, sie an ihre gesamtdeutsche Verantwortung zu erinnern und sie zu einer gemeinsamen Regelung der Agrarreform für ganz Deutschland zu veranlassen, fruchtete nichts. Damit war der erste entscheidende Schritt zur Spaltung Deutschlands getan.

Der Höhepunkt der Auseinandersetzung wurde im Dezember 1945 erreicht. Mit der Weigerung der CDUD, den Aufruf der Einheitsfront vom 7. Dezember: "Helft den Neubauern!" zu unterzeichnen, womit die Partei faktisch aus dem Block ausschied, war auch das politische Schicksal ihrer Führung besiegelt. Auf Druck der Sowjetischen Militäradministration mussten Hermes und Schreiber von der Parteileitung zurücktreten und Kaiser und Lemmer Platz machen, die allerdings trotz grösserer Konzessionsbereitschaft nach einem Jahr ebenso scheiterten. Direkte Folge der Dezember-Krise war, dass Hermes von der Sowjetischen Militäradministration die Ausreise in die britische Zone für das von ihm initiierte Reichstreffen in Godesberg verweigert wurde. Seine bis dahin unbestrittene Führungsrolle kam in der dreistündigen Verlesung seines Grundsatzreferates zum Ausdruck. Ausserdem stellte sich die Versammlung auch insofern hinter Berlin, als sie einstimmig den Namen "Christlich-Demokratische Union" für alle Zonen annahm, während man bis dahin im Westen von Christlich-Demokratischer Partei gesprochen hatte (22). Dennoch wurden aber schon in Godesberg (14. - 16. Dezember 1945), wie wir heute in Kenntnis der weiteren Entwicklung urteilen können, die Weichen gegen Berlin und Hermes und für eine Anlehnung an den Westen unter der Führung Adenauers gestellt. Man bestellte nämlich einen Ausschuss für die britische Zone und teilte seine Mitglieder nach den beteiligten Ländern auf. Berlin gehörte nicht dazu, wurde aber auch überhaupt nicht erwähnt. Rückblickend müssen wir sagen, dass damit eine prinzipielle Entscheidung gefallen war, die wohl auch von Hermes nicht hätte verhindert, vielleicht jedoch hätte modifiziert werden können. In Ausführung des in Godesberg beschlossenen Planes fand am 22./23. Januar 1946 in Herford eine Tagung des Zo-

(20) HA Nr. 161 und HA Nr. 117.
(21) Hermes, P., Bodenreform S. 42.
(22) Nach Unterlagen und mündlichen Aussagen von Dr. Friedr. Holzapfel.

nenausschusses statt. Hier gelang es Adenauer, der bis dahin nur eine unbedeutende Rolle in der Partei gespielt hatte, taktisch geschickt, seinen gefährlichsten parteiinternen Konkurrenten Hermes durch formal-juristisch korrekte, ihrer Substanz nach politische Einwände auszumanövrieren. Nachdem die Sowjets Hermes in Berlin und der Zone die Möglichkeit politischer Arbeit genommen hatten, scheiterte in Herford - möglicherweise durch die Berliner Dezember-Vorgänge mit beeinflusst - sein Versuch, im Westen politisch Fuss zu fassen.

Ob sein darauf erfolgender Rückzug in die Landwirtschaft Ausdruck der Resignation ist oder ob Hermes - wie in der Weimarer Republik - mit dem Gedanken spielte, diese Tätigkeit zu einem Sprungbrett für die Rückkehr in die Politik auszubauen, ist nicht zu belegen. Wie seine Initiative zur Förderung der Wiedervereinigung Deutschlands zeigt, hat er auch über den Bereich der landwirtschaftlichen Interessenpolitik hinaus in den folgenden Jahren politisch Stellung bezogen. Mit der Wahl zum vorläufigen CDU-Vorsitzenden - endgültige Wahl erst im März 1946 in Neheim-Hüsten - war Adenauer die "Machtergreifung" innerhalb der Partei gelungen.

Aus der Politik im engeren Sinne ausgeschieden und wieder auf die Landwirtschaft zurückgeworfen, wandte sich Hermes, an seine Arbeit vor 1933 anknüpfend, zuerst den beiden landwirtschaftlichen Organisationen zu, in denen auch bis zur "Machtergreifung" Darrés seine Bedeutung gelegen hatte: dem wirtschaftspolitischen Vereins- und dem landwirtschaftlichen Genossenschaftswesen. In Übereinstimmung mit seiner politischen Gesamtkonzeption wünschte Hermes einen die vier, also auch die sowjetische, Besatzungszonen umfassenden Zentralverband ins Leben zu rufen. Das scheiterte jedoch am sowjetischen Widerstand. So wurde am 29. Oktober 1946 in München die "Arbeitsgemeinschaft der Deutschen Bauernverbände" gegründet, die sich nur auf die drei westlichen Besatzungszonen erstreckte. Aus der Arbeitsgemeinschaft ging am 2. Oktober 1948 der "Deutsche Bauernverband e. V. (Vereinigung der Deutschen Bauernverbände)" hervor, deren Präsident Hermes wurde.

Der Aufbau des Genossenschaftswesens, schon seit dem Herbst 1945 vorbereitet, führte über eine Arbeitsgemeinschaft auf britischer Zonenbasis, der Ausweitung auf die west- und süddeutschen Besatzungszonen und einer ersten grossen Tagung 1947 zur Gründung des Deutschen Raiffeisenverbandes als Spitzenorganisation der ländlichen Genossenschaften der drei Westzonen (8. November 1948). Auch hier hiess der erste Präsident Hermes.

Im Dezember 1949 gründete Hermes den "Zentralausschuss der Deutschen Landwirtschaft", in dem der Deutsche Bauernverband, der Deutsche Raiffeisenverband, die Deutsche Landwirtschaftsgesellschaft und der Verband der Landwirtschaftskammern zusammengefasst wurden. Für die Wiederbelebung des Agrarkredits setzte sich Hermes durch die Errichtung der Deutschen Rentenbank Kreditanstalt und der Deutschen Zentralgenossenschaftskasse (beide 1947) ein.

Infolge seines internationalen Ansehens, das vom Nazi-Regime unbelastet geblieben war, wurde es der deutschen Landwirtschaft durch den Einfluss von Hermes erleichtert, die Zusammenarbeit mit dem Ausland schnell wieder aufzunehmen. Das geschah durch die Mitwirkung von Hermes bei der Gründung des Verbandes der Europäischen Landwirtschaft (Conféderation Européenne d'Agriculture = CEA), dessen Präsident Hermes fünf Jahre war. Daneben stand die Aufnahme des Deutschen Bauernverbandes und des Deutschen Raiffeisenverbandes in den Internationalen Verband Landwirtschaftlicher Erzeuger (International Federation of Agricultural

Producers = IFAP), dessen Vizepräsident Hermes ebenfalls 1953 wurde. Von 1952-54 war Hermes deutscher Hauptdelegierter bei der Europäischen Konferenz über die Organisation der Agrarmärkte (Pool vert, Paris).

Nach diesem Katalog, der nur die wesentlichsten Funktionen von Hermes in der deutschen und internationalen Landwirtschaft aufzählt - zu nennen wäre noch die Tätigkeit von Hermes als Mitglied des 1947 gegründeten Zweizonenwirtschaftsbeirates in Frankfurt, in dem Hermes Vorsitzender des Ausschusses für Ernährung und Landwirtschaft war -, nimmt es nicht Wunder, dass der erste Bundespräsident Heuss ihn den "grand old man der deutschen Landwirtschaft" nannte (23), eine Bezeichnung, die vielfach abgewandelt - "der grosse alte Mann der deutschen Landwirtschaft", "der Vater der deutschen Landwirtschaft" - sich durchgesetzt hat. Zweifellos liegt die Bedeutung von Hermes in dem, was er für die deutsche Landwirtschaft sowohl in Weimar als auch in der Bundesrepublik geleistet hat, wobei ihm nach 1945 trotz seines hohen Alters, begünstigt durch die gewandelte Situation, grösserer Erfolg beschieden war.

Auf dem Hintergrund der nunmehr bekannten biographischen Fakten und der mit ihnen verbundenen Probleme mag es sinnvoll erscheinen, die zeitgeschichtliche Bedeutung einer Biographie über Andreas Hermes herauszustellen. Das soll anhand einer Einordnung der entscheidenden Etappen seines Lebens in den Gang der jüngsten deutschen Geschichte geschehen.

Geboren im Jahr des Berliner Kongresses und des innenpolitischen Kurswechsels (1878), war Hermes schon zwölf Jahre alt, als Bismarck gestürzt wurde, vierzig, als die Monarchie zusammenbrach; d. h. er empfing seine entscheidenden, prägenden Eindrücke in der preussischen Kaiserzeit, in der er sich jedoch politisch nicht engagierte, vielmehr eine beachtliche, wenn auch nicht aussergewöhnliche Karriere als akademisch gebildeter Landwirt durchmachte, dem infolge seiner Begabung der soziale Aufstieg aus dem Kleinbürgertum gelang. Die Landwirtschaft, seit 1878 an die Bismarcksche Schutzzollpolitik gewöhnt, hatte grosse Schwierigkeiten bei der Umstellung auf den Liberalismus der Caprivizeit, was zu einer agrarpolitischen Auseinandersetzung in den Jahren führte, als Hermes Landwirtschaft studierte. Die innenpolitische Bedeutung der Unruhe unter den Bauern zeigt sich daran, dass der 1893 gegründete Bund der Landwirte neben der SPD zur mächtigsten politischen Massenorganisation im Deutschen Reich wurde. (24)

Durch Vermittlung eines ehemaligen Lehrers zu Beginn der Weimarer Republik als agrarischer Fachmann tätig, gelang Hermes, fachlich vorbereitet und durch konfessionelle Beziehungen vom Zentrum lanciert, der Absprung in die Politik. Der Reichsminister Hermes, Fachmann ohne parteipolitische Erfahrung und Schulung, die er erst nach 1924 nachzuholen begann, verstand es, sich in fünf Kabinetten während der Phase der "katholischen Demokratie" (25) zu behaupten, dabei allerdings vom konservati-

(23) Andreas Hermes, 80 Jahre. Ein Bericht über die Feier am 16. Juli 1958, Neuwied 1958.

(24) Puhle, Hans-Jürgen: Agrarische Interessenpolitik und preussischer Konservativismus, in: Schriftenreihe des Forschungsinstituts der Friedrich-Ebert-Stiftung, B: Hist.-Polit. Schriften, Hannover 1967.

(25) Rosenberg, Arthur: Entstehung der Weimarer Republik, res novae Bd. 8, Frankfurt/M. 1961; Geschichte der Weimarer Republik, res novae Bd. 9, ibid; vgl. die Kritik Morseys an diesem Begriff in: Morsey, Rudolf: Die Deutsche Zentrumspartei 1917-23. Beiträge zur Geschichte des Parlamentarismus und der politischen Parteien, Bd. 32, Düsseldorf 1966.

ven Ernährungs- zum Finanzministerium überwechselnd. Obwohl zeitweise (1923) sogar als Anwärter für das wichtige Aussenministerium und den Kanzlerposten im Gespräch, gehörte er doch nicht zur ersten Garnitur der Politiker. Aber immerhin aus kleinbürgerlichem Milieu in die Gruppe der Ministrablen aufgestiegen, ist er zweifellos ein typischer Repräsentant der zweiten Gruppe Weimarer Politiker. In den schwierigen Anfangsjahren der Republik hat Hermes von zentraler Stelle aus am Aufbau des neuen Staates teilgenommen. Er hat das neu gegründete Reichsernährungsministerium auf- und ausgebaut, die Ernährungslage des Deutschen Reiches aus den Schwierigkeiten der Nachkriegszeit in eine von zwangswirtschaftlichen Bindungen befreite Aufschwungperiode übergeleitet und die abgerissenen Beziehungen zum Ausland neu geknüpft. Dabei kamen ihm seine Erfahrungen bei der Deutschen Landwirtschaftsgesellschaft und in Rom zustatten. Als Reichsfinanzminister hat Hermes einen wichtigen Beitrag zur Regelung der Reparationsfrage, einem der entscheidenden Probleme der Weimarer Republik, geleistet (Genua) und 1923, auf dem Höhepunkt der Krise, den Ruhrkampf zu finanzieren und die Inflation aufzuhalten versucht, was beides gleichzeitig fast unmöglich zu erreichen war und ihm mit den klassischen Massnahmen der Finanzpolitik nicht gelang.

Während der scheinbar sicheren Stabilisierungsperiode 1924-28 von der politischen Bühne verschwunden und auch beruflich keine dauernde Tätigkeit ausübend, bereitete Hermes sein politisches Come-Back durch Eintritt in den Preussischen Landtag (1924) und Wiederaufnahme der Beziehungen zur Landwirtschaft (Raiffeisenbank, Enquêteausschuss) vor. Nach 1928 gelang es ihm, sich einen wachsenden Einfluss in der deutschen Landwirtschaft zu sichern und sich, von seiner Hausmacht, den christlichen Bauernvereinen West- und Süddeutschlands, ausgehend, zum Sprecher der deutschen Landwirtschaft bei der Regelung der Handelsbeziehungen mit Polen und als einer der Vertreter der Grünen Front der Reichsregierung gegenüber zu machen. Als er 1930 auch noch die Leitung des genossenschaftlichen Einheitsverbandes übernahm, musste die Reichsregierung mit ihm als geschicktem Taktiker und Interessenvertreter bei wirtschaftspolitischen Massnahmen rechnen. Da seit der Wirtschaftskrise Politik weitgehend auf Wirtschaftspolitik reduziert war, die Landwirtschaft aber besonders früh und besonders schwer von der Krise erfasst wurde, gehört Hermes unbedingt in ein einigermassen abgerundetes Bild der letzten Periode des Weimarer Staates.

Hier tritt nun die Frage nach der Einstellung zum Nationalsozialismus auf. Das gängige Bild von "der" deutschen Landwirtschaft, die, wenn nicht schon vor 1933 nationalsozialistisch, so doch seitdem ideologisch fest auf das Nazi-Regime eingeschworen gewesen sei, - dies Bild lässt sich gerade am Beispiel von Hermes korrigieren. An ihm zeigt sich, dass es "die" deutsche Landwirtschaft ebensowenig gegeben hat wie "die" Industrie, obwohl in der Landwirtschaft eine grössere Einheitlichkeit herrschte als in der stärker individualistischen Industrie. Trotz vielfältiger Affinitäten zwischen Bauernromantik, vom Katholizismus genährtem Ständestaatsdenken und nationalsozialistischer Blut- und Boden-Ideologie, Gedanken, die auch Hermes nicht fremd waren, hat er doch, ein "konservativer Demokrat", die Republik bejaht und, obwohl er einen rechts orientierten "starken Staat" wünschte, den Rechtsradikalismus abgelehnt. Dem Aufbau des totalitären Staates im Wege stehend, wurde er am Tag der "nationalen Erhebung" von der ersten "Säuberungswelle" erfasst, was ein bezeichnendes Licht auf den Tag von Potsdam wirft. Denn, wie Hermes 1934 im Urteil zwischen den Zeilen sogar bescheinigt wurde, war er trotz Ablehnung des Nationalsozialismus ausgesprochen national. Aber das Anknüpfen der neuen

Machthaber an preussisch-deutsche Traditionen am 21. März 1933 war ebenso blosse Fassade wie der Vorwurf der Korruption gegen Hermes nur willkommener Anlass für seine Ausschaltung bei der Vorbereitung des Reichsnährstandes war.

Nicht zu Unrecht als Gegner des nationalsozialistischen Regimes abgestempelt, fand Hermes aus der äusseren - drei Jahre in Kolumbien - und inneren Distanz den Weg zum Widerstand. Die hier gewonnenen neuen Erfahrungen führten aus der tödlichen Bedrohung (20. Juli 1944) zum Neuanfang 1945. Wie nach dem Ersten Weltkrieg widmete er sich wieder der Organisierung der vordringlichen Ernährungsfrage, diesmal allerdings auf den Raum Gross-Berlin beschränkt. Als Mitglied des Magistrats von Berlin wie als Parteigründer auf ein wiedervereinigtes Deutsches Reich mit der Hauptstadt Berlin ausgerichtet, wurde ihm diese Hoffnung genommen, als mit der Einführung der Bodenreform in der Sowjetischen Besatzungszone die Teilung Deutschlands auf sozialem Gebiet eingeleitet wurde. Sein Protest gegen diese Massnahme - menschlich imponierend, da trotz stärksten psychischen Druckes und Erpressung aufrechterhalten - führte zum Bruch mit der Sowjetischen Militäradministration. Damit auch parteipolitisch jeglichen Rückhaltes beraubt, konnte er sich auch in der CDU der britischen Zone nicht durchsetzen.

Obwohl Hermes dem skrupelloseren Adenauer auch in günstigerer Position kaum gewachsen gewesen wäre, ist es doch reizvoll, die noch Anfang Dezember 1945 nicht unrealistische Möglichkeit einer Kanzlerschaft von Hermes in Gedanken durchzuspielen und sich zu überlegen, welcher Weg in der Aussenpolitik unter einem stärker am Reichsgedanken orientierten, einem Gespräch mit den Sowjets geneigteren Regierungschef eingeschlagen worden wäre. Derartige Spekulationen waren jedoch schon Anfang 1946 Utopie. Als Hermes im Herbst 1946 nach schwerer Krankheit als 68jähriger die Arbeit wieder aufnehmen konnte, widmete er sich ausschliesslich dem Wiederaufbau der deutschen Landwirtschaft. Nachdem in seinem Leben seine Arbeit infolge der Zeitumstände immer wieder in den Anfängen abgebrochen war, konnte er nun ein dauerhaftes Werk aufbauen. Die durch Hermes hergestellte personelle Kontinuität ermöglichte es der deutschen Landwirtschaft nach 1945, mit ihm als ihrem Repräsentanten unbelastet durch den Nationalsozialismus an die Tradition vor 1933 anzuknüpfen.

Der Überblick über den Lebensweg von Andreas Hermes zeigt: Die Beschäftigung mit ihm führt an die wesentlichen Etappen der deutschen Zeitgeschichte heran. Die in Hermes verkörperte personelle Kontinuität verbindet in einer Zeit, die politisch durch Diskontinuität und den Bruch von Traditionen gekennzeichnet ist, fast ein halbes Jahrhundert deutscher Geschichte. Wenn man will, kann man ausserdem die Lehr- und Wanderjahre im wilhelminischen Kaiserreich hinzuziehen, in denen Hermes das Fundament seiner späteren Bedeutung legte, und kann dann eine Linie von der preussischen Kaiserzeit über die Weimarer Republik und das nationalsozialistische Regime zur Bundesrepublik Deutschland ziehen. Bezeichnend, dass diese Verbindung von einem Mann hergestellt wird, der nicht primär Politiker, sondern Fachmann und Interessenvertreter war, darüber allerdings bis in die zweite Reihe der Politiker aufstieg. Sozialgeschichtlich interessant und für den Aufstieg Deutschlands nach den Katastrophen von 1918 und 1945 bedeutsam, dass es, wofür Hermes als hervorragender Vertreter gelten kann, trotz der Zusammenbrüche eine Schicht gut ausgebildeter, leistungsfähiger Fachleute gab, denen in erster Linie die Bewältigung der lebensnotwendigen Alltagsfragen zu verdanken ist. In den Notzeiten nach den beiden verlorenen Kriegen und der Zeit der Weltwirtschaftskrise, als der Entscheidungsspielraum und die Entfaltungsmöglichkeiten für Politiker relativ eng waren, fand Hermes eine Möglichkeit, sein Können wirkungsvoll einzusetzen Nicht zufällig liegt daher in diesen Zeiten das Hauptgewicht seiner Bedeutung (26).

(26) Hermes starb am 4. Januar 1964 in Krälingen/Eifel.

Quellen- und Literaturverzeichnis

I. Ungedruckte Quellen

1. Bundesarchiv Koblenz (BA)

   Reichskanzlei R 43 I
   Reichsfinanzministerium (betr. Osthilfe) R 2
   Reichsministerium für Wiederaufbau R 38
   Kleine Erwerbungen
   Zeitgeschichtliche Sammlung
   Nachlass Dietrich
   Nachlass Schlange-Schöningen

2. Deutsches Zentralarchiv Potsdam (DZA)

   Auswärtiges Amt (AA)
   Büro des Reichspräsidenten (Büro des RP)
   Deutsche Reichsbank (Dtsch. Reichsbank)
   Reichslandbund Schriftwechsel (RLB-Schriftwechsel)
   Deutscher Landwirtschaftsrat
   Reichswirtschaftsministerium
   Reichslandbund Zeitungsausschnittsammlung (Teil des Pressearchivs des ehemaligen Reichslandbundes aus dem Museum für Deutsche Geschichte, Berlin) (RLB-Ztgs.-Ausschnittsammlung)

   Reichsministerium des Innern (RMdI)

3. Politisches Archiv des Auswärtigen Amtes Bonn (AA)

   Politische Abteilung IV: Polen
   Abteilung IV - Wirtschaft: Polen
   Sonderreferat Wirtschaft
   Direktoren: Handakten
   Delegationen, Bevollmächtigte, Kommissionen

4. Pressearchiv des ehemaligen Reichslandbundes, Museum für Deutsche Geschichte, Berlin (Reichslandbund-Archiv)

5. Schorlemer Archiv des Westfälisch-Lippischen Landwirtschaftsverbandes, Münster, Abteilung 1 (SchAM)

6. Historisches Archiv beim Sekretariat des Hauptvorstandes der CDU, Berlin (HA)

7. Hermes-Nachlass im Archiv des Deutschen Bauernverbandes (DBV), Bad Godesberg; für den Zeitraum nach 1945 Teil A, Mappen (M)

8. aus Privatbesitz:
   a) Dr. Friedr. Holzapfel

b) Nachlass ten Hompel
c) Dr. Dr. Ferd. Jacobs
d) Herm. Frhr. v. Lüninck

9. Urteil der 11. grossen Strafkammer des Landgerichts Berlin vom 13. Juli 1934 gegen Dr. Andreas Hermes

II. Gedruckte Quellen und Literatur (Zitierweise: Taucht ein Titel zum ersten Mal auf, so wird er vollständig angegeben. Danach werden nur noch der Verfasser und die Seitenzahl genannt. In Zweifelsfällen - wenn mehrere Veröffentlichungen eines Verfassers in der Arbeit herangezogen wurden - wird auch der abgekürzte Titel aufgeführt.)

Abel, Wilhelm: Agrarpolitik. Grundriss der Sozialwissenschaften Bd. 11. Göttingen ^{3}1967.

Adenauer, Konrad: Erinnerungen. Bd. I: 1945-1953. Stuttgart 1965.

d'Abernon, E. V. Viscount: Ein Botschafter der Zeitenwende. 3 Bände. Leipzig 1929/30.

Aereboe, Friedrich: Der Einfluss des Krieges auf die landwirtschaftliche Produktion in Deutschland. Stuttgart 1927.

Alnar, K.: Der Bauernverein des Nordens. Handbuch zur schleswigschen Frage, Bd. 2. Kiel 1929.

Angress, Werner T.: The Political Role of the Peasantry in the Weimar Republic; in: Review of Politics 21, 1959, p. 530-49.

Archiv des Deutschen Landwirtschaftsrats. Bde. 40-51. Berlin 1920-33.

Ausschuss zur Untersuchung der Erzeugungs- und Absatzbedingungen der deutschen Wirtschaft (Enquêteausschuss). Verhandlungen und Berichte des Unterausschusses für Landwirtschaft. Berlin 1928-1931.

Baade, Fritz: Schicksalsjahre der deutschen Landwirtschaft. Berlin 1933.

- : Sozialdemokratische Agrarpolitik. Berlin 1927.

Festschrift für Fritz Baade zum 65. Geburtstag: Gegenwartsprobleme der Agrarökonomie. Hamburg 1958.

- : Deutsche Roggenpolitik; in: Schriftenreihe der Deutsche Volkswirt, 10. Berlin 1931.

Bachem, Carl: Vorgeschichte, Geschichte und Politik der Deutschen Zentrumspartei. 9 Bände. Köln 1927/1932.

Backe, Herbert: Das Ende des Liberalismus in der Wirtschaft. Berlin 1938.

- : Um die Nahrungsfreiheit Europas. Weltwirtschaft oder Grossraum. Leipzig 1943.

Bäcker, Walter: Wesen und Entwicklungstendenzen der landwirtschaftlichen Berufsvertretung in der Rheinprovinz. Agrar. Diss. Bonn 1928.

Bauer, Clemens: Deutscher Katholizismus. Entwicklungslinien und Profile. Frankfurt/Main 1964.

Der Fränkische Bauer. 36. Jahrgang 1928-41. Jahrgang 1933. Würzburg.

Rheinischer Bauer. 44. Jg. 1926-51. Jg. 1933. Köln.

Westfälischer Bauer, Organ des Westfälischen Bauernvereins. 57. Jg. 1926 bis 64. Jg. 1933. Münster.

Deutsche Bauernschaft (Hrsg.): Die agrarpolitische Lage des deutschen Bauernstandes. Berlin 1931.

Deutsche Bauernschaft (Hrsg.): Agrarpolitik in Zahlen. Berlin 1931.

Rheinischer Bauernverein (Hrsg.): Bericht über die Vorgänge, die zum Austritt des Rheinischen Bauernvereins aus der Vereinigung der deutschen Bauernvereine geführt haben. Köln 1927.

Befehle des Obersten Chefs der Sowjetischen Militäradministration. Sammelheft 1, 1945. Berlin 1946.

Behnke, Walter: Die Entwicklung der landwirtschaftlichen Spitzenorganisationen. Diss. Breslau 1929.

Beiträge zu einem Agrarprogramm. Veröffentlichungen des Reichsverbandes der deutschen Industrie, 52. Berlin 1930.

Bergmann, Carl: Der Weg der Reparation. Von Versailles über den Dawesplan zum Ziel. Frankfurt/Main 1926.

Bergstraesser, Ludwig: Geschichte der politischen Parteien in Deutschland. München^{10}1960.

Berichte über Landwirtschaft. Zeitschrift für Agrarpolitik und internationale Landwirtschaft, hrsg. vom Reichsministerium für Ernährung und Landwirtschaft. Berlin Hamburg. 1 - 41, 1907-19, Neue Folge 1 - 157, 1924-43.

Stenographische Berichte über die Verhandlungen des Reichstags. Bde. 333 ff.; (zitiert als: RT Bd. ...).

Bensch, Paul: Währungszerfall und Währungsstabilisierung. Hrsg. von G. Briefs und C. A. Fischer. Berlin 1928.

Beyer, Hans: Die Landvolkbewegung Schleswig-Holsteins und Niedersachsens 1928-1932. Jahrbuch der Heimatgemeinschaft des Kreises Eckernförde. Eckernförde 1957.

- : Die Agrarkrise und das Ende der Weimarer Republik; in: Ztschr. f. Agrargeschichte und Agrarsoziologie 13, 1965.

Böhme, Karl: Zum Streit der landwirtschaftlichen Organisationen. Ein Wort der Abwehr. Berlin o. J. (1928).

Bondi, Gerhard: Die Weltwirtschaftskrise im Spiegel westdeutscher Geschichtsschreibung; in: Jahrbuch für Wirtschaftsgeschichte Bd. II, S. 11-25. Berlin 1965.

Borcke-Stargordt, Henning Graf v.: Der ostdeutsche Landbau zwischen Fortschritt, Krise und Politik. Ein Beitrag zur Agrar- und Zeitgeschichte. Ostdeutsche Beiträge aus dem Göttinger Arbeitskreis 3. Würzburg 1957.

Born, Karl Erich: Die deutsche Bankenkrise 1931. Finanzen und Politik. München 1967.

Boyens, Wilhelm Friedrich (Hrsg. Lehnich, O.): Die Geschichte der ländlichen Siedlung. Berlin - Bonn. Bd. I: Das Erbe Max Serings. 1959. Bd. II: Das wirtschaftliche und politische Ringen um die ländliche Siedlung. 1960.

Bracher, Karl Dietrich: Die Auflösung der Weimarer Republik. Eine Studie zum Problem des Machtverfalls in der Demokratie. Schriften des Instituts für Politische Wissenschaft. Bd. 4. Stuttgart/Düsseldorf 1957. (zitiert als: Auflösung).

Bracher, Karl Dietrich, Sauer, Wolfgang und Schulz, Gerhard: Die nationalsozialistische Machtergreifung. Studien zur Errichtung des totalitären Herrschaftssystems in Deutschland 1933/34. Schriften des Instituts für politische Wissenschaft. Bd. 14. Köln/Opladen 1960. (zitiert als: Machtergreifung).

Braun, Joachim Frhr. v.: Zur ostdeutschen Agrargeschichte. Ein Kolloquium. Ostdeutsche Beiträge, Göttinger Arbeitskreis 6. Würzburg 1960.

- : Am Ende der Weimarer Republik. Die vermeintlichen Einflüsse des ostdeutschen Grundbesitzes. Eine zeitgeschichtliche Betrachtung; in: Festschrift für Herbert Kraus. Würzburg 1964.

Braun, Magnus, Frhr. von: Von Ostpreussen bis Texas. Stollhamm/Oldenburg 1955.

- : Weg durch vier Zeitepochen. Vom ostpreussischen Gutleben der Väter zur Weltraumforschung des Sohnes. Limburg 1964.

Braun, Otto: Von Weimar zu Hitler. New York 1938.

Brosch, Anton: Deutsches Schrifttum der Agrarpolitik und Weltlandwirtschaft von 1920-1929. Berichte über Landwirtschaft, 26. Sonderheft. Berlin 1930.

Broszat, Martin: 200 Jahre deutsche Polenpolitik. München 1963.

Brüning-Festschrift. Staat, Wirtschaft und Politik in der Weimarer Republik. Festschrift für Heinrich Brüning. Hrsg. von Ferdinand A. Hermens und Theodor Schieder. Berlin 1967.

Buchheim, Karl: Geschichte der christlichen Parteien in Deutschland. München 1953.

Buchta, Bruno: Die Junker und die Weimarer Republik. Charakter und Bedeutung der Osthilfe in den Jahren 1928-1933. Ost-Berlin 1959.

Bülow, Arthur: Gutachten in der Sache 1. Ba. J. 53/54;(Sog. Lübke-Gutachten, auch zitiert als Bülow-Gutachten).

Conze, Werner: Die Krise des Parteienstaates in Deutschland 1929/30. Historische Zeitschrift 178, 1954.

Conze, Werner und Raupach, Hans (Hrsg.): Die Staats- und Wirtschaftskrise des Deutschen Reichs 1929/33. Industrielle Welt 8. Stuttgart 1967.

Crone-Münzebrock (Hrsg.): Die Organisation des deutschen Bauernstandes. Berlin, o. J. (1919).

Croner, Johannes: Die Geschichte der Agrarischen Bewegung in Deutschland. Berlin 1909.

Darré, Rudolf Walther: Landvolk in Not, Wer hilft? - Adolf Hitler. München 1932.

Deuerlein, Ernst: CDU/CSU 1945-1957. Beiträge zur Zeitgeschichte. Köln 1957.

- : Deutsche Geschichte der neuesten Zeit von Bismarcks Entlassung bis zur Gegenwart. 3. Teil: Von 1945 bis 1955. Handbuch der Deutschen Geschichte, Brandt - Meyer - Bd. IV, 3. Teil. Konstanz 1965.

Dietrich, Hermann: Ein Jahr Agrarpolitik. Berlin 1929.

Dietze, Constantin von: Die gegenwärtige Agrarkrise. Berlin 1930.

- : Preispolitik in der Weltagrarkrise. Berlin 1936.

- : Hauptprobleme europäischer Bauernpolitik einst und jetzt; in: Synopsis, Festgabe für Alfred Weber. 1948.

- : Gedanken und Bekenntnisse eines Agrarpolitikers. Gesammelte Aufsätze. Göttingen 1962.

- : Grundzüge der Agrarpolitik. Hamburg 1967.

Dirksen, Herbert von: Moskau / Tokio / London. Stuttgart 1949.

Draheim, Georg: Festschrift zum 65. Geburtstag von -: Genossenschaften und Genossenschaftsforschung. Göttingen 1968.

Ebersbach, Oswin: Die Entwicklung und Organisation des landwirtschaftlichen Vereinswesen einschliesslich der Bauernvereine in Deutschland. Diss. Leipzig 1925. (1926).

Effenberg, Herwig: Wandlungen von grundsätzlicher Bedeutung in der deutschen Agrarpolitik von 1930 bis 1938. Diss. Bern 1939.

Egelhaaf, Gottlob: Historisch-politische Jahresübersicht. Jg. 1918 - 1932. Stuttgart.

Erdmann, Karl Dietrich: Deutschland, Rapallo und der Westen. Vierteljahreshefte für Zeitgeschichte, 11. Jg. 1963.

Fabian, Friedrich: Die Verschuldung der deutschen Landwirtschaft vor und nach dem Kriege. Phil. Diss. Leipzig 1930.

Fallada, Hans: Bauern, Bomben und Bonzen. München 1950.

Faust, Helmut: Geschichte der Genossenschaftsbewegung. Frankfurt/Main, 1965.

Fischart, Johannes (= Erich Dombrowski): Das Alte und das Neue System. Die politischen Köpfe Deutschlands. 4 Bde. Berlin 1919-25.

Fischer, Wolfram: Deutsche Wirtschaftspolitik 1918 - 1945. Opladen 1968.

François-Poncet, André: Souveniers d'une ambassade à Berlin. Septembre 1931 - Octobre 1933. Paris 1946. Deutsche Ausgabe: Mainz 1947.

Franz, Günther und Lütge, Friedrich (Hrsg.): Quellen und Forschungen zur Agrargeschichte. Jena 1943.

- : Politische Geschichte des Bauerntums. Niedersächsische Landeszentrale für Heimatdienst. Hannover 1959.

- : Quellen zur Geschichte des deutschen Bauernstandes in der Neuzeit; in: Ausgew. Quellen zur deutschen Geschichte der Neuzeit, 11. Darmstadt 1963.

Frost, Julius: Die aktuellen Fragen der Agrarpolitik. München, Leipzig 1932.

Gebhardt, Bruno: Handbuch der deutschen Geschichte III. Von der Französischen Revolution bis zum ersten Weltkrieg, Stuttgart^8 1960, (^{9} 1970).

- : Handbuch der deutschen Geschichte Bd. IV: Die Zeit der Weltkriege von Erdmann, Karl Dietrich, Stuttgart ^{8} 1960.

Geiger, Theodor: Die soziale Schichtung des deutschen Volkes. Soziographischer Versuch auf statistischer Grundlage. Reprograph. Nachdruck der Ausgabe von 1932 Darmstadt 1967.

Gerdes, Heinrich: Geschichte des deutschen Bauernstandes; in: Aus Natur und Geisteswelt, Bd. 320. Berlin 1928.

Gies, Horst: Rudolf Walther Darré und die nationalsozialistische Bauernpolitik in den Jahren 1930 bis 1933. Phil. Diss. Frankfurt/M. 1966. (zitiert als: Gies, Diss.).

- : NSDAP und Agrarverbände vor 1933; in: Vierteljahreshefte für Zeitgeschichte, 15. Jg. 1967, Heft 4, S. 341 ff. (zitiert als: Gies, VjhZG).

- : Die national-sozialistische Machtergreifung auf dem agrarpolitischen Sektor; in: Zeitschrift für Agrargeschichte und Agrarsoziologie, 16. Jg. 1968, Heft 2, S. 210 ff.

Grebing, Helga: Geschichte der deutschen Parteien. Wiesbaden 1962.

- : Zentrum und katholische Arbeiterschaft 1918-1933. Phil. Diss. Berlin 1963.

Grotkopp, Wilhelm: Die grosse Krise. Lehren aus der Überwindung der Wirtschaftskrise 1929-32. Düsseldorf 1954.

Grottian, Walter: Genua und Rapallo 1922. Entstehung und Wirkung eines Vertrages; in: Aus Politik und Zeitgeschichte, Beilage zur Wochenztg. "Das Parlament", 20. und 27. VI. 1962.

Handbuch des ländlichen Bildungswesens. 1965.

Statistisches Handbuch von Deutschland 1928 - 1944. München 1949.

Haushofer, Heinz: Ideengeschichte der Agrarwirtschaft und Agrarpolitik im Deutschen Sprachgebiet, Bd. II, Vom Ersten Weltkrieg bis zur Gegenwart. München/Bonn/Wien 1958. (zitiert als: Ideengeschichte).

- : Die deutsche Landwirtschaft im technischen Zeitalter. Deutsche Agrargeschichte, Bd. V. Stuttgart 1963.

Haushofer, Heinz und Recke, Hans-Joachim: 50 Jahre Reichsernährungsministerium - Bundesernährungsministerium. Bonn 1969 (zitiert als: 50 Jahre).

Heberle, Rudolf: Landbevölkerung und Nationalsozialismus. Eine soziologische Untersuchung der politischen Willensbildung in Schleswig-Holstein, 1919 bis 1932; in: Vierteljahreshefte für Zeitgeschichte, Schriftenreihe 6. Stuttgart 1963.

- : Zur Soziologie der nationalsozialistischen Revolution. Notizen aus dem Jahre 1934; in: Vierteljahreshefte für Zeitgeschichte 1965, S. 438 ff.

Heinig, Kurt: Der Osthilfe-Skandal Februar 1933 von der Regierung. Berlin 1933.

Helbich, Wolfgang J.: Die Reparationen in der Ära Brüning. Studien zur europäischen Geschichte 5. Berlin 1962.

Helbig, Herbert: Die Träger der Rapallo-Politik. Göttingen 1958.

Hermes, Andreas: Der landwirtschaftliche Kredit in den Vereinigten Staaten; in: Bericht über Landwirtschaft III, 1925.

Hermes, Andras: Unser Kampf gegen Gewalt und Willkür. Rede am 11. III. 1923 in Hagen vor dem Reichsausschuss des Zentrums gehalten. Berlin 1923.

- : The economic consequences of the league. The World Economic Conference. With an introduction by Arthur Salter and articles by Andreas Hermes. London 1927.

- : Landwirtschaft und Völkerbund (= Referat gehalten auf der Tagung der Internationalen Landwirtschaftskommission in Wien, 23. - 26. V. 1928). Berichte über Landwirtschaft, Neue Folge 8, 1928, S. 1-13 und 140-143.

Hermes, Andreas und Aengstenheister und v. Oppen: Die internationalen Beziehungen der deutschen Landwirtschaft unter besonderer Berücksichtigung der Weltwirtschaftskonferenz in Genf und des Internationalen Agrarkongresses in Rom. Sonderdruck aus: Archiv des Deutschen Landwirtschaftsrates. Berlin 1927.

Hermes, Andreas und Wygodzinski: Artikel: Anerbenrecht; in: Handwörterbuch der Staatswiss. Bd. I, 1924.

1. Festschrift Andreas Hermes 1948. Neuwied 1948.
2. Festschrift für Andreas Hermes zum 80. Geburtstag. Neuwied 1958.
3. Der 80. Geburtstag; in: Raiffeisen-Rundschau Jg. 10, Nr. 8, Bonn 1958.
4. Andreas Hermes 80 Jahre. Bericht über die Feier am 16. Juli 1958. Neuwied 1958.
5. Reichsminister a. D. Dr. Andreas Hermes; in: Bulletin des Presse- und Informationsamts der Bundesregierung. Bonn 1964.
6. Die Trauerfeier für Andreas Hermes; in: Deutsche Bauern-Korrespondenz. Jg. 17, Nr. 1. Bonn 1964.

Hermes, Peter: Die Christlich-Demokratische Union und die Bodenreform in der Sowjetischen Besatzungszone Deutschlands im Jahre 1945. Saarbrücken 1963. (zitiert als: Hermes, Bodenreform).

- : Ein Versuch mit den Sowjets. Berlin im Mai 1945. in: Die polit. Meinung 10. Jg., Heft 105, S. 63 - 75. Bonn 1965. (zitiert als: Hermes, Versuch).

Hirschberg, Wolfgang: Landwirtschaftskrise und Sozialdemokratie. Analyse und Kritik des Kieler Agrarprogramms von 1927 unter Berücksichtigung der gegenwärtigen Agrarsituation in Deutschland. Diss. Heidelberg. Berlin 1929.

Hohlfeld, Johannes (Hrsg.): Dokumente der deutschen Politik und Geschichte von 1848 bis zur Gegenwart. Ein Quellenwerk für die politische Bildung und staatsbürgerliche Erziehung. Bd. 3. Berlin 1951.

Hofer, Walther: Die Diktatur Hitlers bis zum Beginn des Zweiten Weltkrieges; in: Brandt-Meyer-Just: Handbuch der Deutschen Geschichte Bd. IV, Abschnitt 4, Sonderdruck, Konstanz 1960.

Holt, John B.: German Agricultural Policy 1918-1934. North Carolina 1936.

Horkenbach, Cuno: Das deutsche Reich von 1918 bis heute. 2 Bde. Berlin o. J. (1930).

Hornstein, Luitpold Frhr. von: Die landwirtschaftlichen Berufsorganisationen Deutschlands, ihr Aufbau und ihre Stellung mit besonderer Berücksichtigung ihrer rechtlichen Grundlagen. Diss. München 1929. Regensburg 1929.

Hundhammer, Alois: Geschichte des bayerischen Bauernbundes. Diss. München 1923.

- : Die landwirtschaftliche Berufsvertretung in Bayern. Diss. München 1926.

Jacobs, Ferndinand: Bauer und Bodenreform; in: Deutsches Bauerntum, Heft 1. Berlin 1929. - Geleitwort A. Hermes.

- : Christliches Bauernprogramm; in: Deutsches Bauerntum, Heft 10. Berlin 1932.

- : Festschrift zur Jubiläumsfeier des Denkmals für Frhr. v. Schorlemer-Alst, 18. IX. 1953. Münster 1953.

- : Von Schorlemer zur Grünen Front. Schriften zur ländlichen Bildung, Bd. I. Düsseldorf 1957. (zitiert als: Schorlemer).

- : Deutsche Bauernführer. Schriften zur ländlichen Bildung, Bd. II. Düsseldorf 1958. (zitiert als: Dtsch. Bauernführer).

- : "Die Schuld des Reichslandbundes"; in: Echo der Zeit, Nr. 6, 11. II. 1962, Nr. 7, 18. II. 1962.

Jahrbuch des Reichsverbandes der Deutschen Landwirtschaftlichen Genossenschaften 1924-29. Darmstadt. Fortsetzung als: Jahrbuch des Reichsverbandes d. Dt. Landwirtschaftlichen Genossenschaften - Raiffeisen, Berlin. Neue Folge 1-9, 1930-38.

Statistisches Jahrbuch für das Deutsche Reich. 41. Jg. 1920 - 53. Jg. 1941/42. Berlin.

Joos, Joseph: Am Räderwerk der Zeit. Erinnerungen aus der katholischen und sozialen Bewegung und Politik. Augsburg o. J. (1948).

- : So sah ich sie. Menschen und Geschehnisse. Augsburg 1958.

Keiser, Friedrich (Hrsg.): Die deutsche Wirtschaft und ihre Führer, Bd. 7: Die Landwirtschaft. Gotha 1928.

Kerckerinck, Engelbert Frhr. von (Hrsg.): Beiträge zur Geschichte des westfälischen Bauernstandes. Berlin 1912.

Kessler, Harry Graf: Walther Rathenau. Sein Werk und sein Leben. Berlin 1928.

- : Tagebücher 1918 - 1937; Hrsg. W. Pfeiffer-Belli. Frankfurt am Main 1961.

Keynes, John Maynard: Die wirtschaftlichen Folgen des Friedensvertrages. München/Leipzig 1920.

Kitani Tsutanu: Brünings Siedlungspolitik und sein Sturz; in: Zeitschrift für Agrargeschichte und Agrarsoziologie 14, 1966.

Klinke, Paul Werner: Die Deutsche Zentrumspartei und die demokratische Frage. Phil. Diss. Hamburg 1951.

Kneer, Anton: Die Stellung von Bauernwirtschaften und Grossbetrieben in der deutschen Agrarkrise. Diss. Berlin 1931.

Kohlhaus, Heinz-Hellmut: Die Hapag, Cuno und das Deutsche Reich 1920-33. Phil. Diss. (Maschr.) Hamburg 1952.

3. Internationale Konferenz für Agrarwissenschaft, Bad Eilsen 26. 8. - 2. 9. 1934, Vorträge und Verhandlungen. 1934.

Kosthorst, Erich: Jakob Kaiser. Der Arbeiterführer. Stuttgart 1967.

Kretschmar, Hans: Deutsche Agrarprogramme der Nachkriegszeit. Berlin 1933.

Krippendorff, Ekkehart: Die Liberal-Demokratische Partei Deutschlands in der Sowjetischen Besatzungszone 1945/48. Entstehung, Struktur, Politik. Beiträge zur Geschichte des Parlamentarismus und der politischen Parteien, Bd. 21. Düsseldorf o. J.

- : Die Gründung der LDPD in der sowjetischen Besatzungszone 1945; in: Vierteljahreshefte für Zeitgeschichte, 8. Jg. 1960, Heft 3, S. 290 ff.

Kruss, Joachim von: Weissbuch über die "Demokratische Bodenreform". Dokumente und Berichte zur Verbreitung und Vernichtung des bodenständigen Landvolkes in der sowjetischen Besatzungszone Deutschlands. Hannover 1955.

Deutscher Landbund (Hrsg.): Der Landbundgedanke. Zur Organisation des Landvolkes. Berlin o. J.

Deutscher Landwirtschaftsrat (Hrsg.): Die Entwicklung der landwirtschaftlichen Zölle seit 1902. Veröffentlichungen Heft 9, Berlin 1927.

Das landwirtschaftliche Notprogramm. Veröffentlichungen Heft 11. Berlin 1928.

Lantzsch, Rudolf: Die Agrarpolitik der Deutschen Demokratischen Partei. Schriftenreihe für politische Werbung 8, 1928.

Laubach, Ernst: Die Politik der Kabinette Wirth 1921/22. Historische Studien, Heft 402. Lübeck/Hamburg 1968.

Ständisches Leben, Blätter für organische Gesellschafts- und Wirtschaftslehre. 1. Jg. 1931 ff. Berlin.

Friedrich-List-Gesellschaft (Hrsg.): Deutsche Agrarpolitik im Rahmen der inneren und äusseren Wirtschaftspolitik. Berlin 1932.

- : Deutsche Agrarpolitik im Rahmen der inneren und äusseren Wirtschaftspolitik. Verhandlungen der Konferenz von Oeynhausen 11. - 14. II. 1933. Oeynhausen 1933.

Löwenkamp, Gerhard: Bauernschulung, Bildungsprobleme des Bauernstandes; in: Deutsches Bauerntum, Heft 5.

Lüke, Rolf E.: Von der Stabilisierung zur Krise. Zürich 1958.

Lütge, Friedrich: Deutsche Sozial- und Wirtschaftsgeschichte. Berlin 1966.

Luetgebrune, Walter: Neu-Preussens Bauernkrieg. Entstehung und Kampf der Landbewegung. Hamburg 1931.

Luther, Hans: Politiker ohne Partei. Erinnerungen. Stuttgart 1960.

- : Vor dem Abgrund, 1930-33. Reichsbankpräsident in Krisenzeiten. Berlin 1964.

Lutz, Heinrich: Demokratie im Zwielicht. Der Weg der deutschen Katholiken aus dem Kaiserreich in die Republik 1914-1925. München 1963.

Meissner, Otto: Staatssekretär unter Ebert - Hindenburg - Hitler. Der Schicksalsweg des deutschen Volkes von 1918 - 1945, wie ich ihn erlebte. Hamburg 1950.

Möllendorf, Wichard v.: Der Aufbau der Gemeinwirtschaft. Konservativer Sozialismus. 1932.

Morsey, Rudolf: in: Das Ende der Parteien 1933. Düsseldorf 1960.

- : Die Deutsche Zentrumspartei 1917-23. Beiträge zur Geschichte des Parlamentarismus und der politischen Parteien, Bd. 32. Düsseldorf 1966. (zitiert als: Morsey, 1917-23).

Morsey, Rudolf (Bearb.): Die Protokolle der Reichstagsfraktion und des Fraktionsvorstandes der Deutschen Zentrumspartei 1926-1933. Veröff. d. Komm. f. Zeitgeschichte Reihe A, Bd. 9 und Komm. f. Geschichte d. Parl. u. d. polit. Parteien. Mainz 1969.

Mühlich, Ludwig: Die Reichsfinanzpolitik in der Weltwirtschaftskrise 1929-32 unter besonderer Berücksichtigung der Finanzpolitik der Regierung Brüning. Phil. Diss. Tübingen 1950. (Maschr.).

Muth, Heinrich: Zum Sturz Brünings. Der agrarpolitische Hintergrund; in: Geschichte in Wissenschaft und Unterricht. 1965, S. 739 ff.

- : Zeitgeschichte, Innenpolitik 1918 - 1933; in: Geschichte in Wissenschaft und Unterricht, Heft 9 und 10, 1965.

- : Agrarpolitik und Parteipolitik im Frühjahr 1932. Brüning-Festschrift 1967.

Nachtigall, Severin: Der Stellungswandel der deutschen Sozialdemokratie zu agrarischen Problemen. Diss. Münster, Emsdetten 1932.

Narr, Wolf Dieter: CDU - SPD. Programm und Praxis seit 1945. Stuttgart 1966.

Nebgen, Elfriede Kaiser-: Jakob Kaiser. Der Widerstandskämpfer. Stuttgart 1967.

Netzband, Karl-Bernhard, Widmaier, Hans Peter: Währungs- und Finanzpolitik der Ära Luther, 1923-1925. Veröffentlichungen der List-Gesellschaft 32. Basel 1964.

Neuling, Willy: Neue deutsche Agrarpolitik. Grundlagen, Entwicklung und Aufgaben der deutschen Landwirtschaft nach dem zweiten Weltkrieg. Tübingen 1949.

Oldenburg-Januschau, Elard von: Erinnerungen. Leipzig 1936.

Oppenheimer, Franz: Grundprobleme der deutschen Landwirtschaft; in: Krisis: Ein politisches Manifest. Hrsg. v. O. Müller. Weimar 1932.

Organisationsbuch des Reichslandbundes. Berlin 1929 und 1932.

Peters, Dr. W.: Die landwirtschaftliche Berufsvertretung. Berlin 1932.

Petzina, Dieter: Hauptprobleme der deutschen Wirtschaftspolitik. 1932-33; in: Vierteljahreshefte für Zeitgeschichte, 15. Jg. 1967, Heft 1, S. 18 ff.

Pietrokowski, Edmund: Industrie und Landwirtschaft. Veröffentlichungen des Reichsverbands der deutschen Industrie, 60. Berlin 1932.

Preller, Ludwig: Sozialpolitik in der Weimarer Republik. Stuttgart 1949.

Predöhl, Andreas: Die Epochenbedeutung der Weltwirtschaftskrise von 1929 bis 1931; in: Vierteljahreshefte für Zeitgeschichte 1, 1953, S. 97-118.

Predöhl, Andreas: Das Ende der Weltwirtschaftskrise. Eine Einführung in die Probleme der Weltwirtschaft. Hamburg 1962.

Pritzkoleit, Kurt: Männer, Mächte, Monopole. Hinter den Türen der westdeutschen Wirtschaft. Düsseldorf 1956.

Pritzkoleit, Kurt: Die neuen Herren. Die Mächtigen in Staat und Wirtschaft. Wien 1955.

Puchert, Bertold: Der Wirtschaftskrieg des deutschen Imperialismus gegen Polen 1925-1934. Deutsche Akademie der Wissenschaften zu Berlin, Schriften des Instituts für Geschichte 1,17. Berlin 1963.

Pünder, Hermann: Politik in der Reichskanzlei. Aufzeichnungen aus den Jahren 1929-1932. Hrsg. Thilo Vogelsang, in: Schriftenreihe der Vierteljahreshefte für Zeitgeschichte Nr. 3, Stuttgart 1961.

- : Von Preussen nach Europa. Lebenserinnerungen. Stuttgart 1968.

Puhle, Hans-Jürgen: Agrarische Interessenpolitik und preussischer Konservatismus; in: Schriftenreihe des Forschungsinstituts der Friedrich-Ebert-Stiftung, B: Hist.-Polit. Schriften. Hannover 1967.

Rämisch, Raimund: Die berufsständische Verfassung in Theorie und Praxis des Nationalsozialismus. Diss. Berlin 1957.

Raiffeisen-Bildpost; 11. Jg. Heft 10. Bonn 1961.

Raiffeisen-Rundschau; 1. Jg. 1949.

Raiffeisen- und Volksbanken-Versicherung. Sondernummer der "Informationsbriefe" zum Gedächtnis von Andreas Hermes. Wiesbaden, o. J. (1964).

Rehwinkel, Edmund: Glückwunsch an Hermes; in: Deutsche Bauern-Korrespondenz, 16. Jg. Bonn 1963.

Reichardt, Fritz: Andreas Hermes. Neuwied 1953.

Reichsgesetzblatt. Gesetz-Sammlung für das Deutsche Reich. Hrsg. vom Reichsamt des Innern, Berlin.

Reichslandbund (Hrsg.): Die christlichen Bauernvereine. Schriftenvertrieb des Reichslandbundes Nr. 1. Rendsburg 1921.

Reichslandbund. 4-11. Jg. 1924-31. Berlin. (zitiert als: RLB).

Reischle, Hermann: Reichsbauernführer Darré. Der Kämpfer um Blut und Boden. Eine Lebensbeschreibung. Berlin 1935.

Reischle, Hermann und Saure, Wilhelm: Aufgaben und Aufbau des Reichsnährstandes. (Der Reichsnährstand 1) Berlin 1934.

Renner, Hermann: Georg Heim. Der Bauerndoktor. Lebensbild eines "ungekrönten Königs". München 1960.

Rid, Heinrich und Hohenegg, Ernst (Bearb.): Die Landwirtschaftlichen Genossenschaften und ihre Organisation in Bayern. München 1951.

Ritter, Emil: Der Weg des polit. Katholizismus in Deutschland. Breslau 1934.

Ritter, Kurt: Die eigentlichen Ursachen der Weltwirtschaftskrise und die Möglichkeiten ihrer Beseitigung. Agrar. Probleme 2. Bd., 2. Halbbd. 1930.

-: Die Krise der deutschen Agrarpolitik. Berlin 1931.

Rohr, Hans Joachim von: Bauernpolitik der Nationalregierung. Leipzig 1933.

Ronde, Hans: Von Versailles bis Lausanne. Der Verlauf der Reparationsverhandlungen nach dem ersten Weltkrieg. Göttinger Studien zum Völkerrecht und zum internationalen Privatrecht 2. Stuttgart/Köln 1950.

Rosenberg, Arthur: Entstehung der Weimarer Republik. res novae Bd. 8, Frankfurt 1961. Geschichte der Weimarer Republik. res novae Bd. 9, Frankfurt/M. 1961.

Saldern, Adelheid von: Hermann Dietrich. Ein Staatsmann der Weimarer Republik. Schriften des Bundesarchivs 13. Boppard 1966.

Salomon, Ernst von: Der Fragebogen. Hamburg 1951.

Schacht, Hjalmar: Die Stabilisierung der Mark. Stuttgart/Berlin/Leipzig 1927.

- : Das Ende der Reparationen. Oldenburg 1931.

- : Grundsätze deutscher Wirtschaftspolitik. Oldenburg 1932.

- : 76 Jahre meines Lebens. Bad Wörishofen 1953.

- : 1933. Wie eine Demokratie stirbt. Düsseldorf, Wien 1968.

Schindler, Axel (Hrsg.): Agrarstatistisches Handbuch. Berlin 1931.

Schieder, Theodor: Die Entstehungsgeschichte des Rapallo-Vertrages. Historische Zeitschrift Bd. 264, 1967.

Schlange-Schöningen, Hans: Rationalwirtschaft und Nationalwirtschaft. Betrachtungen eines praktischen Landwirts. Berlin 1927.

- : Landwirtschaft von heute. Unternehmergeist und zeitgemässer Betrieb. Berlin 1930.

- : Das Wirtschaftsjahr des praktischen Landwirts. Berlin 1931.

- : Am Tage danach. Hamburg 1946.

Schlägl, Alois: Agrarpolitik einst und jetzt; in: Landwirtschaftliches Jahrbuch für Bayern 25, 1948.

Schmacke, Ernst: Die Aussenpolitik der Weimarer Republik 1922-1925 unter Berücksichtigung der Innenpolitik. Phil. Diss. Hamburg 1951. Maschinenschrift.

Schotte, Walter: Das Kabinett Papen, Schleicher, Gayl. Leipzig 1932.

Schreiber, Georg: Zwischen Demokratie und Diktatur. Persönliche Erinnerungen an die Politik und Kultur des Reiches (1919-1944). Münster 1949.

- (Hrsg.): Politisches Jahrbuch 1925-1928. 3 Bde. M.-Gladbach 1926/28.

- : Zentrum und Reichspolitik. Köln 1930.

Schulte, Karl Anton (Hrsg.): Nationale Arbeit. Das Zentrum und sein Wirken in der deutschen Republik. Berlin/Leipzig o. J. (1929).

Schulthess' Europäischer Geschichtskalender. Hrsg. Stahl, Wilhelm; ab 1921 Hrsg. Thürauf, Ulrich; Neue Folge. 34. Jg. Bd. 59, 1918 ff. München (zitiert als: Schulthess).

Schwarz, Albert: Die Weimarer Republik; in: Brandt-Meyer-Just, Handbuch der Deutschen Geschichte Band IV, Abschnitt 3. Konstanz, o. J. (1958).

Schwarz, Hans-Peter: Vom Reich zur Bundesrepublik. Politica, Bd. 38. Berlin 1966.

Schwerin von Krosigk, Lutz Graf: Es geschah in Deutschland. Menschenbilder unseres Jahrhunderts. Tübingen/Stuttgart 1951.

Semper, Karl: Die Konzentrationsbewegung im landwirtschaftlichen Kreditwesen. Berlin 1931.

Seraphim, Hans-Jürgen: Deutsche Bauern- und Landwirtschaftspolitik. Leipzig 1939.

- : Die Bedeutung des Genossenschaftswesens im Rahmen der deutschen Agrarpolitik. Neuwied 1950.

- : Die genossenschaftliche Gesinnung und das moderne Genossenschaftswesen. Karlsruhe 1956.

- : Deutsche Wirtschafts- und Sozialgeschichte. Von der Frühzeit bis zum Ausbruch des 2. Weltkrieges. Wiesbaden 1962.

- : Gedächtnisschrift für ... Berlin 1964.

Seraphim, Peter-Heinz: Die Handelspolitik Polens. Berlin 1935.

Sering, Max: Agrarkrisen und Agrarzölle. Berlin/Leipzig 1925.

- : Deutschland unter dem Dawesplan, Entstehung, Rechtsgrundlagen, wirtschaftliche Wirkungen der Reparationslasten. Berlin/Leipzig 1928.

- : Internationale Preisbewegung; in: Berichte über Landwirtschaft, Sonderheft 11, Berlin 1929.

- : Die deutsche Landwirtschaft unter volks- und weltwirtschaftlichen Gesichtspunkten. Berichte über Landwirtschaft, Sonderheft 50, Berlin 1932.

- : The World Economic Crisis. Proceedings of the Third International Conference of Agricultural Economists, Bad Eilsen, 26. VIII. - 2. IX. 1934. Bad Eilsen 1934.

- : Deutsche Agrarpolitik auf geschichtlicher und landeskundlicher Grundlage. Leipzig 1934. (zitiert als: Sering, Deutsche Agrarpolitik).

Silverberg, Paul: Industrie und Landwirtschaft; in: Der Osten braucht Hilfe. Sondernummer der Deutschen Tageszeitung, 26. VII. 1930.

Skalweit, August: Die deutsche Kriegsernährungswirtschaft. Wirtschafts- und Sozialgeschichte des Weltkrieges, hrsg. v. d. Carnegiestiftung. Stuttgart 1927.

Statistik des Deutschen Reichs. Die Wahlen zum Reichstag. Berlin 1920, 1924, 1928, 1930, 1932, 1933.

Steltzer, Theodor: Sechzig Jahre Zeitgenosse. München 1966.

Stoltenberg, Gerhard: Politische Strömungen im schleswig-holsteinischen Landvolk 1918 - 1933. Beiträge zur Geschichte des Parlamentarismus und der politischen Parteien Bd. 24, Düsseldorf 1962.

Stucken, Rudolf: Deutsche Geld- und Kreditpolitik 1914 bis 1953. Tübingen 1953.

Teichmann, Ulrich: Probleme westdeutscher Agrarpolitik. Köln 1953.

- : Die Politik der Agrarpreisstützung. Marktbeeinflussung als Teil des Agrarinterventionismus in Deutschland. Köln 1955.

Thedieck, Hans: Die Vereinigung der deutschen Bauernvereine und der Reichslandbund. Ein Beitrag zur Organisation der Landwirtschaft. rer. pol. Diss. Köln 1923.

Thimme, Anneliese: Gustav Stresemann. Eine politische Biographie zur Geschichte der Weimarer Republik. Hannover/Frankfurt 1967.

Thyssen, Thyge: Bauer und Standesvertretung. Werden und Wirken des Bauerntums in Schleswig-Holstein seit der Agrarreform. Quellen und Forschungen zur Geschichte Schleswig-Holsteins Bd. 37. Neumünster 1958.

Timm, Helga: Die deutsche Sozialpolitik und der Bruch der grossen Koalition im März 1930. Beiträge zur Geschichte des Parlamentarismus und der politischen Parteien Bd. 1. Düsseldorf 1952.

Topf, Erwin: Die Grüne Front. Der Kampf um den deutschen Acker. Berlin 1933.

- : Wer stürzte Brüning? Hintergründe einer Intervention; in: Der Monat XIII, 146, Nov. 1960.

Traumann, Josef: Organisations-Handbuch für Zentrumswähler. Hildesheim ^{2}1925.

Treue, Wilhelm: Der deutsche Unternehmer in der Weltwirtschaftskrise 1928 bis 1933; in: Die Staats- und Wirtschaftskrise des Deutschen Reichs 1929/33, Hrsg. Conze, W. und Raupach, H. Stuttgart 1967.

Treue, Wolfgang: Deutsche Parteiprogramme seit 1861. Quellensammlung zur Kulturgeschichte Bd. 3. Göttingen ^{4}1968.

Treviranus, Gottfried Reinhold: Das Ende von Weimar. Heinrich Brüning und seine Zeit. Düsseldorf 1968.

Ursachen und Folgen. Vom deutschen Zusammenbruch 1918 und 1945 bis zur staatlichen Neuordnung Deutschlands in der Gegenwart. Eine Urkunden- und Dokumentensammlung zur Zeitgeschichte. Herausgeber und Bearbeiter: Dr. Herbert Michaelis und Dr. Ernst Schraepler unter Mitwirkung von Dr. Günter Scheel. 8 Bde, Berlin o. J.

Veit, Otto: Grundriss der Währungspolitik. Frankfurt 1961.

Verein Deutscher Maschinenbauanstalten (Hrsg.): Kurvenbilder zur Agrarpolitik. Berlin 1931.

Vereinigung der deutschen christlichen Bauernvereine (Hrsg.), (Dr. Karl Wild): Agrarpolitik mit richtigen Zahlen. Berlin 1932.

Vogelsang, Thilo: Reichswehr, Staat und NSDAP. Quellen und Darstellungen zur Zeitgeschichte 11. Stuttgart 1962.

Walter, Ale und Engel, Hans: Die Entwicklung der landwirtschaftlichen Zölle seit 1902. Stand vom 1. April 1933. Berichte über Landwirtschaft. Sonderheft 78. Berlin 1933.

Weber, Wilhelm: Chronik der deutschen Agrarpolitik; in: Deutsche Agrarpolitik im Rahmen der inneren und äusseren Wirtschaftspolitik. Veröffentlichungen der Friedrich-List-Gesellschaft, Bd. 6. Berlin 1932, S. 93 ff.

- : Gründung der ersten deutschen Zentralbehörde für den Bereich der Ernährungswirtschaft vor 50 Jahren; in: Berichte über Landwirtschaft, N. F. XLIV, 1966, Heft 1, Seite 150-154.

- : Reichsregierung und Agrarpolitik in der Republik von Weimar 1920-1932; in: Berichte über Landwirtschaft, N. F. XLV, 1967, Heft 1, Seite 31-50.

Deutsches Weissbuch. Aktenstücke zur Reparationsfrage vom Mai 1921 bis März 1922. Berlin 1922.

Deutsches Weissbuch. Material über die Konferenz von Genua. Berlin 1922.

Weissbuch über die Konferenz von Spa. Vom 5. - 16. VI. 1920. Hrsg. vom Auswärtigen Amt, Berlin 1920.

Wentzcke, Paul: Ruhrkampf. Einbruch und Abwehr im Rheinisch-Westfälischen Industriegebiet. Bd. 1, Berlin 1930. Bd. 2, Berlin 1932.

Wesemann, Hans Otto: Der Westfälische Bauernverein. Diss. Halle 1927.

Wieck, Hans Georg: Die Entstehung der CDU und die Wiedergründung des Zentrums im Jahre 1945. Beiträge zur Geschichte des Parlamentarismus und der politischen Parteien, Bd. 2. Düsseldorf 1953.

Wilmowsky, Tilo Frhr. v.: Rückblickend möchte ich sagen .... Erinnerungen. Oldenburg/Hamburg 1961.

Wirtschaftsverband bäuerlicher Veredelungsarbeit (Hrsg.): Der Bauer im Kampf gegen den Landbund. Bremen o. J. (1930).

Witte, Ernst: Der Sinngehalt der wirtschaftspolitischen Sonderorganisationen der deutschen Bauern in seinem geschichtlichen Werden. Diss. Giessen 1929.

Wünschmann, Werner: Zur Deutschland-Konzeption der Führung der CDU in der sowjetischen Besatzungszone 1945-1947. Beiträge zur Geschichte, CDUD, Berlin-Ost 1966.

Preussische Zentralgenossenschaftskasse (Hrsg.): Die Lage der landwirtschaftlichen Grossbetriebe in den östlichen Landesteilen. Berlin o. J. (1928).

Preussische Zentralgenossenschaftskasse (Hrsg.): Lage und Entwicklung der landwirtschaftlichen Grossbetriebe in den östlichen Landesteilen. Berlin 1930.

Namensregister

Adenauer, K. 158/ 159/ 162
Batocki (-Friebe, A. T. v. 7
Bethge 87
Bockisch, P. 45
Brandes, E. 76 / 80 / 85 / 93 / 100 / 105 / 106 / 109 / 110 / 118 / 120
Braun, M. Frhr. v. 48 / 87 / 115 / 121 / 122 / 123 / 124
Brüning, H. 18 / 48 / 87 / 112 / 113 / 114 / 115 / 116 / 117 / 118 / 120 / 121 / 122 / 146
Crone-Münzebrock, A. 33/ 35 / 37 / 40 / 64 / 65
Cuno, W. 12 / 14 / 16 / 17 / 18
Curtius, J. 19
Darré, W. 114 / 124 / 130 / 131 / 132 / 133 / 149 / 159
Dessauer, F. 104
Dieckmann, H. 38 / 74 / 75 / 127 / 130
Dietrich, H. 48 / 87 / 100 / 101 / 104 / 105 / 106 / 107 / 108 / 109 / 111 / 112 / 116 / 117
Ersing, J. 155
Fehr, A. 12 / 76 / 80 / 85 / 89 / 90 / 93 / 100 / 105 / 109 / 110 / 118 / 119
Fehrenbach, K. 9 / 18
Freisler, R. 150
Fritzen, A. 43 / 45
Gayl, W. Frhr. v. 121
Goerdeler, F. 154
Goltz, Th. Frhr. v. d. 6
Grosse, Eggebrecht, M. 43 / 45
Haas, W. 133
Hansen, J. 6
Haslinde, C. 18
Havenstein, R. 15
Heim, J. 37 / 74 / 77 / 89 / 138 / 140 / 141 / 142 / 143
Hepp, K. 46 / 87 / 90 / 106
Herold, C. 9 / 33 / 34
Hertz, P. 14
Herwarth, v. 6
Heuss, Th. 160
Hindenburg, P. v. 104 / 113 / 114 / 121
Hitler, A. 114 / 117 / 124 / 125 / 129 / 130 / 131 / 149
Hohenegg, E. 143 / 145 / 146
Holtmeier 107
Horlacher, M. 143
Hünten 126
Hugenberg, A. 114 / 116 / 117 / 124 / 125
Hummel, J. 38 / 75 / 127 / 130
Hundhammer, A. 126 / 130
Iversen (-Munckbrarup), W. 59 / 62
Jackowski 19
Jacobs, F. 45 / 132
Kaiser, J. 155 / 158
Kalckreuth, E. Graf v. 87 / 89 / 116 / 117 / 118 / 122
Kayser (Dr. Dr.), A. 40 / 45 / 142 / 151
Kerckerinck, E. v. 33 / 34 / 35 / 52 / 53 / 63 / 66 / 67 / 68 / 69 / 71 / 72 / 74 / 75 / 77 / 82 / 99
Klepper, O. 135 / 136 / 137 / 138 / 139 / 142 / 143 / 144 / 145 / 151
Klimm 151
Korherr, R. 32
Kriegsheim, A. 90 / 91 / 92
Krone, H. 155
Kropp, G. 38 / 74 / 75 / 109
Lemmer, E. 155 / 158
Lenz, O. 155
Lipski 21
Loe (-Bergerhausen), Cl. Frhr. v. 32 / 33 / 65 / 66 / 70 / 72 / 74 / 75 / 76 / 77 / 79 / 81 / 82 / 83 / 84 / 141 / 143 / 145
Löwenkamp, G. 40 / 42 / 43 / 44 / 45
Lübke, Fritz 52
Lübke, Heinrich 29 / 109 / 135 / 145 / 151
Lüninck, Hermann Frhr. v. 35 / 36 / 37 / 41 / 48 / 65 / 67 / 71 / 73 / 78 / 81 / 83 / 84 / 99 / 106 / 127 / 129 / 130 / 131 / 150
Lukaschek, H. 155
Luther, H. 14
Marx, W. 18 / 19 / 34 / 114
Mehrens, B. 45
Mikojan, A. 155
Möllendorf, W. v. 8
Müller, H. 9 / 18 / 87 / 100 / 112 / 113 / 114 / 116
Oppersdorf, v. 32
Papen, F. v. 49 / 87 / 114 / 115 / 121 / 122 / 123 / 126

Pierstorff, J. 6
Raiffeisen, Fr. W. 30 / 133 / 136 / 139 / 142 / 143 / 144 / 145 / 146 / 147 / 149
Ramm, E. 6 / 8
Rathenau, W. 15
Rauscher, U. 20 / 21 / 22
Rogge, K. 45
Rohr-Demmin, H.-J. v. 116 / 124
Schaller, Gertrud 155
Schiele, M. 18 / 19 / 20 / 34 / 46 / 73 / 75 / 76 / 79 / 80 / 81 / 82 / 85 / 87 / 88 / 89 / 90 / 91 / 92 / 93 / 100 / 104 / 105 / 106 / 107 / 108 / 109 / 110 / 112 / 113 / 114 / 115 / 116 / 117 / 118 / 119 / 120 / 121 / 136 / 137 / 139 / 140 / 146
Schill, L. 129 / 130
Schleicher, K. v. 49 / 87 / 113 / 114 / 115 / 123 / 126
Schmelzer, J. 48 / 126
Schorlemer-Alst, B. Frhr. v. 30 / 31 / 35 / 40 / 43 / 55 / 70
Schreiber, W. 155 / 157 / 158
Schroeder, F. 15
Schukow, G. 155
Schultze 59 / 62
Schulze-Oben 74
Schwecht, L. 47 / 74 / 79 / 83 / 106
Semjonow, W. 155
Semper, K. 135 / 136
Solemacher-Antweiler, Frhr. v. 5
Stamerjohann, H. 38 / 58 / 129 / 130
Stegerwald, A. 7 / 140 / 149
Stelzer, Th. 155
Steves, F. 130
Stresemann, G. 14 / 19 / 20 / 21 / 104
Tantzen 59 / 61 / 62 / 117 / 118
Thaer, A. 96
Tönnsen 57 / 58
Trotzki, L. 95
Ulbricht, W. 154
Warmbold, H. 119 / 121 / 122 / 123
Westarp, K. Graf v. 113 / 114 / 116
Wild, K. 45
Wirth, J. 9 / 12 / 13 / 14 / 17 / 18
Wissell, R. 8
Zaleski, A. 21

Quellen und Forschungen zur Agrargeschichte

Band XVI   Klein · Die historischen Pflüge
der Hohenheimer Sammlung landwirtschaftlicher Geräte und Maschinen · Ein kritischer Katalog
1967. VI, 230 Seiten, 454 Abbildungen, Ganzleinen DM 86,–
(ISBN 3-437-50064-3)

Band XV   Heimpel · Die Entwicklung der Einnahmen und Ausgaben des Heiliggeistspitals zu Biberach an der Riss von 1500 bis 1630
1966. XII, 101 Seiten, 9 Abbildungen und 42 Tabellen, Ganzleinen DM 24,– (ISBN 3-437-50063-5)

Band XIV   Wiese/Bölts · Rinderhandel und Rinderhaltung im nordwesteuropäischen Küstengebiet vom 15. bis zum 19. Jahrhundert

1. Teil · Der Rinderhandel im nordwesteuropäischen Küstengebiet vom 15. Jahrhundert bis zum Beginn des 19. Jahrhunderts.

2. Teil · Die Rindviehhaltung im oldenburgisch-ostfriesischen Raum vom Ausgang des 16. Jahrhunderts bis zum Beginn des 19. Jahrhunderts.
1966. X, 271 Seiten, Ganzleinen DM 64,– (ISBN 3-437-50062-7)

Band XIII   Achilles · Vermögensverhältnisse braunschweigischer Bauernhöfe im 17. und 18. Jahrhundert
1965. VIII, 117 Seiten, Ganzleinen DM 24,–
(ISBN 3-437-50061-9)

Band XII   Grosser · Anleitung zu der Landwirtschaft (1590)
von Thumbshirn · Oesconomia (1616)
Zwei frühe deutsche Landwirtschaftsschriften
1965. VIII, 109 Seiten, Ganzleinen DM 34,–
(ISBN 3-437-50060-0)

Band XI   Buchholz · Ländliche Bevölkerung an der Schwelle des Industriezeitalters
Der Raum Braunschweig als Beispiel
1966. X, 94 Seiten, 6 Abbildungen, Ganzleinen DM 26,50
(ISBN 3-437-50059-7)

GUSTAV FISCHER VERLAG · STUTTGART

Quellen und Forschungen zur Agrargeschichte

Band X   **Dopsch · Herrschaft und Bauer in der deutschen Kaiserzeit**
Untersuchungen zur Agrar- und Sozial-Geschichte des hohen Mittelalters mit besonderer Berücksichtigung des südostdeutschen Raumes
2., unv. Auflage, 1964. VIII, 272 Seiten, Ganzleinen DM 34,—
(ISBN 3- 437- 50058-9)

Band IX   **Schremmer · Die Bauernbefreiung in Hohenlohe**
1963. XIV, 208 Seiten, Ganzleinen DM 37,50
(ISBN 3-437-50057-0)

Band VIII   **Weiss · Die Zisterzienserabtei Ebrach**
Eine Untersuchung zur Grundherrschaft, Gerichtsherrschaft und Dorfgemeinde im fränkischen Raum
1962. VIII, 147 Seiten, eine Übersichtskarte, Ganzleinen DM 32,—
(ISBN 3-437-50056-2)

Band VII   **Franz · Der Dreißigjährige Krieg und das deutsche Volk**
Untersuchungen zur Bevölkerungs- und Agrargeschichte
3., vermehrte Auflage, 1961. VIII, 115 Seiten, 16 Abbildungen und eine Falttafel, Ganzleinen DM 26,— (ISBN 3-437-50055-4)

Band VI   **Saalfeld · Bauernwirtschaft und Gutsbetrieb in der vorindustriellen Zeit**
1960. VIII, 167 Seiten, 10 Abbildungen, Ganzleinen DM 28,—
(ISBN 3-437-50054-6)

Band V   **Winkler · Landwirtschaft und Agrarverfassung im Fürstentum Osnabrück nach dem Dreißigjährigen Kriege**
Eine wirtschaftsgeschichtliche Untersuchung staatlicher Eingriffe in die Agrarwirtschaft
1959. XIV, 159 Seiten, 2 Abbildungen, Ganzleinen DM 21,—
(ISBN 3-437-50053-8)

Band IV   **Lütge · Die mitteldeutsche Grundherrschaft und ihre Auflösung**
2., stark erweiterte Auflage, 1957. XIV, 317 Seiten, Ganzleinen DM 36,— (ISBN 3-437-50052-X)

GUSTAV FISCHER VERLAG · STUTTGART

Berichtigung

Im Register sind versehentlich alle Seitenzahlen 4 Seiten zu spät angegeben, also z.B. 155 statt 151.

Auf Seite 26 unten nach "geistige und" fehlt folgender Text:

dann erst um die wirtschaftliche Hebung des Bauernstandes. Wie aus den Statuten des für die später gegründeten Bauernvereine vorbildlichen West-

Quellen und Forschungen zur Agrargeschichte Bd. XXIV
BARMEYER, Andreas Hermes und die Organisationen der deutschen Landwirtschaft

Bei Fragen zur Produktsicherheit wenden Sie sich bitte an:
If you have any questions regarding product safety,
please contact:

Walter de Gruyter GmbH
Genthiner Straße 13
10785 Berlin
productsafety@degruyterbrill.com